自炊者になるための26週

三浦哲哉

序　料理したくなる料理

本書は自炊の入門書です。

提示しようとしているのは、料理したくなる料理です。

レシピを覚えたり、技術を学んだりする以前に、料理したくなるのでなければ、そもそも自炊は始まりません。始まったとしても、楽しめず、つづけるのがむずかしくなります。

本書は、どうすれば料理したくなるかについて考え、一緒にその答えを探ってゆきます。料理したくなる料理とは何かを理解し、楽しく自炊しつづけるようになることが目標です。

大きな方針をお伝えします。

「風味の魅力」が私たちを動かし、料理したくさせる最大の動機である。本書はそう考えます。

「風味の魅力」とは何か。

それが本書の問いです。

「風味」は、近年その研究が急速に進み、熱い注目を集めるトピックです。まずごく簡単にいえば、「風味」とは、味と一体になったにおいのことです。私たちがおいしいと感じるとき、においがきわめて重要な役割を果たしています。私たちにとても多くのことを伝え、心を動かす。

この不思議なはたらきについて、さまざまな角度から光を当ててゆきます。最近のにおい研究だけでなく、風味とにおいに魅了された小説家、哲学者、社会学者たちの重要なテクストを取り上げつつ、できるだけ広く深く、その秘密に迫ってゆきます。私たちがふだんなにげなくしていること——味わい、料理することが、じつはものすごいことだという事実を知っていただきたいと思います。ふつうのすばらしさを再発見することも本書のテーマです。

「風味の魅力」についての理解を深めながら、それを最大限に楽しむことのできる料理の作り方を、なるべく簡単なものから順番に、テーマごとにお伝えしてゆくのが、本書の構成の特長です。あわせて、日々の台所での作業を快適に進めるための方法を、ステップごとに示します。

料理をすることにまだ興味が持てないという方に、この本を読んでほしいと思います。読んでいただければ、料理の何が楽しいのかを理解していただけるでしょう。

どこから始めていいかわからない方に読んでいただきたいと思います。自炊の全体像を直感的につかんでいただけるでしょう。買い物のしかた、調理法の初歩、おいしい組み合わせ、即興のしかた、片付け、うつわ選び、さらには環境問題にいたるまで、自炊に関わる大事なポイントをできるだけ網羅しました。読みやすさにも心がけたつもりです。

料理はある程度できるけれど、楽しむことができないという方に読んでいただきたいと思います。ささやかでも、心の奥底から感動することのできる料理が作れるようになるでしょう。

いつもとちがうアイデアを探しているという方もぜひ。

本書は、一週に一章を読み進めていただくよう書かれています。各章でレシピを一つ（あるいはいくつか）取り上げています。そのほとんどは、失敗しようがないくらいシンプルに作れて、なおかつ、風味の楽しみを満喫していただけるものであるはずです。時間がある日に試してください。全部で26章＝26週間。約半年です。すでに料理経験のある方は、もっとハイペースで進んでいただくのがよいでしょう。最初に通読し、少しずつレシピを試す、という使い方でも結構です。

すべてを通過し終えたとき、あなたはすすんで自炊するひと＝自炊者になっています。

本題に入る前に、自己紹介をさせてください。

私は食について日々考え、それについて書いてきましたが、大学で勤務する映画の研究者・批評家です。批評というのは、スクリーンという窓をとおして世界をじっくり観察し、吟味して楽しむ、という意味だと思っています。料理も同様かもしれないと思います。風味をとおして世界をじっくり味わう。

子どもの頃から食べるのが好きでした。何でもすぐにおいを嗅《か》ぐんじゃありません！とよく怒られた記憶があります。一人暮らしを始めてから、ずっと自炊をつづけています。料理書を頼りに、少しずつ、風味豊かな料理の作り方を学んできました。ちなみに、料理本への愛をつづる本（『食べたくなる本』）を書いてもいます。ここ十年間は子どもに食べさせるという目的も加わり、やはりほぼ毎日キッチンで何かを作っています。

自炊は楽しい、と心から思います。うまくなったから楽しい、ということではありません。日々少しずつ、自炊をしながらいろいろな風味に触れて自分が変わってゆく、このプロセスがずっと楽しかったし、いまも楽しいと感じているということです。本書によって、一人でも多くの方が、自炊を楽しむようになってくださるならば、それ以上のよろこびはありません。


この場を借りて、本書制作に関わってくださった方がたへの御礼をお伝えします。企画を持ちかけてくださり、執筆作業に並走し、すべてにわたり適切に導いてくださった朝日出版社の大槻美和さん。予想をはるかに超えてすばらしいビジュアルを与えてくださった有山達也さん、ワタナベケンイチさん。身に余るほど光栄な推薦文を書いてくださった高山なおみさん、國分功一郎さん。料理のしかたを教えてくれた料理書の著者たち。飲食店と食品販売店の方がた。ともに食卓を囲んでくれる家族、友人たち。ありがとうございます。日々の台所仕事を分かち合ってくれる妻・純江に格別の感謝を。

何かあるかも、と予感して本書を手に取ってくださった読者のみなさんにも厚く御礼を申し上げます。

それでは始めましょう。

目次

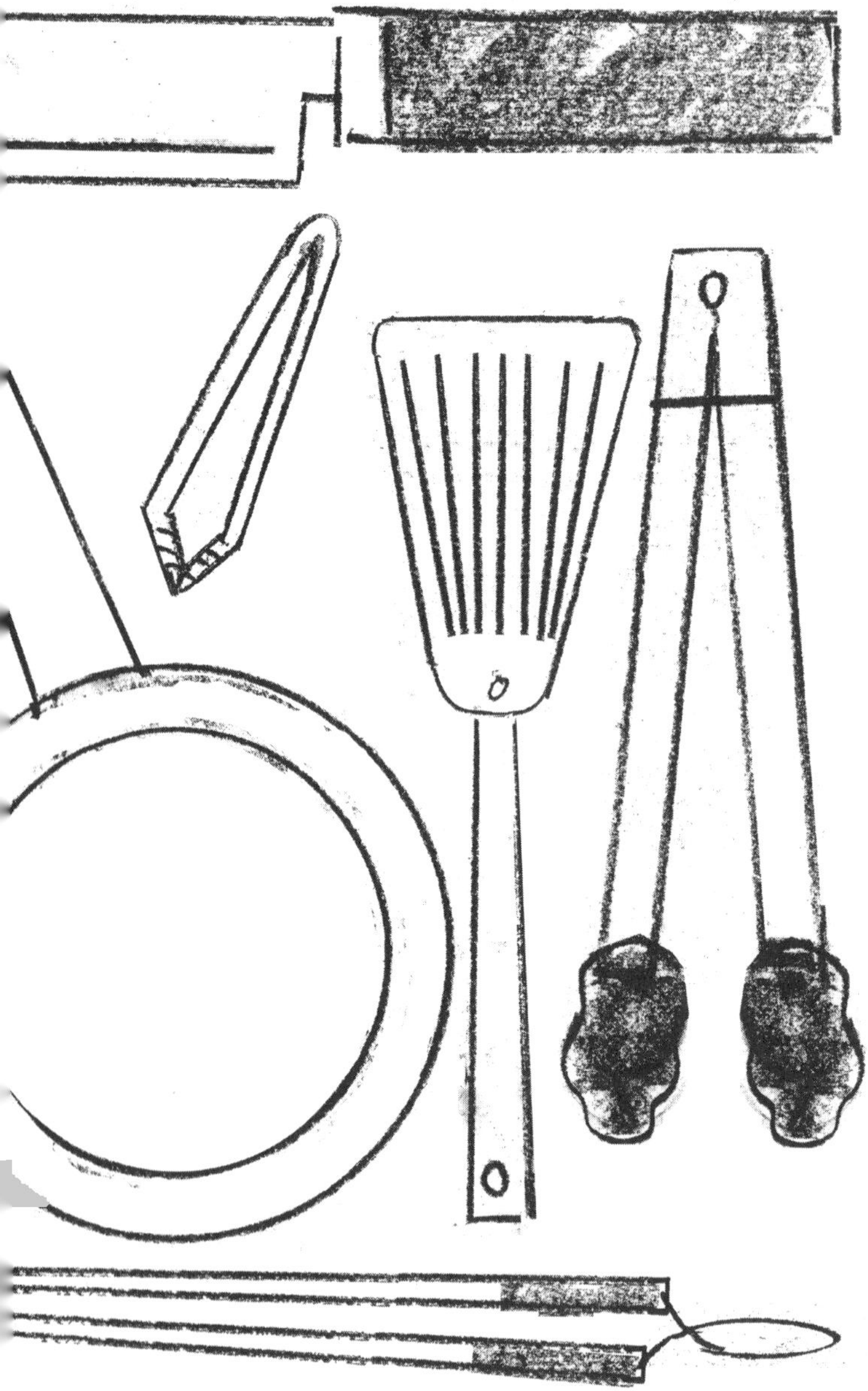

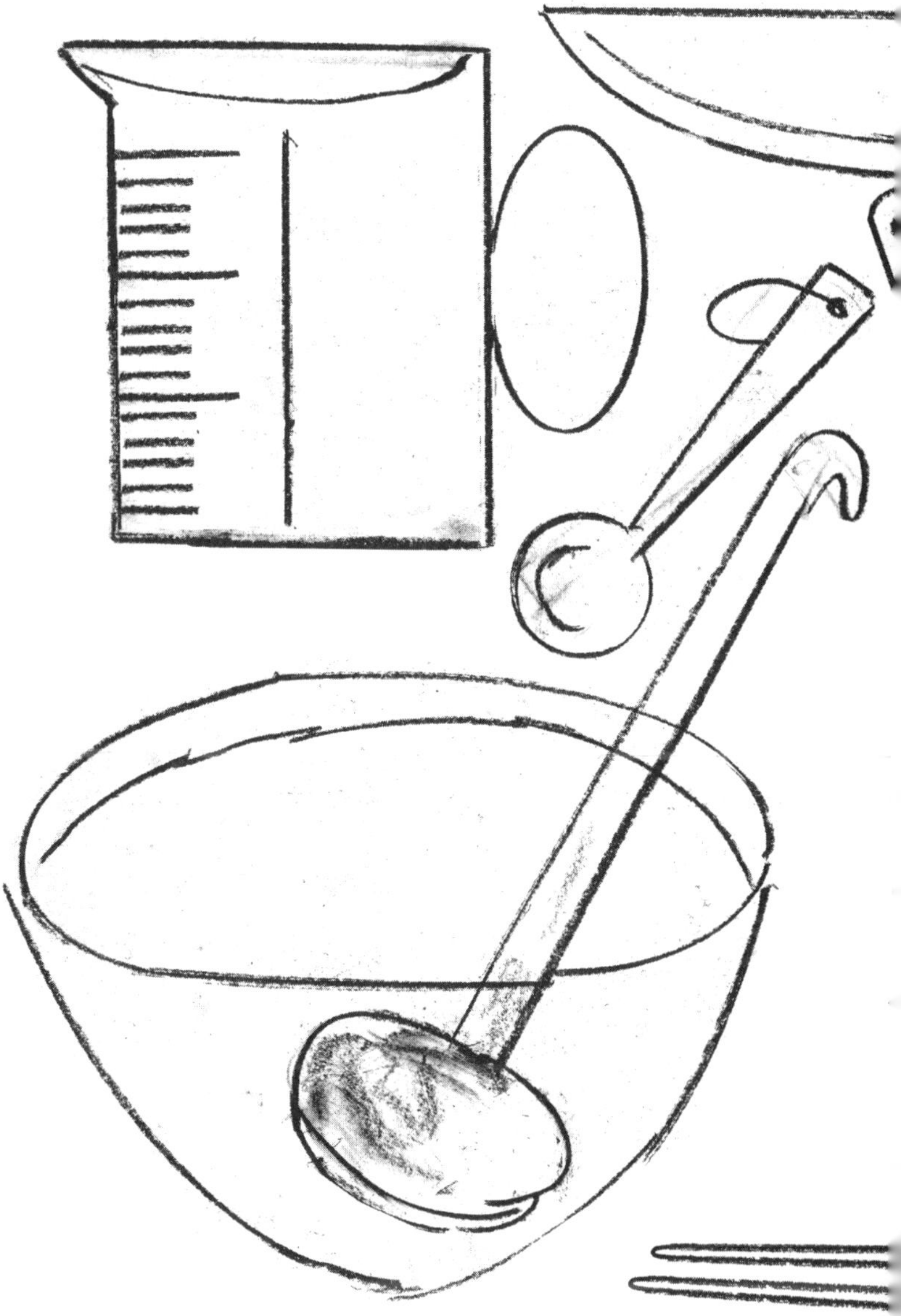

1 においの際立ち

おいしいトーストの焼き方

心の底からおいしい、と思えるものの多くは、ごくありふれたところにあります。たとえば毎朝焼くトーストにも、しみじみと感動することはありえます。というより、私はいつもトーストから小さな高揚《こうよう》を得ていますし、また、それがあるから毎朝ささやかな準備をすることが苦ではないのだと思います。

そんなふうに自分を元気にするトーストを作るには、ではどうすればよいのでしょうか。こう考えるとき、すでに料理は始まっています。自分は何をしたいのか。パンにどう働きかけ、そこから何を引き出したいのか。

私の場合、トーストを焼くときのポイントは、「いいにおいのする熱々の湯気《ゆげ》を、パンに充満させること」です。

そんなトーストを焼くために、具体的にはどうすればよいか。けっしてむずかしくはありません。最も大事なのは、焼きたてをすばやく提供することです。だからトーストは、朝食セットがすべて揃《そろ》うまさにそのとき、同時に焼き上がっているよう逆算して準備します。焼いたまま放置していい時間はごく限られています。つぎに、しっかり高温になるトースターを用いること。できれば250℃、少なくとも230℃になればよいでしょう。加熱時間は、パンそれ自体に含まれている水分がしっかり蒸気になって中に充満するところまで、ただし、外側が焦《こ》げて苦みが出る手前まで。

　こうしてできたトーストには、ひとを恍惚《こうこつ》とさせるものがあります。まずは何もつけずに小片を割ってみてください。その瞬間、ほわっと蒸気が漏れ出るでしょう。そのにおいに誘われるがままに一口食べます。朝の寝ぼけた体が覚醒するような、鮮《あざ》やかな風味を感じ取れるはずです。自分好みの状態のトーストを、最高のタイミングで、好きなしかたで食べることができるのは、なんといっても自分の家の食卓においてです。

　バターロールも、同様のイメージで私は焼きます。背のところに卵黄が塗ってあるため焦げやすく、それゆえ低温に設定すること、と教えられることもありますが、そこはあまり気にせず（多少、茶色くなってもおいしいです）、「湯気の充満」を最優先します。トングなしでは運べないほど熱くなったバターロールは、さながら蒸気爆弾です。試しに小さな穴を上部に開《あ》けてみてください。光の加減によっては、その瞬間、部屋の静かな空気の中を一筋の白い湯気が垂直に上がってゆくのが見えるでしょう。片方の鼻の穴をふさぎ、もう片方から一気にキューッとやったら昇天してしまいそうな、そんな蠱惑《こわく》的な香りです。

バゲットならばオーブントースターに入るぎりぎりの長さで焼いて、そのあとから人数分に切る、そのようにすればクラスト（外皮）はパリパリ、クラム（内相＝外皮の中の白い部分）はしっとり熱々で、小麦のすばらしいにおいを完璧に取り戻しています。

蒸気が詰まった焼きたてのパンを置くと、ふつうの皿にはすぐ水滴がつくので、吸湿性のある木皿などを用意すれば完璧です。

においの語源と「感覚順応」

私はトーストの魅力の決め手はにおいだと考えます。トーストすることによって、そのいいにおいを蒸気とともに立ち上がらせたい。大事なのはにおいです。

さて、においとは何でしょうか。本書はさまざまな角度からにおいの秘密にアプローチしてゆきます。それがおいしさに接近する最大の鍵だと考えるからです。まず手始めに、語源から。

日本語の「におい」は、かつて「丹穂ひ」ないし「丹秀ひ」と書いたそうです。「丹」は赤色のことで、穂は「ぬきんでて現れている」の意味（『日本語源大辞典』）。動詞の「におう」は、「赤く色づく」を意味したらしい（『時代別国語大辞典』）。つまり「におい」は、その語源において、視覚的な際立《きわだ》ちのことを指しました。たとえば梅の赤が、まだ冬の気配に包まれてくすんだ背景から浮かび上がるような場合に、「におう」という。背景から浮かび上がること。地から図が現れ出ること。やがてそれが嗅覚的体験としての「におい」に限定されるようになったというわけです。ここにはいくつもの興味深い点が潜《ひそ》んでいます。においは、現れ出る何かである。さらにいえば、現れ出ることによって意識される何かである。どういうことでしょうか。今日の私たちは、そのことを、生理学的な観点から説明することもできます。

動物の神経系には「感覚順応」と呼ばれるメカニズムが備わっています。あるにおいが目の前にあるのだとしても、だいたい20秒ほどでそれに馴れて、意識から消えてしまいます。出現するまさにそのとき鮮やかに感覚されますが、そのあとただちに薄れ始め、やがて消える。

なぜ「順応」があるのでしょうか。外界からの感覚に効率的に対応するためです。もし「順応」がなければ、そこら中のあらゆるにおいがひとしなみに意識に現われ、あのにおいもしている、このにおいもしている、というように、意識を向けるべき対象はきりもなく増えるでしょう。「図と地」でいえば、「図」ばかりになって何も際立たない状態です。これでは不都合です。動物が自然界において、敵が現れた、というような重要な情報を誤りなく感知し、とっさに反応することができるのは、「順応」の機構ゆえのことです。

人間が食べ物のにおいを感じるときも同様です。あるにおいがしている、とか、味がしている、という状態がつづくと、その感覚はすぐに弱まります。ゆらぎや循環がなければ、やがて意識はそれがあることを完全に忘れ、においは背景へ沈みます。意識されない、雰囲気としての「地」になります。

たとえば、お店で食事をし終わり、扉を開けて外に出ようとしたまさにその瞬間、空間に充満していたにおいが急に鮮やかに感覚される、ということがあります。自分の家の中で移動のためにドアを開け、別の部屋の空気に包まれたとたん、元いた部屋のにおいにあらためて気づくということもあります。これも「順応」の機構のためです。

ふたたびトーストの話に戻ります。常温のまま食べてもおいしくないということはありません。しかし、急激に加熱することでにおいが増幅し、ゆらぎが与えられます。そのことによって鮮やかに浮かび上がるものがあるのです。

バゲットを穏やかに加熱する

以上、トーストの中に熱々の湯気を充満させる意味について述べてきました。ところで、こうした焼き方が唯一絶対のものではありません。もっと穏《おだ》やかに温めたいときもあるでしょう。それはそれでよいと思います。においの立たせ方にもゆらぎと変化があってしかるべきです。

詩人で食エッセイの書き手としても知られる伊藤比呂美《ひろみ》さんは、焼きたてのトーストから湯気が立つといってよろこぶのは日本人ばかりだと指摘しています（『ウマし』53頁）。炊きたての白米が湯気を上げるのをよろこぶ習慣から来ているのだろう、というのです。はっとさせられる指摘ですね。実際、伊藤さんが長年暮していたアメリカに、パンの湯気をよろこぶ習慣は見受けられないのだといいます。

アメリカだけでなく、パン文化の本場であるフランスでもおそらく同様でしょう。かつてフランスに滞在したとき、現地で知り合った日本人たちが、できたて熱々のバゲットを食べてみたいね、といっていたことをよく覚えています。フランスのパン屋では、冷めて蒸気が落ち着いてからバゲットを店頭に並べるので、熱々を買うことはできません。再加熱するときも、ただ穏やかに温めるだけ、あるいは常温のまま食べるほうが多かった気がします。夕食のおともならばゆっくり食べるわけですし、それでよいわけですね。

というわけで、こんどはバゲットを穏やかに加熱して、食べてみましょう。ファーストコンタクトの恍惚には乏《とぼ》しい。けれど、噛むうちに穏やかな甘みが口の中にわき上がってきます。これもよい。３６５日バゲットを食べつづける国民の日常感覚としては、こっちのほうが落ち着くのだろうなあ、と遠くが想像されます。卵も乳製品も入っていない、シンプルに作られたバゲットなどのリーンな（クリームや牛乳などが入る味をリッチな、それらが入っておらず小麦の素《す》に近い場合をリーンな、と表現します）パンのほうが、噛んでいて飽きないと思います。

サワードゥを直火焼きする

以上、パンの焼き方を二つ取り上げましたが、最後にもう一つ。トーストにおいては、直火原理主義者たちもいます。炙《あぶ》り焼きすることで生じる表面の香りとあわせて楽しむのです。この方がたにも一目置かないわけにはいきません。私はかつてカリフォルニアに滞在したとき、直火のすばらしさに開眼する経験をしました。「カリフォルニア・サワードゥ」という独特のパンを直火焼きにして食べたことがそれです。サワードゥは、十九世紀のゴールドラッシュのときにやってきた人々が食べたという酸味の強いパンで、最初はどう楽しんでいいかわかりませんでした。あるとき現地の方が、直火にかぎる、と教えてくれたのです。可能ならば薪《たきぎ》の火で、表面にしっかり焼き目がつくまで炙るのがよい、とのこと。初めてこのとおりに焼いたものを食べたとき、うわあ、軽い、と驚いたことをよく覚えています。表面の香ばしい焦げ、苦み、酸味が、サワードゥにもともとあったさまざまなくせと重ね合わされ、相殺されて心地よい何かに変化していたのです。

このトーストの上にやぎのチーズを塗ってはちみつをかけると完璧になる、とも教えてもらい、実際に試してみました。唸《うな》らざるをえないハーモニーがたしかにありました。四種類のそれぞれに強いくせが絶妙にバランスを保っていたからです。週末の朝、時間にゆとりのあるときなど、こんなトーストを食べるのは贅沢なことだと思います。

さて、今週は、以上を踏まえて、パンを焼いて食べてください。いずれの場合も、ポイントは、狙《ねら》いをはっきり持つことです。こうしたい、という明確な狙いがあるとき、料理は楽しい。「湯気充満」式であれば、トースターの中に入ったパンの内部で眠っていた水分が蒸気になって外皮の中を駆け巡りつつある……食材のこの状態変化を、五感を開いて感知しようとすることは、すでにそれ自体が大きなよろこびです。

もう一つのポイントは、方法のちがいを楽しむこと。こうでないといけない、という決まりはありません。いやむしろ、決まりというか、狙いや方法が複数あるということです。それらのちがいが、おのおのに、際立ちを与えることもあります。語源を思い出しましょう。においは際立ちのことです。

2

においを食べる

米を炊く

今週は米を炊《た》きます。

米、炊いていますか？　その習慣がなかった方は、今週から開始してください。炊いているという方は、炊飯の楽しみについておさらいをいたしましょう。

まずは作り方の確認です。炊飯器の場合。

一、炊飯器の内釜で米を洗う。無洗米なら洗う必要はない。
二、水を指定の目盛りまで注ぎ入れ、30分以上浸水する。
三、スイッチを入れるとできる。10分以上蒸らすと粒が立ってきて食感がよくなる。

以上です。簡単ですね。簡単ですけれども、やはり感動がありますし、あらためて考えてみると、そのしくみの見事さに感嘆せずにいられません。スイッチを入れると水がだんだんと加熱されて沸騰状態になり、その過程で米のでんぷん質が変性して（アルファ化して）、甘やかなにおいが生まれます。蒸気口からそのにおいは漏れ出て、炊ける前からキッチンは米のいい香りで満たされることになります。となりの部屋にいても、ごはんの時間が近づいているな、と気づきます。炊き上がってからはしばし蒸らしの時間です。ここまでのあいだに、ごはん以外のすべての支度を整えられるといいですね。蓋を開けます。このパカッの瞬間が最初のクライマックスです。中に閉じ込められていた幸福なにおいがいよいよ一挙に放出され、そのにおいが私たちの食欲を掻き立てるのです（しっかり加熱する式のトーストのうれしさも、これと通じ合っています）。

鍋や釜で炊きたいという方は、ぜひそうしてください。コンロ数が多ければ、むしろこちらのほうが短時間で炊けるし、利点も多いです。鍋はなるべくずっしり重いほうがうまく炊けます。土鍋や鋳鉄鍋（ル・クルーゼなど）が向いています。

一、米を洗う。ザルとボールが二つ一組になっているものを使うと快適。ザルで水切りした米、それと同量の水を鍋に入れる（米3合なら水も3合＝540ml）。30分ほど浸水。

二、蓋をして中火で加熱する。沸騰したら（土鍋の場合は蓋のふちにぷくっぷくっという泡が上がって見えたら）、火をごく弱火にして15分ほどさらに加熱する。

三、火を止めて10分以上蒸らして完成。

鍋で炊くと底におこげができて、米全体に独特の香ばしさが加わります。食感＝テクスチュアも変わります。炊飯器は、おこげができないので、よりみずみずしい香り、ともいえると思います。どの方法で炊いたとしても、最初のパカッのクライマックスの感動が減じるということはありません。

炊き方の細かい工夫については諸説ありますので、各自調べてやってみると楽しいと思います。余ったごはんをどう保存するかも大事です。一回の食事で食べ切るということはなかなかないので、保存して再加熱することになります。なるべく早くタッパーに入れましょう。茶碗一個分のサイズのものが便利です（さらに、蒸気口のあるタイプだと理想的です）。それを冷凍します。そうすればごはんのにおいを閉じ込めることができるからです。再加熱に便利なのは、電子レンジです。ちょっと長めに時間をセットするのがコツです。タッパーの中にしっかり水蒸気が充満して、再度米を蒸し上げるイメージです。

炊きたての米のにおいを思う存分満喫できるのもまた、自宅ならではでしょう。お店で炊きたて熱々の米の香りを満喫しようと思っても、なかなかに困難です。

人間の鼻もじつは犬並みにすごい説

さて、ここまで述べてきたのは、お米のにおいの魅惑についてでした。ではそれと、口に入れたときに舌で感じるおいしさはどう関係するのでしょうか。ごはんが口に入り、噛み砕いて飲み下すときに感じるおいしさこそ、ごはんを食べるときの感動の本丸であることはいうまでもありません。炊きたてでにおいが際立っている、ということと、舌でおいしいと感じるのは、別の感覚でしょうか、それとも、両者はつながっているのでしょうか。

近年、だんだんと広く知られるようになりつつあることですが、舌で感じる「味覚」と、鼻で感じる「嗅覚」は、混じり合って一体化する性質があります。ある意味では、私たちはにおいを食べて味わっている、と考えられるのです。炊きたての米が格別においしく感じられるのは、それがいいにおいだからです。これは比喩ではなく、実際に感覚の混じり合いが起きています。ここは非常に大事なところなので、ぐっと掘り下げて考えてみたいと思います。本書の主張は、自炊で大事なのは風味の魅力である、ということですが、その前提に関わります。

人間がにおいを感じるしかたは二種類あります。鼻でくんくん嗅《か》ぐ、というしかただけではありません。もう一つあります。

鼻先で嗅ぐほうを、オーソネイザル経路といいます。鼻で息を吸い込むとき、吸気は鼻先から鼻腔《びこう》に伝わります。「オーソ」とは、オーソドックスという場合の「オーソ」で、「正」とか「順」という意味です。においのいわば「順路」がこっちです。

これとは別に、レトロネイザル経路があります。ものを食べている最中、ひとは鼻から息を吐き出しています。肺から口を経由して喉《のど》の奥、そして鼻腔を通り、最後に鼻先へ抜けてゆく空気の通路があります。もぐもぐ、んふーというときの、んふーです。「順路」に対する「逆路」、あるいは「戻り道」です。

この逆路――レトロネイザル経路が、人間にとってはきわめて重要です。さらにいえば、人間を人間たらしめるものである、ということらしい。なぜなら、このレトロネイザル経路において、味とにおいは一体化し、また、味と一体化させることで、人間は、きわめて多種多様なにおいを感知できるようになっているからです。いわば、人間は「味」として、においを感じるのです。

レトロネイザル経路の重要性は、近年、急激に発展したにおい研究によってますますはっきりと明らかになってきました。その成果をわかりやすく解説する本の一つに、ゴードン・M・シェファード『美味しさの脳科学――においが味わいを決めている』があります。以下、この本に従って、説

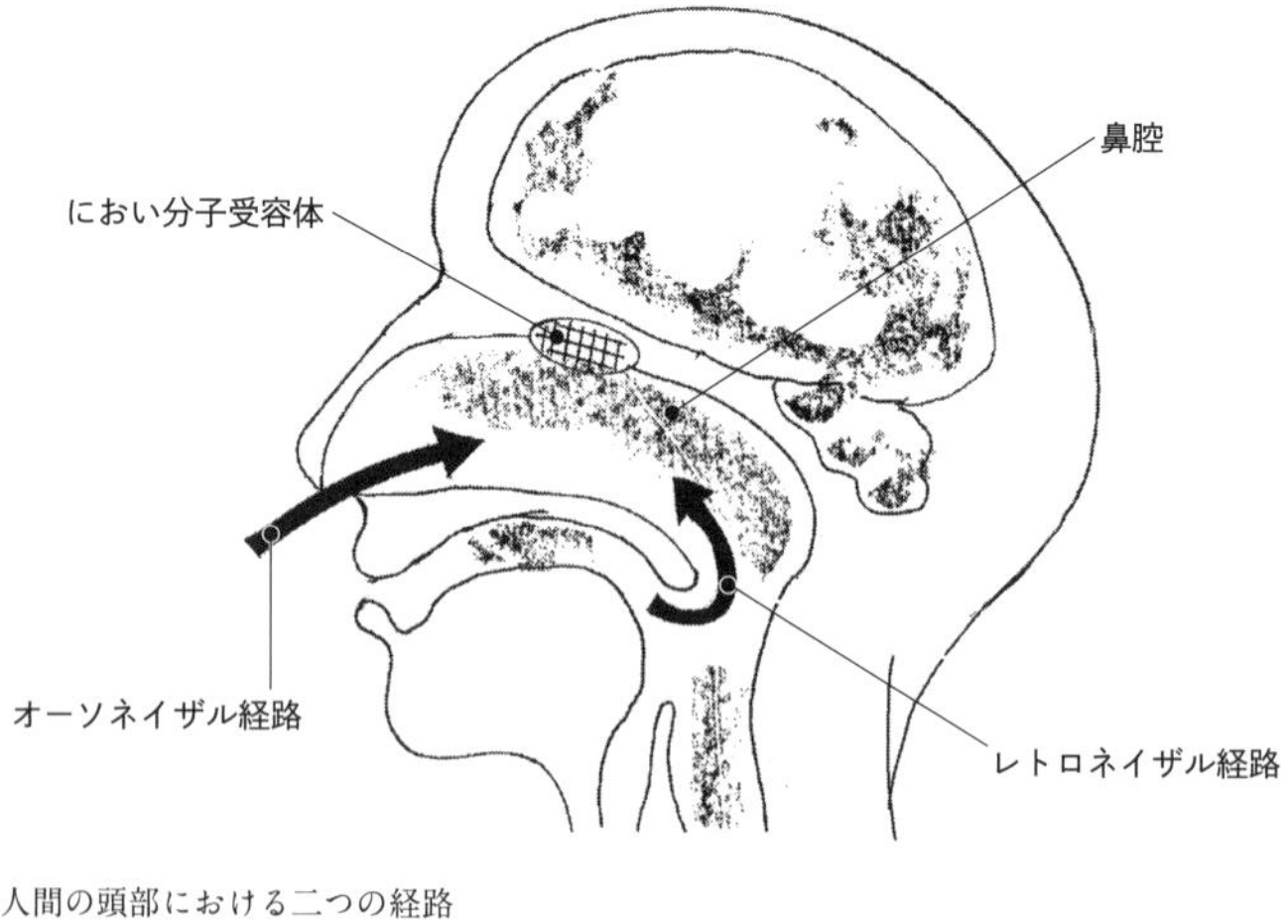

図：人間の頭部における二つの経路

明をつづけたいと思います。

　シェファードは、犬と人間の嗅覚のちがいについて、私たちが大きな誤解を持っていると主張します。人間の嗅覚は犬に比べて著《いちじる》しく劣《おと》ると考えられているけれど、それはまちがいである、というのです。大胆な主張です。犬の嗅覚は驚くべき解像度を誇り、周囲の世界の厖大《ぼうだい》な情報を鼻からキャッチしている。人間が、犬のように、鼻先で周囲の世界の状況を把握できるということはありえません。しかし、それだから人間の嗅覚は退化しきったというのも早計です。直立歩行型の動物である人間が独自進化させてきたものがある。それがレトロネイザル経路である。人間は、口に入れた食べ物のにおいを味わうことで、厖大な、それこそ犬にも劣らぬ多種多様な嗅覚情報をキャッチしている。シェファードはこのように述べます。

　においを味わう、の部分をより細かく見てゆきましょう。

　口に食べ物を入れて、噛み砕くとき、そこに潜《ひそ》んでいたにおい分子が放出されます。もぐもぐと噛んでいる最中も呼吸は続き、口は閉じられているので、空気は口中から喉の奥へ、そして鼻腔へと流れ込みます。もぐもぐ、と、んふー、は連動しています。このんふーのとき、におい分子をたっぷり含んだ空気が勢いよく鼻腔へと流れ込み、そのとき鼻腔にびっしり敷き詰められているにおい受容体が、いっせいににおいを感知します。さながら、精妙な蒸留器です。口で砕いて蒸気を上に送り、抽出されたにおいを鼻腔でキャッチする機構の見事さには感嘆するほかありません。そして、さらにすごいことが起きます。鼻腔で受け取ったにおいの感覚は

「投射」されて口の中の味の感覚と一体化します。

味のちがいはにおいのちがい

このようにいうと不思議なかんじがしますが、誰もが経験的に知っていることです。風邪をひいて鼻が詰まっているときは味がしなくなる、ということもその一例です。それから、よく知られる実験に、オレンジジュースとグレープフルーツジュースを用いるものがあります。ぜひ一度やってみることをおすすめします。まず鼻をしっかりつまみ、鼻腔を空気が通り抜けできない状態にします。そのうえで、両者を飲み比べます。目隠しして、ブラインドテイスティングすれば、効果はさらにはっきりするでしょう。二つの区別はつかないはずです。つまんでいた指を離して、また飲み比べをすると、今度は、はっきりとちがいがわかります。つまり、私たちがふだん味のちがいだと感じていたものは、実質的に、においのちがいだったということです。

味覚は、舌にある味蕾《みらい》という感覚器によってキャッチされます。甘、酸、塩、苦、に加えて、うまみ、の五つの味の種類およびその強弱を、舌に分布する味蕾によって感じます。これが味の感覚のベースになりますが、しかし、それだけでは、オレンジジュースとグレープフルーツジュースのちがいすら、人間にはわかりません。鼻腔に届くにおいのちがいを感知するとき、初めてオレンジはオレンジとして、グレープフルーツはグレープフルーツとして認識されます。オレンジジュースの味に、グレープフルーツジュースの味になる。そのとき、においと味は混じり合っているということです。このように、においと混じり合った味を、「風味＝flavor」と呼びます。味と混じり合ったにおい、といったほうがいいかもしれません。というのは、より多くの情報を担うのは、においのほうだからです。

さて、嗅覚はどれくらいの種類のにおいを感知できるでしょうか。

嗅覚を論じる生理学の本を開いてみると諸説あることがわかりますが、五千から一万という数字が多いようです。ただ、おそらくこれは、においを感知して言葉で記述しうる場合のことでしょう。分子進化学者の新村芳人《よしひと》さんは、純粋に理論的に考えれば、人間が感知しうるにおいの種類は、一〇の四百乗であるといいます（『嗅覚はどう進化してきたか――生き物たちの匂い世界』49頁）。これはとてつもない数字で、全宇宙の原子の総数をはるかに上回るのだそうです。あくまで理論的には、ということですが、嗅覚の生理学的機構がいかに優れているか、ということをわかりやすく示しています。

なぜこれほど多くのにおいを嗅ぎ分けられるのでしょうか。さわりだけを述べるにとどめますが、嗅覚が「組み合わせ符号」によって働くからです。これも味覚とちがいます。味覚の場合、五種類の味覚をそれぞれの味蕾が担当していて、甘みには甘み受容体が、というように、一対一関係で反応します。それに対して嗅神経は、まず約四百種類あります。味覚よりも圧倒的に多いのですが、さらに、これらは、それぞれが多種のにおい分子に反応できます。「一対一」ではなく、「多対多」です。このシステムを「組み合わせ符号」というわけです。鼻腔に何らかのにおいが入ってくると、四百種類の嗅神経がいっせいに発火し、そのにおいに応じた固有のパターンを描き出します。そのとき取りうるパターンの種類が、理論的には二の四百乗ということです。どんなちがいも逃さない、といってよいでしょう。

ふるさとの米の風味さえも

ごはんに話を戻します。炊飯器の蓋をパカッと開けたときに立ちのぼるにおいの感動がまずあります。このにおいは、オーソネイザル経路で感じ取られています。つぎに、口に含んで味わいます。このときの味は、においと別ものではもちろんないということです。ごはんのおいしさを担うのは、実質的には、そのにおいである。においのよさに応じた味わいのよさを私たちは感じているのです。

だからこそ、私たちは、いろいろな種類や産地の米のちがいさえも楽しむことができます。かつて、米の生産者の方がたが、いかに敏感にごはんの風味のちがいを感じ取られているかを知り、とても驚いた経験があります。私と同郷の福島県で米作りに従事される吉成邦市《くにいち》さんという方がいます。震災復興のときのイベントでご一緒し、米作りや炊き方について教えてくださいました。そのときお聞きしたのですが、吉成さんは、ブラインドテイスティングで、地元の村の米を何度もかなりの高確率で当ててこられたのだそうです。地質、水質、気候のちがいによるのでしょう。それにしても全国各地から集められた何百というサンプルの中から、ピンポイントで当たるというのですから驚きというほかありません。しかし、人間にはもともと風味に対する優れた感受性が備わっています。口に入れたものの風味を検出するレトロネイザル経路に関していえば、犬並みの能力を発揮することさえありうる。自分が生まれた川のにおいを嗅ぎ分けて遡上《そじょう》する、鮭《さけ》やうなぎ並みの、と言い換えてもいいかもしれません。

私にはブラインドテイスティングはできませんし、あくまでぼんやりとではありますが、ちがいは伝わっていると思います。昔の話ですが、大学入学のために上京したばかりのころ、同郷の友人が自分のアパートで、よくごはんを炊いてふるまってくれました。地元産の、近所の農家さんの栽培したお米だということでした。その風味には、自分たちだけにしかわからないと思えるような、これだ、という懐《なつ》かしい何かがありました。

3 風味イメージ

みそ汁を作る

今週はみそ汁を作ります。

最初にだしを取ります。使うのは乾物です。世の中にはとても便利な粉末のだしの素《もと》があるにもかかわらず、なぜあえて乾物を使うのでしょうか。

いろいろな理由が語られています。伝統文化を守るため。栄養価に優れているから。ナチュラルだから。粉末だといかにも手抜きだから。みそ汁作りには愛情を注ぐべきだから……。

どれも一理あるような気がしますが、私は、香りがよいから、と答えたいです。その香りに誘惑されて、乾物を使ってしまう。

粉末のだしの素は、うまみ成分としてのグルタミン酸ナトリウムに、風味原料（かつお節など）を付加して作られます。完全に天然由来のものも多いようですし、体にも悪くありません。

ただ、その風味が、質量ともに、乾物を使う場合よりも、数段落ちます。

お茶を飲むときに、粉末タイプではなく茶葉を使うのと、あるいは、コーヒーを飲むときに豆を挽《ひ》いて淹《い》れるのと同じことです。香りに惹かれるのです。

みそ汁の作り方を述べます。

一、だしを取る。二通りのやり方があります。

①水出し。冷たい麦茶をポットで作るのと同じ要領。1リットルのポットなら、5×10センチのこんぶを2枚、にぼしを10本ほど入れておく（こんぶの割合は、500mlの水に対しだいたい5×10センチ1枚が目安。約10センチ幅のこんぶを買って、5センチずつ切り出しておく、などとすると使いやすいです）。半日ほどで抽出できて、数日間そのまま保存できる。まろやかでコクのあるだしになる。

②鍋で煮出す方法。小鍋に水を張り、右と同じ量のこんぶとにぼしを入れて30分ほど置いてふやかす。時間がなければそのまますぐ点火して加熱しても、まあ大丈夫。弱火でじっくり加熱する。沸騰したらこんぶを取り出す（うまみと最良の香りを抽出したところでお役御免です。長く煮出すとこんぶの香りが強く出すぎます）。にぼしは、沸騰してからさらに数分ほど、弱火で煮出す。網杓子で引き上げる。

二、具材を入れる。私の好きなシンプルタイプは、豆腐と乾燥わかめです。各自のお好みで。ボリューム感が欲しいときは油揚げを入れるとよい（油揚げも豆腐もみそも原料は大豆なので、統一感の中の味のグラデーションが楽しめる）。

三、火を止めて、みそを溶き入れる。専用のマドラーを使うと快適。マドラーにみそを適量取って、そのまま鍋に入れて1分間ほど放置し、ほろほろになったところで、揺すってみそを溶かす。完成。

ひと口すすれば、しみじみおいしいですよね。ぱっと心が高揚するというよりは、ほっとする、やすらぐおいしさです。お茶を淹れるのとたいして手間は変わりません。時間のないときは、お茶のティーバッグと同様、乾物を細かく挽いて詰め合わせてある「だしパック」を使うのも便利です。それで、いつでも、海の香りにひたれます。こういう習慣が日本では伝統とされてきたということです。だしを抽出するときの小鍋の中には、こんぶとさかながいるので、海の借景ともいえます。海とのつながりが意識されていて、水中花のようでもあり、そこで香りが蘇《よみがえ》るというわけです。いちど乾燥させているので、乾物特有の香ばしさも付加されています。

風味は映像である

食べ物は、その風味（主ににおい）を媒介して何かを映す「映像」である。そのようにいうことはできないでしょうか。たとえば、こんぶやにぼしを抽出しただしは、その風味に媒介されて、それが元あった海を映す。つまり、海の映像＝イメージである。

けして突飛なことを述べているわけではありません。ひと皿が季節を映す、というような表現はむしろ古来ありふれており、私たちはすでにじゅうぶん馴染んでいます。

こういう話でよく例に挙がるものに、夏の鮎《あゆ》があります。鮎の腸《はらわた》から、香ばしい、すいかのようなにおいがすると表現されます。夏の清流に生える岩苔《いわごけ》に由来するにおいなのだそうです。鮎は別名を「香魚」といいます。鮮度がよく、はっきりしたにおいを保つ鮎は、感動的です。そういう鮎を食べるとき、私たちはただ目の前の味のよい魚を食べてよろこぶという以上に、この鮎のにおいを媒介して、苔の生えた「夏の清流」へのはるかな想いを抱かされることがありうるからです。ぴたっと焦点が合うならば、魂が持っていかれるような気持ちになることもあるでしょう。鮮度が落ちて香気がくすめば、その力は弱まります。食の感動の大きな部分は、遠くの何かを「映す」力によってもたらされる。この力を振るうものこそが風味です。

ところで「映《うつ》す」は、日本語において、「移《うつ》す」と同じ音でいいます。「映す」と「移す」。ここには関連性があります。においがして、別の場所を「映す」ということは、ある特定のにおい物質が、運ばれて、場所を「移す」ということだからです。最初は、夏の四万十川《しまんとがわ》だとか、あるいは別のどこかの川に生えていた岩苔に、そのにおいはありました。その苔がある一匹の鮎に食べられ、内蔵に蓄積され、釣られ、業者に卸《おろ》され、冷蔵輸送され、キッチンへ運ばれる。焼き上げられ、口内で破砕《はさい》され、そしてあの苔に由来するにおい物質が、レトロネイザル経路から鼻腔へと届く（さらに舌で感じられる味覚へ投射される）。このようににおいが「移る」。

と同時に、夏の川の情景が「映る」。

なぜにおいが、元あった場所の雰囲気やものごとをありありと映すことができるかについては、生理学的な解明も進んでいます。におい知覚を司《つかさど》る神経系には、「断片を提示されると全体を創出しようとする強い傾向が備わっている」ことがはっきりわかっています（シェファード、前掲書、251頁）。それゆえ、ある場所に固有のにおいは、それを取り巻いていた雰囲気の全体を映す。あるいは、想像させる。この点については、本書のあとの方でまた別の角度から取り上げます。こんぶやにぼしの場合も、（ふるさとの）米の場合も同様です。ここに、うまいまずいを超えた何かがある。

風味の分類――①風味インデックス

食べ物の風味は、遠くの何か、いまここには存在しない何かを映す、映像である。もし、何ものをも映さない食べ物があるのだとすれば、それは即物的な食糧ということになるでしょうか。忙しいときはむしろ魂を持っていかれては困るので、栄養補給のための食糧と割り切るほうが都合よいということもあるでしょう。けれど、あらゆる食べ物には何かしらの風味があり、その風味が何かしらのイメージを喚起するものです。何かしらに紐づいているからです。

たとえば栄養補給のためのビタミン入りスナックのたぐいで食事を済ませる場合でさえ、テレビCM——多忙をきわめるビジネスパーソン風の登場人物が出てくるいろいろなテレビCM——のおぼろげな記憶が脳裏をかすめたりもしますから、いっさい何も「映す」ことのない純粋な食糧は、現代社会において案外少ないとも思います。ファストフードもいろいろなことをイメージさせます（映します）。私はチェーン店で牛丼を食べると、昔見ていた「キン肉マン」のアニメとそこで歌われていた牛丼ソングのことを想ってちょっと懐《なつ》かしくなりますし、本で読んだ、文明開化以後の牛食の始まりの歴史を想うこともあり、やはり多少なりとも心は動きます。マクドナルドで食べれば、あのマクドナルドに特有の風味（ありますよね？）を介して、世界でほぼ同じものを食べているだろう無数の人々に、ちらっとですが、想いを馳せます。

食べ物の風味は映像である、という場合、「映し方」にはさまざまなケースがあり、それぞれを区別することもある程度はできます。分類してみましょう。

一つ目は、すでに述べたように、香り物質が直接移動する、という場合。ある地域、ある季節に固有のにおい物質が食べ物に含まれていて、それが食べ手のところに届くときのことです。このとき起きているのは、長い旅の果てで実現される直接接触です。たとえばワイン愛好などを支えるのも、このダイレクトな邂逅《かいこう》のよろこびでしょう。瓶詰めされたのは、遠く離れた村で醸造されたワインに固有の風味であり、それが長旅をして我が家にやってくる。ソムリエなどの専門家たちは、それぞれの瓶の中に封じ込められた液体に固有の風味を、犯罪捜査におけるる証拠品のようなしかたで、判別します。このとき風味は、指紋がそうであるように、それが何に由来しているのかを証拠付けるという意味における「インデックス」です。痕跡、ということでもあります。それゆえにおいは、酒や料理の「真正性＝authenticity」を担保します。においが「インデックス」というとき、そこには、「索引」という意味もあります。本の最後につくインデックス、というときの意味です。索引をたどってゆけば、元の文脈にたどり着く。以上述べてきたような性質を指して、「風味インデックス」と呼びたいと思います。

②風味パターン

二つ目は、においの組み合わせの「パターン」によって、遠くの何かが映るという場合です。これも具体例を挙げるとわかりやすいでしょう。またふるさとの話になりますが、私が生まれた福島県には「いかにんじん」という郷土料理があります。乾燥したするめいかを千切りにし、にんじんも同様に切りそろえ、この二つを、日本酒・しょうゆ・みりんを沸騰させてから冷ました漬けだれにひたしたものです。「いかにんじん」を食べると、私は地元のあの懐かしい食文化の全体に包まれているような気持ちになります。とくに、正月の雰囲気を思い出します。にんじんといかは「紅白」だということで、正月料理の定番でもあったからです。

さて、この料理を作るとき、「するめ」と「にんじん」は、福島産でなければいけないかといえば、そんなことはありません。ある土地のにおい物質が「同一」のまま移動して、インデックス（索引）になる、という必要はない。そうではなく、するめとにんじんという組み合わせの「パターン」が、現地におけるそれと「類似」していれば、それでじゅうぶん、感動できます。ここで問題なのは、風味の配合、比率といったパターンの類似性です。いかににんじんは、生鮮食品の少ない東北地方の山間部で、乾物をどう使うかという試行錯誤の中でできた一品です。どちらかというとそっけなく、この土地でだけ細々と継承されてきたのでしょう。そのいじましいかんじにこそ愛着を抱くことができる、と思います。

どの地域の伝統料理にも、ベースになる基本的な風味のパターンがあります。たとえば西欧では、煮込み料理などに用いる香味野菜の組み合わせのパターンを持っています。食文化論者、マイケル・ポーランがそれらを列挙するつぎのくだりを引用します。

鍋で煮込む料理の風味や文化的な独自性は、みじん切り野菜の組み合わせで決まる。みじん切りの玉ネギ、ニンジン、セロリをバター（あるいはオリーヴオイル）で炒めた「ミルポワ」は、フランス料理に欠かせない。一方、玉ネギやニンジンやセロリをみじん切りにしてオリーヴオイルで炒め、ニンニク、フェンネル、パセリなどを加えた「ソフリット」はイタリア料理の土台になる。ところがソフリット（soffritto）の「f」と「t」をひとつずつ減らした「ソフリート（sofrito）」は、さいの目切りの玉ネギ、トマト、みじん切りのニンニクを炒め合わせたもので、スペイン料理のベースになる（ケージャン料理ではさいの目切りの玉ネギ、ニンニク、ピーマンが、聖なる三位一体である)。

(マイケル・ポーラン『人間は料理をする・上――火と水』153頁)

ちがいはわずかに思えるかもしれません。ところが、そのわずかなちがいによって、食べ手の印象は激変します。なぜなら、参照されているのがどこの食文化圏なのかが変わるからです。さながら万華鏡のようです。専門店で高精度に作られる料理であれば、国単位ではなく、ピンポイントに、何々地方の、さらには、その地方のどんな店の伝統料理を映しているか、ということまで表現されるでしょう。

このような場合を「風味パターン」と呼びたいと思います。パターン――香りの種別および配合、比率の類似によって、それが由来するところの風土と伝統を映します。

③風味シンボル

三つ目は、より象徴的な価値、とりわけ物語や神話などを、においが映すという場合。たとえばコカ・コーラが「青春の味」というとき、あれらスパイスの調合と炭酸と糖類によって得られる風味は、もともと「青春」とは何の関係もありませんでした。それがいつしか、ある時代の青春映画の光景や物語などと結びつき、コカ・コーラがその象徴=シンボルになったということでしょう。両親のいいつけに背《そむ》いて飲む、という青春期に特有のスリリングな体験の集団的な記憶も、これら物語と連合し、においと一緒に運ばれてくるのかもしれません。

以上を、「風味シンボル」とします。風味シンボルには注意が必要です。シンボルは、まったく無関係なものを恣意的に表すことができるからです。広告業者たちが考え出したうつくしい物語が添えられているからといって、風味が良質であったり真正であったりすることの保証にはなりません。内容空疎な「情報消費」を促《うなが》されているだけかどうか、ときに疑ってみる必要があるでしょう（以上の三つは、哲学者のチャールズ・サンダース・パースによる「記号」の普遍的な三分類――インデックス〔指標〕、イコン〔類似〕、シンボル〔象徴〕をある程度、参考にしています）。

この三つは混在するケースもあります。むしろそのような場合がほとんどでしょう。においがインデックスであり、なおかつ、組み合わせのパターンを持っていて、さらに、象徴的な意味や物語を持つ、というように。

比べるならば、映す先とのつながりをもっとも強く感じさせるのは風味インデックスでしょう。移動してきた香り物質に直接触れられるのだから当然です。写真や映画といった視覚映像とはまた別の強さで、ある種の実在性の感覚を呼び覚ますようにも思われます（とはいえ、視覚映像とは競合するのではなく、補完し合って全体的な雰囲気を映すのだと考えられます）。つぎに強いのが風味パターン。そのつぎが風味シンボルでしょう。

においはへだたった時間を映す

においは遠くの何かを映す。そのようにいう場合、遠くとは、何のことでしょうか。一つには、空間的に遠くという意味です。ここにはない場所の風景を喚起するからこそ、風味は価値を帯《お》びます。それとは別に、時間的にへだたっている、という意味での遠さがあります。「いま」とはへだたった過去からやってくるにおいによって、ひとは懐かしい気持ちになり、食べながら感動に胸を震わせることがあるのも、よく知られたことです。春夏秋冬が循環する時間も、近づいたり遠ざかったりする何かです。だから、年にいちど訪れる旬《しゅん》の味は感動的です。

また、過去から未来に向けて直進してゆく歴史の時間の流れもあります。これもへだたりを生みます。「むかしの味」に特有の感動があります。その点では、映画や音楽などの場合とも同様です。音楽のレコードに、ある時代、ある地域のシーンの雰囲気が保存されていて、それを聞くと、過去のバイブスに触れられる、などと私たちはいいます。当時、作り手がそれを世に問うて時代を一新させた、そのときの熱気が彷彿《ほうふつ》とされもします。いちど流行の最前線から遠ざかったスタイルだからこそ、逆に、いま、新鮮に感じられるということもあります。それと同じことが食においても起きます。食の風味が「遠く」から映すのは、そのような過去でもあります。みなさんもきっとどこかで体験していることだと思います。

これらへだたった時間からやってくる風味もまた、料理の素材だということです。

自炊者＝エアベンダー

風味によって、遠くへだたった何かを映すことが、料理をして食べることのよろこびの大きな部分を占めています。みずみずしいきゅうりのにおいによって、また初夏が訪れたことを感じてすがすがしい気持ちになる、だとか、干し柿を食べて秋だなあ、と思うだとかもそうですし、スパイス料理の配合から、あの異国の光景に想いを馳せる、ということもそうです。むかしの風味に触れてたまらなく懐かしい想いに駆られる、ということもあります。

少し大げさかもしれませんが、こんなふうに表現したいと思います。台所でいろいろな素材を使って料理をするということは、風味＝映像を用いて、へだたった世界のさまざまな事物と交信することである。私は映画研究者なので、好きな映画の作品タイトルを借りたいと思います。自炊者はエアベンダーである。M・ナイト・シャマランの映画『エアベンダー』は風を操る能力の持ち主を描く映画です。エアー、すなわちにおいを含んだ空気の流れを、ベンド（＝bend）する。屈曲させて、操ります。エアーが含み持つにおいに託されたさまざまな価値を解き放つ。かなり大げさかもしれませんが、最初の大風呂敷的に、見通しを示してみました次第です。その内実は、ここから少しずつじっくり説明してゆきたいと思います。

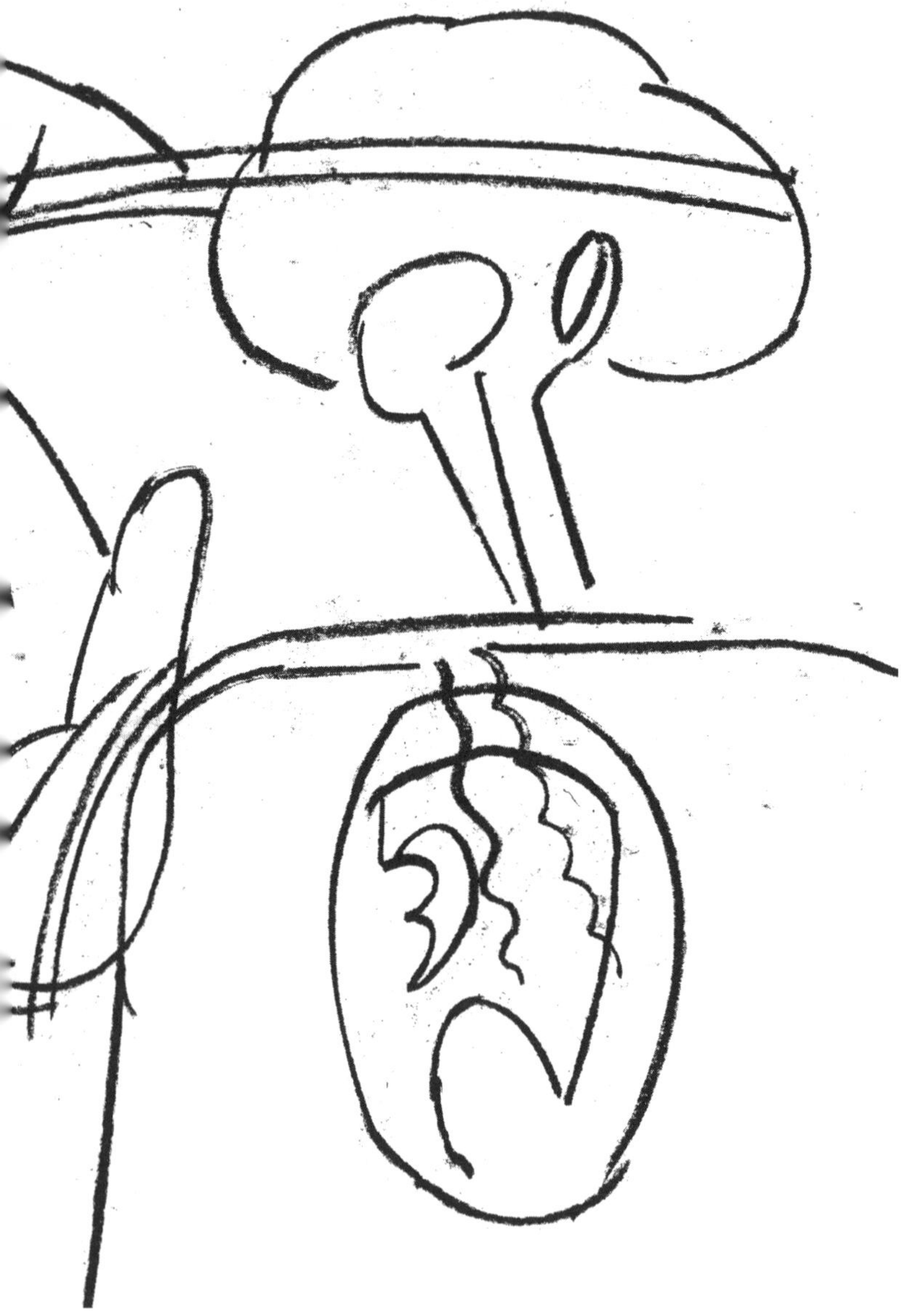

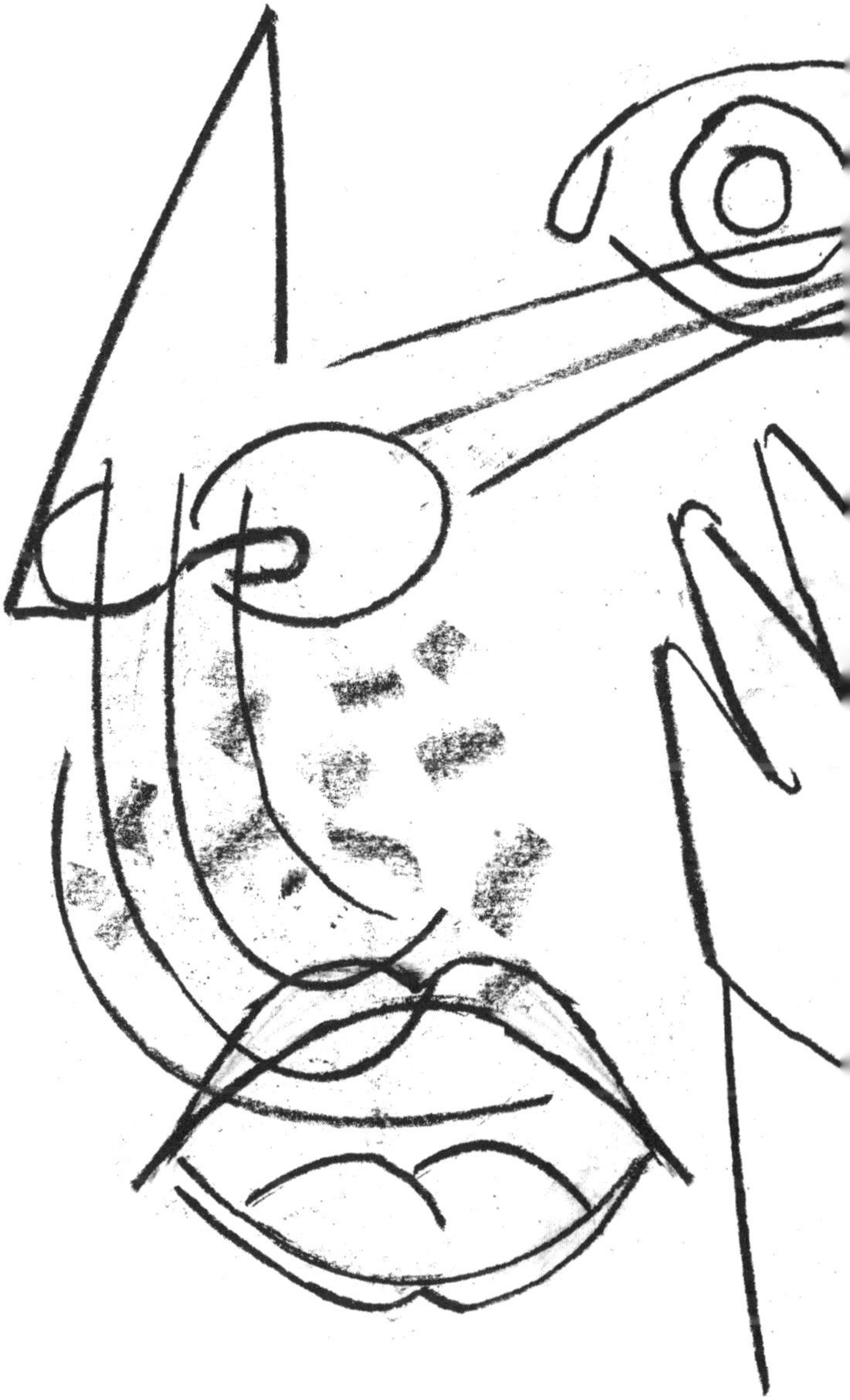

4

セブンにもサイゼリヤにもない風味

ここから自炊するという線引き

本書は自炊のすすめですが、毎日、朝昼晩の食事をすべて手作りで貫き通すべしと思っているわけではありません。専門店での食事が楽しいのは当然として、それ以外にも、コンビニ、ファストフード店やファミレスの簡便な食事を選択肢から外すのはストイックすぎると私は思います。

というより、ある種の食品については、コンビニもファミレスもとてもおいしいと思います。私はとくにセブンイレブンとサイゼリヤをよく使っています。安価で良質な商品があるならば、それを使わないのは端的にいってもったいない。大事なのは、使い分けです。優れた商品がすぐ手の届くところで売られている。それでもあえて自炊するのは、それらで得られないおいしさがあるからです。ここから先は自炊して食べたいと思う、その線引きはどこにあるのか。ここから考えを述べてみたいと思います。

セブンイレブンのおいしさ

まず、セブンイレブンのどこがいいのか。かつてピエール・エルメというパリに本店がある世界的に有名な老舗《しにせ》とのコラボ商品のエクレアが売っていて、食べたら非常においしく、ほと ほと便利な時代になったものだと感動したことをよく覚えています。近所の歩いて数分のところでこんな本格的なエクレアが食べられるなんて。不満があるとすれば、シュー生地がパリッとしていない点でしたが、ともあれ、安くコンビニで買えるのだから、合格点をはるかに超えているとしかいいようがありません。

スイーツはほかもおしなべてとてもおいしいと感じます。いつものエクレアも、プリンも、杏仁豆腐《あんにんどうふ》も、二十年ぐらい前にみなが待望していた本格的な水準をなんなくクリアしています。これはまぎれもなく、コンビニの得意分野でしょう。みなが満足するレシピを考案できる優れた専門家チームがいて、あるいは外部のピエール・エルメのような老舗のレシピを参考にさせてもらって、これという調合・加工の方法が定められ、食品加工工場のオペレーションシステムにおいて高精度の調理がなされる。すると、理想的な画一さでつぎつぎと大量の良質なスイーツが製造できる、ということなのでしょう。大企業の総合力です。この場合の「画一」は、かならずしも悪い意味のそれではありません。かつては一部の富裕層しか食べられなかった美味が（パリの専門店の高級洋菓子を味わえたひとがかつてどれくらいいたでしょうか）万人のものになる。これをこそ文明の繁栄というべきです。

スイーツのほかには何がいいでしょうか。食事用のコンビニ商品は、冷蔵または冷凍したものを電子レンジか、自宅のオーブントースターで再加熱するようにできています。したがって、それらのプロセスで風味と食感の劣化が起きないものはおいしいということになります。白米は得意分野ですね。レンジでいわばもういちど蒸し上げられることで、つやつやとしたおいしさが蘇《よみがえ》ります。冷凍の麺類も良品だと思います。焼き鳥だとか魚の塩焼きなどの「焼きもの」は、焼きたてのぱりっとした食感を再現しようがないため、どうしても不満に思ってしまいますが、「煮もの」はそのかぎりではありません。デミグラスソースを用いたシチュー、スパイスをさまざまに調合するカレーなどもコンビニの得意分野でしょう。そこにうまみをたっぷりと乗せ、ごはんの進むガッツリ系になれば、もはや専売特許というかんじもあります。

魚介類、とくに生魚は、あきらかに不得意分野です。鮮度が風味の良し悪しに直結し、冷凍することで食感もはっきりと劣化してしまうからです。

保存発酵食品をうまく使ったコンビニの食品には、おいしいものが多いです。チーズを用いたブリトーやピザには（生地の食感には限界がありますが）しみじみとした満足感があります。発酵食品はコンビニの流通にとても向いていると思います。もともと保存食なのだから当然ですが、微生物の作用によって長期間、品質が維持され、それだけでなく、芳醇《ほうじゅん》ないきいきとした風味がするからです。規格品を食べつづけるときのやるせなさは、良質なチーズ、納豆、みそ、キムチといった発酵食品によってかなり軽減されていると思います。勝手な個人的要望を申しますと、完璧に温度管理して、ふわっと軽やかな香りの立つぬか漬けを、コンビニ弁当につけてほしい。ピエール・エルメ級の老舗料理店監修で。それが数切れあるだけで、生き返った……というよろこびが生まれると思うのですが、どうでしょう。

サイゼリヤのおいしさ

サイゼリヤについても見てゆきましょう。サイゼリヤの中の人たちがいかにすごいかについては、すでに多くが語られています。私はいまから二十年ぐらい前でしょうか、テレビ番組で村上龍さんがほとんど涙目になって、サイゼリヤは本当においしいですから！と訴えているのを見ました。その後も、ファミレスだからまずいにちがいない、という偏見に対する擁護者が多数現れています。飲食店のプロデュースに長年携わってきた専門家・稲田俊輔《しゅんすけ》さんもその一人です。『人気飲食チェーンの本当のスゴさがわかる本』ではその一章を割いて、サイゼリヤの画期性が解説されています。飽きのこない、素材のやさしい味わいをベースにしつつ、需要と供給のバランスぎりぎりのところで、「マニアの度肝を抜き」さえするような「原理主義者」ぶりを発揮しては、イタリア食文化の啓蒙活動を継続する、そんな頭抜《ずぬ》けた集団がサイゼリヤである。稲田さんの解説を読むと、サイゼリヤへの尊敬の念があらたになります。提供される塩蔵肉（プロシュートやサラミ）は正統的かつ良質で、オリーヴオイルもワインも並外れたコストパフォーマンス。稲田さんは一推しメニューとして「クラシックプリン」を挙げています。確固としたプリン哲学に基づいてできたレシピが一つ完成すれば、あらゆる店舗でおいしいプリンを提供できる。システムの勝利ということだと思います。

ちなみに私個人は、もうメニューから消えてしまいましたが、「真イカのパプリカソース」を愛好していました。イカ類は、冷凍しても食感の劣化が大きくありません。これで白ワインを二、三杯やったとしても五百円ほど。このように、ファミレスがアドヴァンテージを持つ種別の食べ物は数多くあります。サイゼリヤのエスカルゴも非常に高品質なのだそうです。

規格品にはない風味の個体差とゆらぎ

さて、以上を踏まえて、自炊でこそ味わいたいおいしさは何か、という本題に戻ります。わかりやすくいえば、セブンとサイゼリヤがあるにもかかわらず、ということですね。現在の日本で、自炊するかどうか、というハードルはセブンとサイゼリヤにあると考えて、だいたいいいのではと個人的に思います。最高度の効率に達し、消費者のニーズへ敏感に反応し、なおかつ創造性にあふれた企業が作る規格品。それらがあるにもかかわらず、わざわざ自炊したくなるのはどうしてか。値段的にも、サイゼやコンビニと同等以上にリーズナブルで、手間もそれほどかからない料理はどのようなものか。

本書をここまで読んでくださったみなさんにはもうおわかりでしょう。ポイントは風味にあります。

実際のところ、セブンとサイゼリヤの商品がいくら優秀だからといって、私は週に数回も食べればじゅうぶんと感じます。漠然とした罪悪感とかそういうことではありません。そこで提供される食材は、限られたレンジの風味しか届けてくれないからです。「限られた」とはどういうことか。

真イカのパプリカソースはおいしい。わかりやすくうまみが増強されているわけでもなく、滋味深いおいしさである、とさえいえるでしょう。けれど、自分で調理したイカ料理はもっとおいしい。風味の情報量が圧倒的にちがうからです。たぶん、きれいなにおいばかりではありません。野生のにおい、海でつい今しがたまで生きていました、というにおいがあります。まるごと使えば肝《きも》も混じるので、好き嫌いが分かれるでしょう。しかし、慣れてしまえば、たまらない風味です。パプリカも、フレッシュのそれを使えば、中からジュースがほとばしり出て、その甘やかな香りに、はっとするでしょう。これは絶対に飽きません。

どうして飽きないのでしょうか。よく、白米は死ぬまで食べても絶対に飽きない、といいますが、私は、規格化されていない新鮮食材を用いた手料理であれば、多かれ少なかれこの飽きなさを持つと思います。保存のための加工プロセスを経ていないため、揮発性のにおい物質の種類と量を圧倒的に多く保っている、ということがまず一つあります。生鮮食品は、なにしろさっきまでどこかの環境で生きていたわけで、そのことを示すにおいの要素が段違いに多い。

そしてもう一つ。生き物には、魚介であれ、野菜であれ、個体差があります。その個体差が料理の香りに反映されます。私たちの鼻はそのちがいを敏感にキャッチします。

規格化された食品は、なにしろ規格化されているのですから、原則的に個体差はありません。コンビニ、ファミレスにおいて、出てくる料理の風味が毎回異なっているということは許されないことだと考えられています。プリンであれ、デミグラスソースであれ、漬物であれ、たらこパスタであれ、個体差を最小にする配慮のもとで作られています。でなければクレームにさらされてしまいます。

味わいのバランスについていえば、優秀な商品開発者が、最大多数を笑顔にすべく考え抜いて完成させたレシピに厳格に基づいた、完璧なものでありえます。けれどそこに決定的に欠けているのが個体差であり、ひと皿ひと皿の風味のちがいです。当たり前のことです。逆にいえば、そこにこそファミレスとコンビニのアドヴァンテージがあります。いつも寸分たがわぬものが食べられることをよしとしている。そして、私たちが自炊をしたくなる当たり前の理由も、ここにあります。

なぜ個体差が重要なのか。すでに繰り返し述べているとおり、においは際立ちだからです。

一回かぎりの体験として、食事がにおい立つ、際立つ、ということがありうるのは、その皿が、その日とれた食材の個性によるものか、季節による微妙な風味のちがいによるものか、ともあれ、どこかしらほかとはちがう何かによって、無個性であることを免《まぬが》れているからです。たとえば、あなたの顔は毎日同じではありませんね。毎日、写真に撮って、一枚一枚並べてみたらはっきりします。だから一枚一枚を見ることは興味深く、楽しいことです。同じ一枚はありえません。生鮮食品を用いて自炊したひと皿は、この一枚の写真と同様です。なにかしら興味深いちがいが含まれています。

青菜のおひたしは海のさざなみのように

たとえば、家で作る青菜のおひたしもそうなのだと思います。毎回、どこかしらちがう。青菜の種類を選ぶことによって歯ごたえや風味が大きく変わるのはもちろん（小松菜とかほうれん草とか、いろいろな種類の菜の花とか）、たとえば同じほうれん草であっても、時期によって味わいが変化します。寒くなるにつれどんどん甘くなります。時期が同じであっても、八百屋でたまたま出会う束ごとにけっこう個性が異なります。えぐみが強かったり弱かったり、苦かったり、なんて甘い！と驚くときもあります。根っこのあたりの土のにおいも微妙にちがいます。それが楽しいのです。茹《ゆ》で方によっても味にゆらぎが生じます。茹ですぎるとやわらかく、ちょっと溶けたようなかんじになります。料理店で茹ですぎればそれは端的な失敗です。けれど家ならば、溶けかけたときと溶けていないときの、そのあいだの無数のグラデーションをおもしろがることができます。

私は、冷やしただし汁にひたすスタイルが好きです。料理店ではないのだから、家庭では、茹でた青菜にそのままかつお節をふわりと乗せ、しょうゆを垂らすぐらいでいい、という主張もあります。しょうゆのおひたし、ということですね。でも、だし汁を張って、青菜を浮かすと、だし汁はびっくりするほどおいしくなります。青菜のほうもおいしくなります。ふわふわと液体の中に浮いているので、その甘みもほのかな苦みも――濃淡のグラデーションの効果のためでしょう――とても鮮やかに浮かび上がって感じられます。

すでに触れたことですが、人間によるにおいの知覚はきわめて精細であり、眼が一つひとつの顔を個別的に見分けるのと同等の能力で、個体差を記憶にとどめられるといわれています（前掲『美味しさの脳科学』150頁）。だとすれば、ある青菜のおひたしは、これまで食べた無数の青菜のおひたしの記憶、鮮明なものも曖昧なものも、もうかなりかすれてしまった記憶もあるでしょうが、それらすべての記憶のざわめきの中からにおい立っている。そういうことなのでしょう。そのちがいは、小さなものかもしれません。けれど、それぞれは海のさざなみが一つひとつちがうように、同一ではなく、そのちがいによって、全体としては、ゆらいでいる。波の音がざわめき、海の表面が無数のゆらぎによってきらめくのと同様のことが、個体差を持った食べ物の風味についてもいえるはずなのです。
今週は青菜のおひたしを作ってみましょう。

青菜のおひたし

一、八百屋さんで、いま旬の青菜を買ってくる。
二、だしを取る。おひたしの場合は、こんぶ+かつおで取るだしが合う。きりっとして、青菜の風味が立つ(作りやすい分量は、水500ml、こんぶ5×10センチ、かつお節5〜10g。かつお節には燻香《くんこう》があるので好みで加減する)。まず鍋に水を張り、こんぶを入れて30分以上置き、沸騰したらこんぶを取り出す。つぎに、削ったかつお節を入れて、ごく弱火でさらに1分ほど、ゆらゆらと表面が揺れる状態をキープし、香りとうまみを抽出する。網杓子かザルでかつお節を濾《こ》す。
三、ここへ、しょうゆ25gとみりん25gを入れて調味し(だし:しょうゆ:みりん=20:1:1が目安。この量については、「煮る」の章で詳述します)、ひと煮立ちさせる。
四、できた調味だしを冷ます。冬ならば寒い場所に置いておく。夏は別のボウルに張った氷水をあてる。
五、別の鍋に湯を沸かし、青菜を茹でる。前もって根元についている土などの汚れを洗っておく。茹で時間は、大きさにもよるが、30秒ほどで、ぐっと緑が深くなり、甘みが増すので、そこで取り出し、水をかけて冷やす。軽く握って水気を切る。まな板にのせて切り分け、だし汁にひたして完成。冷蔵庫で2日ほど持つ。3日目ぐらいからだんだんと風味が穏やかになってゆくがまだ食べられる。食べるときは一人ひとつの小鉢に入れて汁をたっぷり張る。おいしいので飲み干したくなるでしょう。

一期一会のトマト・パスタ

もしこの頁を読んでいるのが春先から夏にかけてでしたら、トマトがおいしくて安い季節ですので、トマト・パスタも作ってみてください。

トマトは季節によって味わいが変わります。私はかつて、近所にトマト農家さんがいて、直売所で買うことができました。春先から夏へ向けてだんだんと甘みが強く、味が濃くなってゆき、夏から秋にかけてまた淡くなってゆきます。その風味のグラデーション変化が、季節の移ろいゆきを映します。トマトは、品種によっても、栽培者さんの畑によっても微妙なちがいがあります。植物学者が好んで用いる表現に、「すみれ色」をしたすみれは一つもない、というものがあるそうです。すみれには、微妙でもその個体ならではの発色がある、それが現実だ、ということですね。だとすれば、「トマト味」のトマトもありません。

トマトソースの作り方は簡単です。その日に出会ったトマトを、つぶしたにんにく、オリーヴオイルとともに煮て、じっくり濃縮させます。私は皮も取り除きません。麺は好みですが、もちっとしたやや太めの麺を使うとごちそう感がでます（マシャレッリ Masciarelli のスパゲッティなどがおいしいです）。

トマト缶を使うのがだめということでは、もちろんありません。むしろプロの方はトマト缶を用いて、イタリア現地のお店の味をぴたりと再現するほうを好まれたりもするようです（現地ではお店でも缶や瓶詰めをよく使うのだそうです）。厳密な配合と火入れの加減によって、参照されている伝統料理の姿を高精度で映し出すことができるわけです。

自炊では、畑で採れたばかりのトマトを使い、むしろゆらぎを楽しみたいと私は思います。有機栽培にこだわる必要はありませんが、のびのびと育て、ゆらぎを許容する農家さんのトマトだと、楽しさが増すと思います。個体差のあるトマトはそれぞれが「風味インデックス」です。一つひとつちがう、あそこのトマト、ここのトマト、あの季節のトマト、この季節のトマトが運んでくる風味は、どんなにささやかなものであっても、そのちがいによって際立ちます。一期一会です。

5

基礎調味料

感動＞面倒

先週までは、トースト、ごはん、みそ汁、青菜のおひたしなど、毎日の基本食を取り上げながら、「風味とは何か」について考えてきました。自炊の大方針と関わるからです。ここからはより具体的な調理法、器具や食材の選び方などのメソッドに入ってゆきます。

このメソッドの特徴をあらかじめ申しますと、バランスを考慮しつつも、風味の魅力を最重視するメソッドであるということです。

なぜ風味の魅力を最重視するのでしょうか。

自炊はとくに最初、面倒に感じられてしまうかもしれません。それを乗り越えるには、二つのことが必要です。一つは、面倒を面倒でなくするための物理的な工夫です。快適にキッチンで作業する方法を知る必要があります。それも本書で順番にお伝えしてゆきます。

でもそれだけでは不十分です。もう一つ、どんなにささやかなものであっても、感動がなければ、手を動かそうという気にはならないものです。感動があり、それが面倒を上回ること。

自炊を成立させる定式は、「感動＞面倒」です。これをたえず念頭に置いていていただきたいです。では、どうすればこの定式を成り立たせられるのか。風味がその最大の鍵を握っているというのが本書の考えです。風味はいわば心の燃料です。だから、風味の魅力を最重視するのです。

基礎調味料の風味がベースになる

今週はまず、調味料の選び方について述べます。次週が「買い物」です。さらにそのつぎの週から順番に「蒸す」、「焼く」、「煮る」、「揚げる」、などの調理法を取り上げてゆきます。ごくシンプルに素材の持つ風味を引き立たせる方法から入るということです。

最初に調味料の話をするのは、シンプル料理を魅力的に成立させるために役立つからです。というより、風味豊かな調味料があれば、その時点で、自炊はかなり底上げされてしまうものなのです。良質な基礎調味料は、日々の料理にそのよい風味を与えてくれるからです。

いたずらに高級品やブランド品を選ぶ必要はありません。毎日使うものですから、いつのまにか慣れてゆき、どんなものであっても愛着がわいてしまうのが基礎調味料です。飽きが来ず、しみじみ落ち着けるものになってゆくことを、長い目でイメージしつつ、選びましょう。

ほっと落ち着く家の風味といえば、みそです。自分の家のみそが一番おいしく感じられる、ということを指して「手前みそ」といいます。実際に手作りできれば、その家固有の菌環境を反映させた、唯一無二の風味になります。また、全国各地のみそが簡単に手に入りますので、そこから気に入るものを選ぶのも楽しいことですし、だんだんと慣れ親しんでゆきます。

ちなみに私が何を使っているかというと、手前みそではなく（どこかで導入したいものです……）、鹿児島の麦みそを気に入って使っています。みそ汁はこれで作ると安心します。それに加え、麹《こうじ》の多く塩分量が少なめの白みそもあります。酢みそとか、魚を漬けたりといった用途で用いています。八丁みそも常備します。

定番が決まったら、簡単に変える必要はありませんが、ちょくちょくほかを試してみることをおすすめします。やはり元に戻るのだとしても、定番のよさが再確認できて、リフレッシュする効用があります。

基礎調味料は費用対効果が高い

以下、選び方のポイントを述べてゆきます。すでに述べたように、一度よい調味料を選べば、あらゆる日々の料理には、そのいい香りが付加されます。高い費用対効果が期待できるということです。安くておいしい基礎調味料があれば最高ですが、残念ながら、ある程度の出費をすることで初めて感動的な風味になる、そのようなジャンルもあるのが事実だと思います。たとえばバターとオイルです。経済状況の許す範囲で、ここは奮発していいところです。

かつて料理研究家のケンタロウさんが、大人になって心からよかったと思えたのは、「カルピスバター」（食品メーカーのカルピスが製造している高品質のバター）を躊躇《ちゅうちょ》なく買えるようになったことだと書いていましたが、たしかにそのとおりです。さらりとして香りがよく、後味が圧倒的に軽やか。無塩タイプのものは、その軽やかさがよりいっそう際立って感じられるので、最初に口にしたときは誰しも感動を覚えるのではないでしょうか（もし生まれつきカルピスバターだったら、グレードを落とせないと思います）。フランス料理店でもこれを使っているところが多いようです。フランスはバターの本場ですが、風味と食感が近く、同じような使い方ができるそうです。オーセンティックなフランス料理や菓子を高精度で作るためにも有効ということですね。くっきりフランスの風土を映す風味に近づきます。

トーストにカルピスバターを乗せると、全体のグレードが二段は上がると思います。ですので、もし節約するならば、パンを安く抑えて（「超熟」でじゅうぶんおいしいですよね）、浮いた分をバターにつぎ込むのが賢い選択です。「超熟＋カルピスバター」は、下手をすれば一つ星レストランぐらいのかんじになりますが、「高級食パン＋まあまあのバター」は、魅力に乏《とぼ》しい。風味の力を欠いているからです。

同じようなグレードのバターは「カルピス」以外にもあるので、試してみてください。ちなみにフランスからの輸入バターは、非常に高い関税がかけられていることもあって、恐ろしい値段です。さすがに日常遣いをする気になれません。

オリーヴオイルも同様に、値段と品質が、残念ながらほぼ比例するようです。とはいえ、丁寧に造られた良質なエクストラヴァージンオリーヴオイルは、ひと振りかけるだけで、ふだんの料理をとてもおいしくしてくれるものなので、外食を何回か我慢してでも、その分を投資する価値があります。その結果、毎食、心から大好きな風味のオリーヴオイルをかけ放題になるわけです。家パスタも、いちいちすばらしい芳香を帯《お》びるようになります。最上のオリーヴオイルがあれば、自炊の回数が増え、その分、外食の費用は減るので、トータルで考えれば得をするはず、と思いたいです。

それでもなんとか出費を抑えたい、とすれば、どのあたりを狙《ねら》えばよいでしょうか。チェックすべきは「酸度」です。これが低ければ低いほど鮮度がよくて軽やかな口触りです。「0・4」を下回るのが望ましいです(「0・1」までいくとさらさらです)。スペイン産はコスパに優れたものが多いと思います。たとえばアルベキーナ種のものは格安でもおいしいものが多く、私は長らく使っていました。

「酸度」のじゅうぶんに低くないオリーヴオイルではおいしい料理が作れないというようなことはけっしてありませんが、方向性が限定されるのと、調理の腕前が必要になるでしょう。たとえば重層的にコクを足していく系でしょうか。必要とされる経験値が上がるのです。それゆえ、高品質のオリーヴオイルは、なんとか背伸びして手の届くぐらいの値段であっても、自炊初心者こそが買うべきものです。とてもシンプルにおいしいひと皿が作れるようになります。

料理酒も同様です。廉価品の、醸造アルコールと添加物でできた製品を使っても、最終的に絶妙なバランスを持ったおいしいお惣菜を作ることのできる方はいらっしゃるでしょう。でもそれはある種の調合の才能なしには到達できない領域という気がします。あるいは、専門家が厳密に定めた配合を守らないかぎり作れない、というかんじでしょうか。飲んでもおいしい日本酒を使ったほうが、考え方が直感的でよいので楽です。

基礎調味料は、ただたんに一円でも安いほうがよいわけではありません。よい調味料は、質素な食材をおいしくする力によって、長い目で見たとき、むしろ倹約を可能にするからです。

お酢は、飲んだり舐《な》めたりしておいしいものを使いましょう。ほかの調味料に関してもそれが基本です。みりんも、ごま油も、すべて、買って帰ったら、まずごく少量を試飲したり、パンにつけて風味を試してみること。

ノイズキャンセリング力を発揮する

基礎調味料の重要な役割に、食材が持つ強すぎるくせや雑味を覆《おお》い隠すはたらきがあります。この点は、シンプルクッキングをどうすればうまく成立させられるかを理解するために、ぜひおさえておきたいと思います。

たとえば、刺身としょうゆ、という伝統的な組み合わせがあります。最もシンプルに、生の素材にしょうゆをつけるだけで成立します（わさびなしでもとりあえずおいしい）。ここでしょうゆを抜き、刺身だけをぱくっと食べてみれば、その役割の大きさに気づくことになります。

生魚は、鮮度が落ちるのにしたがって、トリメチルアミンなど、生臭みの原因となるにおい分子を含み持つようになります。実験の結果、しょうゆに含まれるにおい成分は、トリメチルアミンを感じなくさせることが確かめられています。日本人は経験的にその事実を知って、刺身＋しょうゆの習慣を定着させてきたのでしょう。

しょうゆは、何らかの食材に、自分のふくよかな味わいと香気を足すもの、でもあります。しかし、同時にしょうゆは、食材の持つ好ましからざる風味を引くものでもあります。適量をつければ、くせを軽減し、心地よいと感じられるレベルにまで調整してくれる。こちらの側面を強調したいと思います。最近のヘッドフォンには、ノイズキャンセリング機能がついています。周囲の雑音を消し、そのことで、聞き取られるべき音の輪郭を鮮明にします。しょうゆも同様です。これは広い意味における「文脈効果」（『味のなんでも小事典』32頁）の一つです。しょうゆの風味という文脈のもと味わうと、刺身の風味は変化し、軽やかに感じます。

日本の日常食においてしょうゆが必要不可欠だったのには深い理由があります。日本では、多かれ少なかれ、素材の風味の持ち味を活かそうとする体系が育《はぐく》まれてきました。そこでは、刺身がその代表ですが、ほぼ加工をしていない素材に含まれる、あらゆるにおいがダイレクトに口の中に入ります。野菜や山菜にも、そのままでは風味のくせが強すぎる、尖《とが》って感じられるものは多々あります。しかし日本の食卓では、手を加えることを最小限にとどめ、持ち味をじゅうぶんに残したままで提供してきました。優れた基礎調味料としてのしょうゆなどが、ほとんど万能のノイズキャンセリング力を発揮しているからではないでしょうか。

みそも同様です。土井善晴さんはその著書『一汁一菜でよいという提案』の中で、みそ汁には、どんな食材でも自由に入れてよい、なぜなら、みそは、発酵という自然のプロセスによってとても豊かで複雑な芳香を持っているため、どんな食材も、ふところ深く受け止めてくれるからだ、と述べています。

というより、端的にいってしまえば、しょうゆもみそも、本来は、非常にくさい食品です。くさいというのは、豊かで複雑なにおいを多量に含み持つということです。「え、くさいだって？」というのは最初からそれに慣れている日本人だけで、日本文化圏に馴染みのない方にとっては、くさいものであるはずです。

しょうゆに長い時間をかけて慣れ、そのにおいが不快でないばかりか、親しみを覚える。そのような習慣形成があるからこそ、強く豊かな風味のしょうゆを私たちは使うことができます。そのうえで、しょうゆを用いて、刺身なら刺身の風味のどのレンジを際立たせたいか、などを、ちょうどよくコントロールすることができるのです。

外国の食文化においても、このようにノイズキャンセリング力を発揮して食材のポジティブな要素を感じやすくする基礎調味料が必ずあるものです。

発酵調味料ではありませんが、イタリアのオリーヴオイルもまちがいなくそのような存在です。独特の芳香とほろ苦さ、えぐ味があって、慣れていないと少しきつく感じられます。しかし慣れてしまえば、トマト、アスパラガス、肉、青魚をグリルしたやつ、文字通り何にでもかけておいしくすることができます。

韓国料理におけるごま油も、そんな効果を発揮します。アジアの国々には、それぞれの郷土の発酵調味料＝醤《ジャン》があります。東南アジアには魚醤《ぎょしょう》もあります。これらはどれもきわめて効果的なノイズキャンセリング力を持っています。これらと、ほんの少しの香味野菜などを添えるだけで、茹《ゆ》でた肉塊とか、魚介とか、大皿に盛り付けられた野菜が、シンプルなままで、すばらしい郷土料理のごちそうに早変わりします。

異文化圏で常用されてきた基礎調味料は、最初は違和感を覚えさせますが、人生の途中でいちど、時間をかけてどっぷりとハマることができればすばらしいことだと思います。たとえば、オリーヴオイルに慣れることができたならば、イタリア料理文化圏へのパスポートを得たも同然です。イタリア人たちが、何にでもオリーヴオイルをかけて、素材を自分たちにとって親しいものにする、そのやり方を自分のものにできたことになるのですから。

このような意味において、基礎調味料は、私たちの嗜好《しこう》のベース＝地に関わります。日常的に摂取することで、最初は違和感を覚えていたものが、自分にとって親しいにおいになることもありうる。そのことによって（基礎調味料のにおいを糸口にして）、たとえば、イタリアのにおい体系の総体が、(外国の方にとっては)日本食のにおい体系の総体が、ぐっと身近になるということもありうるでしょう。

しょうゆ選び

しょうゆに話を戻します。どんなものを選べばよいでしょうか。

肝心なのは、バランスです。ノイズキャンセリング力の重要性について述べましたが、それが強すぎても困ります。しょうゆをかける素材の中の、好ましい持ち味までも覆い隠すことのない、穏やかな香りのものを選ぶのがよいでしょう。大手メーカーにも良品が多くあるようですので、好みのものを選んでください。ちなみに私は、もう二十年来、長野県松本市の上嶋《かみしま》醤油醸造店のしょうゆを使っています。尊敬する料理研究家の丸元淑生《よしお》さん、『魚は香りだ』等の著書で知られる名寿司職人・関谷文吉さんが勧めているのを知って取り寄せたのが最初です(我ながらミーハーです……)。松本という冷涼な土地で、一年半ほど木樽の中で熟成させるのだそうです。風味は穏やかで、重たさがなく、ツンとする刺激臭もありません。ひたすらにまろやかな味わいで、涼しげな香りがします。魚につけたとき、魚がすごくおいしく感じます。それから、ワインにしょうゆは多くの場合ミスマッチになりかねませんが、これは邪魔になることが少ないと感じます。

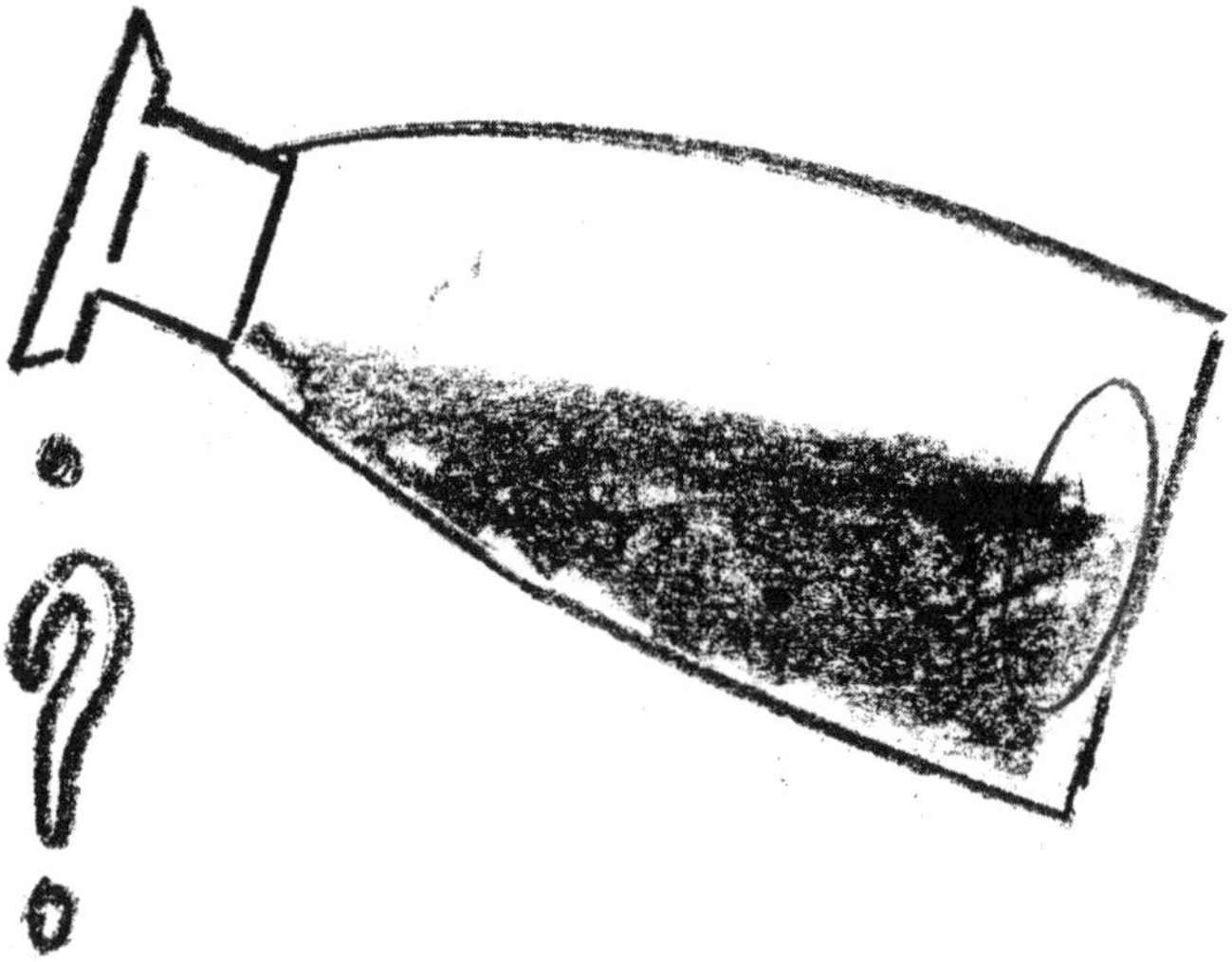

塩選び

塩には、微量に含まれるマグネシウムやカリウムによって味わいの個性があります。ただしにおいはありません（舌に与えられる味だけです）。遠くの風土のインデックスになる力はありません（微量含有物がほかの食材に影響を及ぼし、それらの風味の立ち方を変化させる可能性はあるそうです）。塩選びにおいて大事なのは、結晶の大きさとかたちによる、口溶け方のちがいです。これは誰にでもはっきりわかるちがいです。結晶の大きな、しかも、それぞれランダムなサイズの塩をぱらぱらと振りかけると、リズムが生まれます。逆に、舌に直接あたらない場合、スープに完全に溶けてしまうときなどは、ちがいが生じません。

したがって、第一に、口に直接あたらない（ほとんどの）場合に用いる、安価でベーシックな塩。さらさらタイプがいいですね。第二に、口あたり、口溶けを楽しみたい、粗いタイプの塩。両方を揃《そろ》えておくとよいと思います。粗さによって複数あっても楽しいです。雪の結晶にも似た、うつくしいかたちの塩、たとえばマルドンの塩なども常備するとよいでしょう。

今週は、自宅の調味料にあらためて意識を向けてください。もし必要と思われたら、何か一つ新しい調味料を買って試してください。

6 買い物

何を買うか決められない問題

今回はどこで買い物するかを考えます。

自炊において、風味の魅力がいかに大事かということを繰り返し述べてきました。キッチンには好ましい風味のものを入れればまちがいありません。その点は、先週述べた調味料だけでなく、あらゆる素材についていえることです。

では、料理に先立ち、どこでそのような素材を見つけ、入手すればよいのでしょうか。

昨今は、インターネットで買い物もできるようになりましたし、スーパーにも多種多様な商品が揃っています。選ぼうと思えばよりどりみどりです。むしろ選択肢は過剰になったといったほうがよいでしょう。「これはおいしい商品ですよ！」という広告のメッセージに私たちは取り囲まれています。そこで何を選べばよいのか。これはなかなかに難問です。実際、買い物、および、その前に献立を考えることが面倒に感じられてしかたがない、という話をよく聞きます。決められない、という問題があるのです。

私がおすすめしたいのは、ここで買う、というお店をだいたい限定してしまうことです。どれを選べばいいか迷ったときは、お店の方に躊躇《ちゅうちょ》なく判断を委《ゆだ》ねます。そういうお店があれば、買い物も、献立決めの労苦も、ほとんど一挙に解消されると思うからです。

実際、私は日々の買い物で心が消耗することは、ほぼありません。店はあらかじめどこに行くか決まっていて、行けば、いま何が一番いいか示してくれるからです。よい素材が入手できれば、あとは素材本位のシンプル料理をささっと作ればいい。時間があれば、本のレシピを参照しながらもっと複雑なことができたりもしますが、ともあれ、素材から考えると楽です。

まずもって、いいお店を探し出さなければなりません。どんな質問にも答えてくださる方の営むお店です。その最初のセレクトには時間をかける必要があります。重要なのは、信頼です。先生と思い、判断を委ねられる方を、自分が住む街の中から見つけ出すのです。子どもを学習塾に預けるとか、自分が何か習いごとをしようと思い立つのだとして、さまざまな判断を委ねることのできる先生がいるといいですよね。だいたい、初心者にとっては、そもそもどんな判断が必要なのかさえ分からないものです。導き手が身近にいるといい。買い物もそれと同じです。野菜の先生、魚の先生、肉の先生、刃物の先生をそれぞれ見つけるつもりで、八百屋選び、魚屋選び、肉屋選び、刃物屋選びをしましょう。逆にいえば、先生なしの買い物は、自分でいちいちすべてを判断するか、当てずっぽうの運試し、そのどちらかになってしまう可能性があるのです。

目利きはするな

具体的な話のほうがわかりやすいと思うので、私自身の体験を述べます。私が魚料理を自宅でするようになったのは、それを導いてくれる魚屋さんと出会ったからです。そうでなければ、面倒が勝っていたかもしれません。東京の吉祥寺という街の、それほど目立たない立地の、Gという魚屋さんです。料理店への卸売《おろしう》りがメインでしたが、小売りもしていました。商品について聞けば懇切丁寧に、ときには長話になるほど、なんでもオープンに教えてくれました。

そこでの買い物はものすごくシンプルで、行った瞬間に、ほぼ何を買うかが決まります。「いらっしゃい。今日は朝どれのいわしが小田原から届いているから、まずはこれが絶対的なおすすめ。そのまま刺身にしたら最高だし、時間があるならフライにしても絶品。手開きのやり方は前に教えたよね。脂《あぶら》が乗って値段も安いさわらのいいのが入ってる。フライパンでしっとり火入れすればすごくおいしい。あとは、定番の自家製干物にかますがあるよ」。

これらおすすめの中から、その日の気分、財布事情、調理にかけられる時間的な余裕に応じて好きなものを選べばいい。この場合なら、たったの三択ですね。そしてこの時点でもう幸福は確約されたも同然です。

いわしは、発泡スチロールの箱の中にたくさん入って売られていますが、その中からどれを購入するかの判断も店主がしてくれます。「目利きはむずかしい」とこの店主はいつもいっていました。あきらかにこれはちがう、というのを避けることはできても、刺身に適したおいしい個体がどれかを判断するには経験が必要だし、経験があってもお腹を割ってみるまでわからないことがある。同じ網で獲れても、個体によって味わいにはかなりばらつきがあるからです。「目利きはむずかしい」ということは、私も強調したいと思います。というより、「目利きはするな」とさえいいたい。店主がいいものを選んでくれるお店を知っていれば、そもそも目利きをする必要はありません。そういう店に通っているうちに、状態のいい魚がどんな見た目をしているかも、だんだんわかってくるでしょうが、それはあくまで結果としてです。

悲しいのは、いかにも玉石混交というラインナップの魚屋さん、あるいはスーパーの魚コーナーで、石の中から玉を探し当てようと、商品棚の前で神経をすり減らさなければならないようなときです。そういうところは、石が混ざっていることを自覚しているので、客が商品について質問しても、答えに歯切れが悪く、会話が嚙み合わないこともしばしばです。そういうときは単刀直入に「いつ揚がった魚ですか」と聞いてみることにしていますが、水揚げの日をよろこんで答えてくれる魚屋さんは多くありません。これは魚屋さんのモラルが原因ということではかならずしもありません。店に通う私たち客がそもそも多くを求めていないから、だんだんとそうなっていったということなのでしょう。ともあれ、そういう場所で迫られてする「目利き」は、けっして楽しいものではありません。「目利きをするな」というのはそういう意味です。店主のセレクトを全面的に信頼できるお店を探すことです。

八百屋も基本的には同様です。旬でおいしいもの、風味が豊かなものを置こうと心を砕く、野菜愛・果物愛に溢れた店主のいるところを探してください。そういうところでは、ディスプレイやポップアップで何がイチオシかを示しているでしょう。いまおすすめの野菜が何かを聞けば、よろこんで教えてくれるはずです。調理法についても同様です。

肉屋も良心的な専門店をおさえておくと心強い点は同じです。個人的な好みが入ってしまいますが、おいしくて安い豚肉、とくに内臓系を置いているお店が近くにあればすばらしいです。鶏肉も専門店がおいしいです。私の近所にも一軒すばらしい老舗《しにせ》があります。鍋用をお願いします、というと、骨付きのもも肉を、肉切り包丁でダンダンダンと骨ごとカットしてくれます。それをじっくり加熱して食べると骨からもよいだしがでて、肉にはミルキーな独特の香ばしさがあって最高です。仕入れ先との長い付き合いがあるらしく、それゆえの安くすばらしい品質なのでしょう。

自分の好みにあったパン屋も見つけてください。二つか三つあってローテーションすればなおよいですね。日本酒、ワインも同様です。どのボトルが今日の献立によいか、わからなければ専門家におまかせすればよいのです。専門家たちも、おまかせされることで腕をふるう余地がより多く生まれるわけで、そうやって、街全体が楽しくなっていけば理想ですよね。

信頼のおける店が一通り揃い、各分野で判断を仰げる先生を見つけたら、おいしいは約束されたも同然です。とくに自炊の初心者であればあるほど、買い物のお店だけは真剣に選んでください。でないと徒手空拳。自分を守ってくれる上官の後見なしで、いきなり戦場に駆り出される新米兵士のようなものです。

専門店の先生たちの見つけ方

では、どうすればよい先生を見つけることができるのでしょうか。

そもそも自分の街に、信頼できる先生は存在するのか。当然ながら、いないということもありえます。それはとても悲しいことです。その場合は、隣街を探してみるほかありません。それでも見つからなければ、引っ越しを考えてもいいと思います。というより、引っ越しする前は、よほど丹念に下見をすべきです。生活の質に直結するからです。

いいお店が見つかったら、足繁く通って、なくならないよう祈りましょう。どうしてもなければ、インターネット上の専門店、あるいは、良質な宅配サービスを使うのが次善の策ということになるでしょう。週末に最寄りの市場へ買い出しに行く、という手もあります。道の駅などの直売所に行くことができれば、それもよい選択肢です。

都市の中で、よいお店を見つけるにはどうすればよいでしょうか。足を使うほかありません。私の場合、引っ越す前に下見をし、そのあとも、自転車で片道十五分圏内のありとあらゆる八百屋、魚屋、肉屋、パン屋、スーパーを見て回ります。よさげであれば、実際に買い物をしてみます。一回で判断せず、何度か通うといいでしょう。女将《おかみ》さんと大将とで対応がまるでちがう、というようなケースもあります。

ここはいいかもと目星がついたお店で、店主とどうすればコミュニケーションを深められるのか。ここが苦手でわずらわしい、と思う方もきっといらっしゃるかもしれませんね。でもそんなにむずかしいことはありません。自分が心地よいと思う適度な距離を保てばよいのです。ただし、ここは外してはいけないというポイントが二つあります。第一に、買った商品の感想を伝えるよう心がけること。先日おすすめされた品種のトマト、とってもおいしかったです、と一言いう。先日のあの魚、大好きな味わいでした、などと伝える。こうすれば、つぎも気持ちよく教えてくださると思います。野菜愛や魚愛に溢れた個人商店の主たちは、客の側にもっと好奇心があったらいいのにな、と思っているものだからです。おすすめが、点から線になっていくことも多くあるでしょう。あれが好きなら、これも試してみますか？というような提案をしてくださるようになってゆくものです。ここまでくればしめたもので、私たちは、素材についての生きた知識をどんどん楽しみながら身につけることができます。

第二のポイントは、店主のセレクトを信用し、頼りにしている、ということをきちんと態度で示すこと。自分が生徒、相手が先生と思い、謙虚にふるまうことです。八百屋さんや魚屋さんで、学ぼうという姿勢をまったく見せず、虚栄心なのか何なのかわかりませんが、知ったかぶりをして、上から目線でものをいう客を結構多く見かけます。それで大変な損をしていることに気づいていないのでしょう。自分は何も知らない、と思うほうがよいです。そして率直に質問してください。私もひたすらに下から目線でいるように努めています。自分よりも知識と経験を持った方に頼ろうというのだから、それが当然なのです。その結果、大変な得をしてまいりました。

あなたが素材を選ぶのではなく、素材があなたを選ぶ

さて、ここまでの話は、素材ありきで料理をする、ということが前提になっています。これとは別に、レシピありきで料理をする、という場合もあります。料理書を読んでから今日はこのレシピを試すと決め、そのあとで必要な素材を買い物するケースです。このときは、むしろスーパーマーケットのほうが一ヶ所でなんでも揃うので便利です。専門店で買い物をしていると、スーパーでも難なく良品を見つけられるようになるものです。

再度述べますが、自炊では、素材ありきの料理から始めるのが得策と私は考えます。よい買い物先が見つかれば、なおさらそうなります。なにしろ街の食材の先生たちが自信を持ってすすめてくれた旬の品々なのだから、それらの風味を最大限に活かすべく、シンプルな調理をすればじゅうぶんと思えるからです。

専門店に通うようになると、移動距離はたしかに若干伸びるかもしれませんが、買い物をする気分は圧倒的に楽になります。ほぼ自動的に買うものが決まるからです。選択肢が限定されるということは、食卓が単調になるということを意味するわけではありません。その逆です。愛情を持って魚や野菜を取り扱う専門家が、私たちのために見繕《みつくろ》ってくれるのは、まず真っ先に、季節の安くておいしい貴重な素材でしょう。その結果、私たちの食卓は真の意味でヴァラエティ豊かになります。選択肢は絞り込まれていますが、いわば、そのせばまった窓から、季節の風味が届けられ、自然環境の豊かな循環が食卓にはっきり反映されるようになるからです。

それゆえに、旬の美味を仕入れ、教えてくれる先生たちを探すことが大事なのです。そういう店での買い物は、先生の助力に導かれつつ、もはや、あなたが素材を選ぶというよりも、素材があなたを選ぶというほうがはるかに近い何かになっています。選ばれるがまま、魅力的な風味の素材を持ち帰りましょう。ペットショップで、目が合ってしまったペットを家に迎える、などと表現する場合と同様です。いい店には、私を連れ帰ってほしい、とアピールしてくる魅力的な素材があるものです。そうすれば、キッチンでは、素材の風味に触発されて、どう作るかが自ずと決まってゆきます。ここまで来れば、今日は何を買おうかという悩みからは解放されているはずなのです。

今回の課題は買い物です。

休日がよいだろうと思いますが、自転車か車で、なんとなく気になっていた近隣のお店をひとしきりのぞくツアーに出てください。商品棚をしげしげと観察してください。観察を楽しむつもりで。店主に話しかけられたら、おすすめをお聞きし、どう調理すればおいしいかも質問してください。家でそのとおりに実行してください。満足したらその店を再訪し、買ったものがどうだったか、報告してください。

7

蒸す

蒸しものの準備

買い物先も決まったところで、今週からは具体的な調理法に入ります。最初に取り上げるのは「蒸す」です。スチームですね。湯を沸かして水蒸気の力で素材を加熱する方法のことです。

一番簡単な加熱法は何でしょうか。私は蒸しものだと思います。加熱の方法には、ほかにもいろいろとあり、それぞれメリットがあるわけですが、失敗が最も少なく、簡単・確実においしくなるのが蒸しものです。もし失敗することがあるとしたら、鍋の水が蒸発し切って空焚きしてしまう場合ですが、そこさえ気をつければ、失敗の要素がゼロに近い調理法です。

でも、なんか面倒くさそう、という先入観を持たれがちです。ごたごたと調理器具がかさばるという印象を、たしかに私もかつて持っていました。実際は、面倒くさくありません。便利な器具もいろいろとあります。

最も手軽なのは、深めのフライパンの底に置く、蒸しもの用の網（あるいは、かご、プレート）を買ってきて、ふたをして用いる方法です。これならばぜんぜんかさばりません。鍋用もあります。初めて蒸しものをするという方には、これをおすすめします。

蒸籠《せいろ》を買ってきて、鍋の上に置くやり方も、手軽です。中華鍋の上でももちろんＯＫ。サイズが合わないときは、ずれをなくしてくれる「蒸し板」を買えば解決します。蒸籠は重ねて使えるのも便利です。蒸籠の香りが移るのも特徴です。私はアジア文化圏のみなさんとのほのかなつながりをここに感じます（風味パターン）。

キッチンスペースにゆとりがあるならば、専用の蒸し器を持つのがいいと思います（下鍋が少しだけ小さくなっていて、しまうとき上鍋の中にスポッとはまるタイプが便利）。そうすると蒸す頻度は確実に増えます。蒸し器をよく見てください。うつくしい構造です。水をたっぷり張れるので、長時間の蒸し料理をするときも安心です。

皮付き野菜を蒸して香りを楽しむ

準備はできたでしょうか。それではやってみましょう。

まずは野菜から。蒸しものに適した野菜には、どういうものがあるでしょうか。だいたいなんでもおいしくなります。先入観は捨てましょう。これ蒸すの？という意外なものも積極的に試してみましょう。ふだんは焼いているもの、調味料やだしとともに煮含めているものを、あえて蒸すだけにすると、みずみずしさ、軽やかさに感動することしばしばです。同じ素材も別の表情で立ち現れてきます。

とくに誰もがおいしいと思うのは、皮付きの野菜です。**かぶ**、**じゃがいも**、**にんじん**、**いんげん**、**里いも**、**菊いも**、等々。まず、皮についた汚れを落とします（野菜専用のブラシを持って、食器洗い用と区別するとよいです）。そのまま蒸し上げます。甘やかな香りが漂《ただよ》ってきて、中までやわらかくなったところで取り出します。それだけです。竹串を刺してみれば、蒸し具合が確実にわかります。目安としては、小さければ5分ほど。大きければ10分ほど。さらにじっくりやわらかい食感にするのもよいです。蒸しが足りなければ戻せばいい。その点も蒸しものは簡単です。芯が残っていても、それはそれでグラデーションを楽しめます。

いまが冬から初春にかけてならば、ちょうど旬の、**かぶ**から始めてみてください。

葉のところを切り落とし、丸ごと蒸し器に入れて蒸します。旬のかぶはとても甘く、こまやかな繊維質の身が詰まっています。蒸したかぶには、大根とも、ほかのどの野菜ともちがう、独特の食感があり、しっかり蒸すと熟《う》れかけた柿のようなやわらかさになります。

あえてやや大げさなかんじで、そのまま白いうつわに乗せ、ナイフとフォークでいただいてみてください。**塩**、**オリーヴオイル**、**ヴィネガー**があればじゅうぶん。オリーヴオイルの黄金色とかぶの乳白色は、見た目にもうつくしい組み合わせです。食べると、少し大人っぽい青臭さを感じます。それが混じっているから、よけいに清純なミルキーさが引き立ちます。じゅうぶんにごちそうですよね。肉や魚の付け合わせにもよいです。冷めても別のおいしさになります。

小ぶりな**里いも**（通称・衣かつぎ）も、手軽にできる蒸しものですが、とてもおいしいです。加熱されると、ぷっくりと膨らんできて、粘《ねば》りを含んだジュースが、茶色の皮の隙間からほんの少しじゅわっと漏れ出してきます。そのとき、キッチン全体に香ばしい土のにおいが充満しているはずです。蒸した里いもは、包丁で横半分に切ると食べやすいです。指で皮をつまんで中を押し出すと、つるんと剝《む》けます。黒ごまと塩を混ぜた、**ごま塩**を添えると、合います。黒ごまに若干含まれるえぐみと里いもの土臭さがバランスするからです。

菊いももおすすめです。皮がとてもおいしい野菜です。平べったく切断すると、見た目もユニークできれいです。

蒸しものの最大のメリットは、食材に潜《ひそ》んでいる香りを、余計なものを付加することなしに、最も澄んだ状態で、立ちのぼらせる点にあります。たとえば、フライパンで焼くのはメイラード反応による香ばしさとカリッとした食感を付加するためですが、蒸しものは、外から何も足しません（水の香りだけです）。蒸気で包み込んで加熱してゆくと、食材からは適度にエキスが抜け落ちて、よりいっそう、香りは澄んで、研ぎ澄まされます。里いもだとか菊いもなどを蒸していると、そのことを実感します。これらはフライパンで焼いてもオーブンで焼いても、もちろんおいしいのですが、香りの清々しさは、蒸しものならではです。

茹《ゆ》でる場合とのちがいは、蒸すとき、食材が動かないこと。台の上で静置しつづけるわけですね。茹でたり煮たりするときは、対流によって、食材が動き、ぶつかり、傷がつき、茹で汁をふたたび吸収します。

いろいろ野菜の蒸籠蒸し

複数の野菜を切ってから同時に蒸すのも、すばらしい調理法です。**にんじん**、**れんこん**、**ブロッコリー**、**カリフラワー**、**さつまいも**、**きゃべつ**、なんでも大丈夫です。これは蒸籠がベストフィットです。いろとりどりの野菜を切り、蒸籠にセットして蒸し上げ、大皿の上に蒸籠ごとポンと置けば、そのままテーブルに出せます。蒸し野菜の盛り合わせですね。パーティ料理にももってこいです。ゲストの目の前で蓋を開けてください。歓声があがらないわけがありません。ちょうど同じ蒸し時間で火が通るよう、それぞれの野菜のサイズを調整するといいです。

蒸し野菜には、何をつけて食べたらおいしいでしょうか。

せっかく清らかな料理なのですから、最初はあまり外から濃い味を足しすぎないのがいいと思います。先々週にテーマとして取り上げた基礎調味料——塩、酢、しょうゆ、ヴィネガー、オリーヴオイルなどを卓上に用意し、適量かけながら食べるのがもっとも手軽です。とくにいもには、**バター**の塊を添えてもおいしい。ハーブバター（常温に戻してゆるくなったバターに、刻んだパセリやディルなどのハーブ、好みでおろしたにんにくを微量混ぜて、再度、固めたもの）を添えても素敵です。蒸籠で多種類の野菜を食べる場合は、小皿にそれぞれ多種の調味料と香味野菜を入れて並べても楽しいです。塩、ごま油、黒酢、お好みの醬《ジャン》、刻みねぎ、刻みしょうがなど。

私はシンプルに、**酢じょうゆ**、**酢みそ**でいただくのも好きです。酢としょうゆ、酢とみそを1：1で混ぜるだけですが、しょうゆにもみそにも豊かな芳香がありますので、規格品のドレッシングのほとんどより食べ飽きしません。少し時間にゆとりがあるならば、べっこう餡《あん》を作ってかけるのもおいしい食べ方です。

蒸し野菜のべっこう餡かけ

一、べっこう餡を作る。調味だしを小鍋に用意する（こんぶとかつおのだし：しょうゆ：みりん＝10：1：1）。小さい容器に片栗粉を入れ、等量の水で溶く。それを、だまにならないように攪拌《かくはん》しながら、沸騰した調味だしの中に入れる。一分ほど火を入れると、溶けて全体がとろんとなる。片栗粉の代わりに葛粉《くずこ》を用いると、冷めても餡がくずれません。とろみづけの片栗粉の量は、重量比でだしの4％前後。

二、深皿に蒸し野菜を入れ、その上からべっこう餡をかけます。小鉢に人数分取り分け、さらにその上に、わさびかしょうがを少量のせると、おもてなし料理にもなります。

蒸し野菜のしっとり感と、餡のとろり感が二重になり、とてもおいしいです。餡の中に少量の**鶏ひき肉**、**えび**や**ほたて**の叩き身、**青のり**、刻んだ**きのこ**などを入れてもよいですね。その場合は、調味だしの中でそれら具材を加熱してから、とろみをつけます。

イタリアの北部、ピエモンテ州の郷土料理であるバーニャカウダも、蒸し料理の満足感を高めてくれます。これはワインに合う味です。

バーニャカウダ

本式は「ほぼほぼにんにくを牛乳で煮たやつ」なのだそう。そのように作りたいものです。

一、鍋に、皮を剥いたにんにくを丸のまたっぷり入れ（一房分以上は入れたいです）、全体がひたるよう牛乳と水（１：１）を注ぎ、蓋をして弱火でじっくり（目安は15〜20分ほど）加熱する。にんにくのツンとしたにおいがなくなり、とろんとして、全体から甘やかな香りが漂うところまで。

二、にんにくの半量ほどのアンチョビ、少量のオリーヴオイル（つなぎ程度、にんにく一房に対して大さじ1ほど）を加え、つぶしてから全体がよくなじむまで加熱。水分量が多くて水っぽいようなら、ここで水気をちょうどよいところまで飛ばす。

食欲をそそり、満足感の大きいのが「ひき肉ソース」です。とてもシンプルに作れるにもかかわらず、箸《はし》が止まらなくなるおいしいソースで、我が家でもよく登場します。有元葉子さんの本を参照しています（『ソース・たれ・ドレッシング』36頁）。

ひき肉ソース

一、フライパンにオリーヴオイルをひき、たまねぎ¼個のみじん切りを炒《いた》める。さらに豚ひき肉200gを加えて炒める。水分が飛んで香ばしくなるまでしっかりと炒めてから、火を止める。

二、順番に調味料を入れてゆく。しょうゆ25ml、酢25ml、おろしにんにく一片分、黒こしょう。木べらでフライパンの底についた肉をこそげるようにして、全体に混ぜる。完成。

魚の蒸しもの

つぎは、魚の蒸しものです。

パックなどでも簡単に買える切り身を用いた調理法について記します（さばき方も含めた魚料理全般については、別の週にあらためて）。

家庭では、魚を焼くことのほうが圧倒的に多いと思います。塩焼きか、フライパンで焼くかですね。しかし、それらに慣れているからこそ、蒸しものの清らかさが、ギャップによって、しみじみ感動的に思われます。

そのような感動を強く与えてくれる魚種に何があるでしょうか。くせの少ないものが向いています。**たい**、**すずき**、**きんめだい**、**さわら**、**黒むつ**、**はた**、**たちうお**などです。白身はだいたいなんでも使えますが、コラーゲン質の多いはたなどがとくにおいしく感じます。青魚は、蒸すと身がボソボソに感じられるのでやや難易度が高いです。貝類では、**牡蠣**《かき》、**ほたて**などがよいでしょう。蒸し器に入れて蒸すだけです。こんぶの上に乗せても。

すべてに合うのは、**酢じょうゆ**（酢としょうゆが1：1）、**ポン酢**（柑橘類の果汁としょうゆとだしが1：1：1）、**大根おろし**です。先に挙げたソース、餡も、もちろん合います。

私が最もよく蒸す魚は、手軽に入手できて、しっとりふわふわになる食感がおいしい、たちうおです。ひと手間かけ、中国料理の手法で、熱々の油を上からかけると、最高の美味になります。中国料理名でいうところの「清蒸魚《チンヂョンユイ》」です。

たちうおの清蒸魚

一、たちうおの切り身を買ってくる。

二、しょうゆだれを作る（たちうお一切れにつき、しょうゆ大さじ1、はちみつ小さじ2を混ぜておく）。ねぎの白い部分を千切りにして用意しておく。

三、たちうおをバットなどに入れて蒸す。切り身の下に青ねぎなどを置くと、蒸気が通り、蒸し時間を短縮できる。

四、蒸し上がったらバットごと取り出し、しょうゆだれを魚の身にかけ、白髪ねぎを乗せる。
五、フライパンに油を入れ、煙が出るまで高温に熱し、魚の上からじゅーっとかける。香ばしいにおいが立ち込め、同時に、油としょうゆだれと魚のエキス（蒸したときに溜まるもの）が渾然一体となり、容器の底に茶色の極上ソースができあがる。油の種別は、キャノーラ油またはオリーヴオイルにごま油をちょっと足すといいでしょう。あればノンフィルターのなたね油だととてもおいしいです。
六、魚を皿に移す（皿ごと蒸している場合はそのまま）。バットに溜まっているたれを揺って軽く混ぜ合わせ、魚にかける。あれば香菜を乗せる。

これは誰もが目を見開くおいしさです。たちうお以外でも試してみてください。ヴァリエーションとして、台湾風味にすることができます。「焼滷香料」という台湾の定番的な香辛料パックがありますので、小瓶の中でしょうゆに漬けておきます（炒めものにも使えます）。台湾の屋台料理の定番的な香りがするやつで、ウイキョウ、さんざし、八角、シナモン、甘草《かんぞう》、しょうがが入っています。「焼滷香料」はインターネットで購入できます。

ふつうのしょうゆでもおいしいですが、「焼滷香料」を漬けたもので作ると、台湾旅行をしたことがある方は、一瞬であのむせ返るような南国の夜を思い出すことでしょう。

今週はこれらのうちどれか一つを作ってください。

8 焼く

肉の焼き目のにおいはどうしてたまらないのか

今週はフライパンを用いた焼きものをします。

前回と同様、素材はシンプルに、なるべく一つにとどめます。最初は肉を焼いてみます。何も特殊なことはいたしません。ただ、焼くだけです。余計なことをせずにフライパンでただ焼くだけで、肉はおいしくなります。

どうしてフライパンで焼くと、肉はおいしくなるのでしょうか。二点あります。表面に焼き目をつけて香ばしくすることができるから。表面と中の焼け具合にグラデーションをつけることができるから。これが蒸しものとのちがいでもあります。順番に見てゆきましょう。

まず焼き目について。焼き目はそもそもどうしてできるのでしょうか。メイラード反応が起こるからです。糖、たんぱく質を高温（160〜180℃）で加熱したときに急激に進む反応で、素材は褐色に変化し、さまざまな香気物質が生成されます。これは低温でも穏やかに進みます。開封したあとのしょうゆがだんだん黒っぽくなってゆくのもメイラード反応のためです。また、肉などを焼くときはこれと並行して糖のキャラメル化も起きます。

　焼き目の芳香の魅力についても掘り下げてみましょう。肉の焼けるにおいはなぜ人間にとってかくも抗《あらが》いがたい魅力を発するのでしょうか。太古の人類が火を獲得したばかりのころの郷愁、などといわれたりもします。食文化論者のマイケル・ポーランは、この郷愁がさらに古く、植物を採集していた時代にさかのぼるのではないか、と推論しています（『人間は料理をする・上――火と水』108頁）。どういうことでしょうか。メイラード反応とキャラメル化によって生み出される芳香性物質は「植物界に見られる化合物――ナッツ、根菜、野菜、花、果実などの風味のもと」とほぼ同じなのだそうです。いわれてみるとそうですね。森の樹の実や根っこや果実の要素があるように思えます。だとすれば、焼いた肉の香りは、火を使い始めた当初の人間にとってさえも新奇な何かではなく、懐《なつ》かしく親しいものだったのではないかと、ポーランはいうのです。

　いずれにせよ、肉に焼き目をつけることによって、たんに肉々しい、という以上の複雑で魅惑的な芳香が付与されるということです。肉の中のやや強すぎるかもしれない、血や脂《あぶら》といったくせのあるにおいと相殺し合う要素もここには含まれていることでしょう。

　焼いた肉の香りが赤ワインのそれと響き合う理由のいくつかもここに求めることができるのかもしれません。焼き目の植物様《よう》の香りが、それ自体、ぶとうという植物の果実である赤ワインへと肉を接近させる。とくに果皮由来の香りや樽香《たるこう》と響き合う。

グラデーションをつけて焼く

焼くことによって素材がおいしくなる、第二の理由に移ります。グラデーションをつけられる点です。表面には香ばしい焼き目がついてクリスピーに固まっているけれども、中心部はピンク色でジューシーさを保っている、というような状態のことです。さらに細かく見てゆけば、中心部から表面にいたるまで、無数の階梯《かいてい》がある。中心のピンクが、外側に行くにしたがって、桃色、赤、赤茶、茶、こげ茶、黒に近いこげ茶、というようになってゆきます。

こんなふうに焼き上がった肉はおいしく感じられます。ピンクのところにはピンクのところにしかない食感と風味があり、茶色のところ、こげ茶色のところにもそれぞれの食感と風味があり、それゆえ、食べ飽きしないからです。一つの肉が、こんなふうにつぎつぎと状態変化を遂げる——外から加えられる火の勢《いきお》いを、この見事なグラデーションが閉じ込めて表現しているようにも感じられます。訴求力が強いです。

生で食べてはならない肉、豚肉や鶏肉の場合はこんなふうにピンクの部分を残す焼き方はできません（専門店ではぎりぎり火の通ったピンクを狙《ねら》ったりもするでしょうが、家ではそこまでしなくてよいです。危険です）。それでも、内部をしっとりやわらかい状態にとどめるべく火入れする点では同様です。

フライパンで焼くのとは異なる調理法、蒸す、煮る、揚げる、でもグラデーションをつけることはできますが、フライパンのほうがはるかに簡単です。炭火焼きは、焼き目の快楽を最大化しますが、温度を一定に保つのがむずかしく、熟練を要します。フライパンの場合、素材と接している面だけから（油を媒介して）加熱することになります。裏返しても、やはり片面加熱なので、中心に火が通るまで時間がかかります。この差を利用して、外はかりかり、中はしっとり、に調整するのです。

フライパンの蓋をするかどうかも、この点にかかっています。蓋をすると蒸し焼きになり、閉じ込められた蒸気によって加熱が進みます。だから短時間で全体に火が入ります。けれど、焼き固まった部分が湿り、クリスピーな食感が減じます。野菜の炒《いた》めものなどの場合は蒸し焼きでつやつやに仕上げるといいです。けれど、外はかりかり、中はしっとりにしたいときは、蓋をしません。

表と裏の両面から加熱し、なおかつかりかりにしたいときは、アロゼの手法もあります。「撒《ま》く」という意味のフランス語がアロゼ arroser です。たっぷりのバターをフライパンに入れて肉を焼き、溢れてくる肉汁と入り混じった透明の脂を、大きめのスプーンなどを使って肉の上からかけます。やってみると簡単で、かっこよく、効果的です。

フライパン調理の主な利点について見ました。表面に焼き目をつけてかりっとした食感と豊かな芳香が得られること。グラデーションをつけられることです。これを念頭に置くだけで、さまざまな楽しいフライパン調理ができます。

ステーキ肉を焼く

では以上を踏まえて、ある程度、厚みのあるステーキ肉を焼いてみましょう（ちょうどいい牛のステーキ肉が入手できない場合は、豚肉の肩ロースで代用してください。ただし、完全に火を通すこと）。ポイントは、表面の香ばしさ、そしてグラデーションです。ここではアロゼするやり方を示しています。アロゼしないときは、その分、時間をかけて焼いてください。

一、肉を用意する。私は黒毛和牛ではなく、脂のりのほどよい「国産牛」か海外産のものをおすすめします。ちなみに、私はオーストラリア旅行で食べて以来、牧草育ちのうまみが強いオージービーフ（できれば未冷凍）がひいきです。いずれにせよ筋の少なく色調がくすんでいないものを選ぶとよいです。10分以上前にうっすら全体に塩をする。

二、フライパンを熱して、オリーヴオイル大さじ1、バターも同量ほど入れ、肉を焼く。いちど、裏返す。

三、肉が焦《こ》げない程度の中火をキープしたままフライパンをやや傾け、アロゼする。だんだんと肉が膨《ふく》らんで厚みが増してくる。さらにいちど裏返し、アロゼをつづける。

四、最終的に、中心が温まりつつもまだピンク色を保ち、なおかつ表面に香ばしい焼き目がついた状態で止める（豚の場合はもっとしっかり火を入れる）。入門者はここでいちど半分に切って確かめてみるのがよいでしょう。断面を見て、加熱がじゅうぶんでないようならば戻して、再度焼く。

五、焼き上がったら、肉を休ませる。ここからも余熱によって少し変化が進む。休ませると、肉汁を肉の繊維が再吸収してしっとりした状態になる。休ませないと、切ったとたんに肉汁が流失してしまう。キッチンでどこか温かいところがあればそこに置き、なければ、アルミホイルで包む。焼くのに費やしたのと同じ時間、が基本。

六、皿に盛り付ける。ここはシンプル・タイプということで、塩、こしょう、マスタードだけでいただきましょう。タイミングが許せばグラスの赤ワインも一緒に。そのほうが肉をおいしく感じます。

フッ素樹脂加工か鉄か

どんなフライパンを選べばよいでしょうか。まず、フッ素樹脂加工（いわゆるテフロン加工）か鉄か、この二つの選択肢があります。

これから料理を始めるという方は、フッ素樹脂加工のものを最初に買うといいでしょう。焦げつかず、こびりつかないので、失敗がぐっと減るからです。青魚を皮目から焼く、というような場合も、フッ素樹脂加工だと皮が剝《は》がれることがありません。鉄だとなかなかにむずかしい。ホットケーキも油なしで焼いて、するんと剝がれます。

逆にいうと、フッ素樹脂加工では、とくに新品のとき、焼き目をつけようと思ってもかなり時間がかかってしまいます。あえて適切な焼き目をつけようと思うときは鉄のフライパンがいい。また、フッ素樹脂は高温（260℃以上）になると劣化するので強火調理に不向きです（一年ほどでくっつき始めるのも、これが原因の一つです。急激に冷やしても劣化が進むので注意が必要です）。鉄でしたらどんなに熱しても大丈夫。中華料理の炒めものは、鉄を用いて、最強加熱でやりたいですね。収納スペースに余裕があれば中華鍋を持つのが理想です。フライパンの取っ手まですべて鉄でできていれば、そのままオーブンに入れられます。表面を焼き固めたあと、オーブンでじっくり全面から火入れする、ということができます。この場合、かりかりが持続します。鉄製フライパンは手入れすれば半永久的に使えます。いずれの場合も、ガラス製の蓋とセットで揃えること（同サイズだと蓋が一つですみます）。

焼き方は人となりを映す

以上、フライパンによる加熱についての考え方を示しました。これはあくまで基本です。これを踏まえて、何度も焼いているうちに、自分なりの感覚をつかむことができ、スタイルができてゆきます。それが楽しいのです。

厚い肉をグラデーションありで焼けるようになれば、薄切り肉をかりかりに焼き上げることなどの応用も簡単にできるはずです。

肉焼きの細かなコツや注意点については、優れた参考書がたくさん存在します。専門家が長年の経験をもとに書いたテクストですね。たとえば、フレンチの方法論を明晰に解説してくださる理論派の巨匠、谷昇さんの解説書などは読むだけでも楽しく、役に立つコツが満載です。

とはいえ、自炊においては、完璧な焼き方を最短で習得しようと思う必要もありません。大事なのは、自分なりの感覚で楽しく焼くことです。よく「焼かれる肉の気持ちになる」と表現したりもします。じゅーっと火が入りつつある、その状態変化をイメージして、心を素材にシンクロさせる、ということでしょう。トライアルアンドエラーを繰り返すうちに、このシンクロの精度は上がってゆきます。自分の感覚に忠実に、おいしくなれ、と念じて焼く肉には、あなたの個性が宿ることもありうると思います。

「世界にただ一つだけの線」と、私の小学校の図画工作の先生がよくいっていたのを憶《おぼ》えています。キャンバスに一本の線を引くとき、その線は、あなたに固有の感覚を反映させた、のびやかだったり、むらがあったたり、几帳面だったり、果敢だったりする、唯一無二の線である、というような意味です。こういういい方は、もちろん誇張といえば誇張ですが、うそでもありません。なにより私たちを励ましてくれる点で貴重です。萎縮して、線を引けなくなること、引くのが楽しくなくなることだけは避けなければなりません。肉焼きも同じです。あなたの焼き方は、オンリーワンの焼き方です。そう思いましょう。

また、専門家の教本についても、私が興味深いと思うのは、専門家同士で、けっこう異なるアプローチを教えていることです。もちろん、客観的に検証できること、数値で測れることは多く、ある程度までは正解が存在します。しかし、そこから先のニュアンスに関わる部分については、フライパン上の肉との対話によってことが運ぶようです。おいしさを決定する最も大事な部分も、ここにあるのではないでしょうか。

思い出してみてください。自分の母親や父親はどんなふうに肉を焼いていたでしょうか。なにかしら傾向や好みがあったはずです。ちなみに私の母は、木製の受け皿に、熱した鉄皿を乗せて、その上にステーキ肉を盛り付けるというスタイルでした。じゅうじゅういって香ばしい、その熱々の時間を長引かせる狙いだったのでしょう。そこにしょうゆを加えたたまねぎソースをオンします。こう書いているだけで懐かしさがこみ上げてきます。料理していた母の手つきまで思い出されるからです。

焼き手の人となり、手つきが映るように思われるとき、その肉はおいしい。これもまた、取り替えのきかない味だからです。

オムレツの焼き方

卵料理も、肉と同様、焼き方に個性が反映されます。オムレツ作りの手順を書いた、石井好子さんの有名な文章を引用したいと思います。石井さんが戦後のパリに滞在していたとき、下宿先のマダムが見せてくれたのだという作り方です。石井さんは歌手ですが、個性的な節回しの歌を聞いているような印象の名文です。

「今夜はオムレツよ」(…)

フライパンが熱くなると、マダムは、おどろくほどたくさん(かれこれ1/8ポンドほども)バタを入れた。

「ずいぶんたくさんバタを入れるのね」

「そうよ、だから戦争中はずいぶん困ったわ」

卵4コをフォークでよくほぐして塩コショーを入れ、もう一度かきまぜながら、熱くなったバタの中に、いきおいよくさっと入れる。(…)

オムレツは強い火でつくらなくてはいけない。熱したバタにそそがれた卵は、強い火で底のほうからどんどん焼けてくる。それをフォークで手ばやく中央にむけて、前後左右にまぜ、やわらかい卵のヒダを作り、なま卵の色がなくなって全体がうすい黄色の半熟になったところで、片面をくるりとかえして、火を消し、余熱でもう一度ひっくりかえして反面を焼いて形をととのえたら出来上る。
そとがわは、こげ目のつかない程度に焼けていて、中はやわらかくまだ湯気のたっているオムレツ。「おいしいな」、私はしみじみとオムレツが好きだとおもい、オムレツって何ておいしいものだろうとおもった。

（石井好子『巴里の空の下オムレツのにおいは流れる』4〜6頁）

「ひとり料理の喜び」

他人の好みの反映された焼きものを味わうことはとても興味深いことですし、それが家族であれば、深い愛着を覚えることになるでしょう。ただ、自分のために自分で焼いたものを食べることにも、掛け値なしの楽しさがあります。その点をぜひ強調しておきたいと思います。
私はそのことを、ミュージシャンの近田春夫さんのエッセイ「ひとり料理の喜び」で再確認しました。近田さんは自分にとって外食がかならずしも満足を与えてくれるものばかりではない（というか失望が多い）と前置きしたうえで、つぎのように書きます。

そんなこんなで、自分にとって納得の食事となると、一人前を自分だけのために作ってひとりで食べるということにどうしてもなってしまう。それに、たとえ目玉焼きのようなコストも低く簡単なものでも、自分で作って食べると本当に面白いのだ。(…)というのも火加減にしろ何にしろ、料理というのはちょっとした塩梅で随分おいしさが変わってくる。まず誰かに食べさせる訳ではないのでそのあたりをどうとでも試せることがひとつ。卵は冷蔵庫より取り出ししばらく置き室温にしてからのほうが仕上がりがいいというけれどホントにそうなのか、フライパンとプレートではどこに味の違いが出るのか、プロセスと結果の関係は、作り手と食べる人が同一で初めて知ることが出来る秘密のようなものだろう。不思議なのはそうして自分の作った料理は、失敗や欠点でさえいとおしく、本当に幸せな気持ちでいただけることだ。どんな仕上がりでもまずいと思ったことがない。

(近田春夫「ひとり料理の喜び」、『ku:nel』２０１０年５月号所収、１２６頁)

まさにそのとおりと膝を打つほかありません。「プロセスと結果」の関係を探りながら自作、自食する料理はすべからくおいしい。

9 煮る

シンプルでおいしい野菜のポタージュ

今週は「煮る」に進みます。

深さのある鍋に水かだしを張り、その中で具材を加熱してゆく方法です。具材に火が通るだけではなく、おいしいお汁ができます。何も流出しないので栄養価も高く、冬は体があたたまる。心も体も元気になる料理です。

最もシンプルなスープの一つが野菜のポタージュです。だしも要りません。水だけで野菜を煮てゆき、そのままやわらかくし、最後に攪拌《かくはん》して渾然一体とさせ、まるごといただきます。

ハンドブレンダーがあれば非常に簡単です。耐熱のミキサーやジューサーでも、もちろんよいです。基本の作り方を示します。**たまねぎ**がベースです。そこに甘みのある野菜や香りのよい野菜を好きな組み合わせで入れます。たとえば、たまねぎ＋にんじん＋かぼちゃ。たまねぎ＋セロリ＋じゃがいも。たまねぎ＋かぶ。ねぎ＋じゃがいも（この場合はねぎがたまねぎの役割です）、などです。

野菜のポタージュ

一、小鍋でたまねぎの薄切りを少量の油で炒《いた》める。つんとするにおいがなくなり甘い香りがしてきたら、水を注ぎ入れ、残りの野菜を加える（具材と水の重量比は、野菜：水＝1：2だとさらり、2：3だともったり。この中間のお好みで）。重量比0・6％の塩を入れる（塩の量については後述）。蓋をして加熱し、沸騰したら弱火に。

二、すべてに火が通ったら、ブレンダーでなめらかになるまで攪拌、または、ミキサーにかける。味見してコクを足したいときは、食べるときにバターをひとかけら乗せる。または生クリームやオリーヴオイルをかける。

たったこれだけです。でも、野菜の香味をまるごと食べられるのでとても満足感があります。たまねぎのつんとするにおいがいやでなければ最初に炒める工程も要りません。ポタージュはpotageと綴《つづ》る、フランスの家庭料理です。

水に風味とうまみを移す

こんなに簡単でいいのだろうか、という疑問を抱かれる方も、もしかしていらっしゃるかもしれません。と申しますか、スープや汁ものには、何かぴたっと味がまとまる、ここ！という一点があるはずであって、それを逃したらあとは失敗というような、異常に厳密な美意識を求める風潮があるようです。料亭で味わう一杯の椀物、レストランのスープには、それぐらい厳密な設計があるのだと思います。家でも、もしある特定のお店の味を参照点として求めようとするのであれば、すべてを計測しつつ厳密に進めるほかありません。ぴたっと決まれば感動を呼ぶでしょう（風味パターン）。しかしそういう狙《ねら》いを持つのでなければ、自炊において、そんな一点を求めなくともまったく構わないと私は思います。

素材の風味を活かすことを目的とした、ポタージュなどのシンプルスープの基本は、素材の、い、い、い、い、い、い、風味を与えて水をおいしくする、でよいのではないでしょうか。

家庭料理書の大家、辰巳芳子《たつみよしこ》さんはスープの教本でつぎのように書いています。

達人の作る汁もの、スープも水を超えることはできない。しかし水に準ずる〝お養い〟であるところに、汁ものを作り、すすめる意味があると思う。

（辰巳芳子『あなたのために――いのちを支えるスープ』35頁）

辰巳さんは、良質な水は飲んでも飲んでも飽きることがない、地球上で最も深遠なものだと述べておられます。おお〜というかんじがしませんか。水はその時点で完成している。あとは付け足しとして、栄養や風味がそこに付与される。そんなふうに素直に考えればいいということではないでしょうか。

少なくとも、肉の入らない野菜のポタージュに話をかぎるならば、水へと、野菜の甘み、うまみ、風味を溶け出させることを考えればいいだけです。家庭料理では、作り置きする必要はなく、ブレンダーで攪拌した直後に立ちのぼる新鮮な香気が、これでよし、という満足感を与えてくれます。これも自炊の強みです。

基本は水と申していますが、**牛乳**を足すこともできます。**だいこん**などとくに合います。水の半量を牛乳に替えてください。素材感が強すぎるときは、**コンソメキューブ**を使えば緩和できますし、うまみを補うことができます（辰巳さんはけっこう入れています）。あくまで私の好みですが、野菜の個性を残したいので、キューブはあまり使いません。すでに述べたことですが、バランスのためならば、**バター**、**生クリーム**、**オリーヴオイル**のどれかを最後に足すのが簡単でいいと思います。ボリューム感を増したいときはバターです。フランスの酪農地帯の家庭では、ふつうにそうしているようです。バゲットと合います。

時間があれば、たまねぎだけでなくほかの野菜も、少量の油かバターでじわじわと、ふたをした鍋の中で蒸し焼きにして、そのあとで水を足してもよいです。メイラード反応で生じる風味の要素がスープに付け加わり、全般に厚みが出て感じられます。逆に、さわやかな、切れのよい味わいが好きならば、この蒸し焼きのプロセスはしないほうがよいです。

スープの塩分濃度は0・6%から

塩の濃さの考え方について述べます。一般に、塩の量がどれくらいでちょうどよいと感じるかは個人差があるので、各自で味見をしながら「適量」を入れてください。ただし、私が基本と考える目安および調整法がありますので、ここに記しておきます。スープの場合は、「0・6%から」です。まず計量して0・6%の濃度にします。1リットル＝1000mlのスープ（水と野菜の総和）なら塩6g。500mlなら塩3g。わかりやすいですよね。塩小さじ1は約6gです（粗さによって前後するので塩ごとにいちど量ってみてください）。鍋に目盛りがついていれば計量は簡単です。目盛りがなければ、いちど鍋に水を張り、ここまで入れると1リットル、1・5、2リットル、というように、量感覚を把握しておけばあとは快適に進みます。蓋をする場合、煮詰まる心配はそれほどないですが、長時間加熱して水分が蒸発したらその分、水を足しても結構です。あるいは前もって塩を微減する。

家庭料理において、風味のゆらぎはプラスになると私は考えていますが、塩分量はそのかぎりではありません。塩が多すぎると取り

スープ（水＋野菜）	塩
1リットル（1000ml）	6g（約小さじ1）
500ml	3g（約小さじ½）

スープの塩分濃度

返しのつかない失敗になります。かといって、ゼロから微量に足していってちょうどよいところまで持っていく、ということを毎回するのでは手間がかかりすぎです（ぱっと目分量で決めるには熟練を要します）。まずは0・1g単位で量れるキッチンスケールを使って塩を計量するのが安全かつ最短です。スマホの電卓などを使いましょう。鍋の中身の重量×0・006（0・6％）＝塩の重量です。計算には1分もかかりません。

私の感じ方では、野菜のポタージュを0・6％の塩分量で作ると、濃すぎず、淡すぎず、おいしく成立した、となります。スープに入れる具材によっては、もっと塩が強いほうがおいしく感じるということもあるでしょう。肉や魚や糖類が入り、濃厚になるときです。そのときは「0・6％から」始め、少しずつ足してゆく。こうすればまちがいありません。

ちなみに、料理人の稲田俊輔《しゅんすけ》さんの本では、メジャーに耐熱用の布を敷いて、鍋ごと量るというやり方が推奨されています。自宅の鍋の重さをあらかじめ量っておいて、その分をマイナスすることで、中身の重量を蒸発分も考慮して精確に求める、ということです。慣れれば確実かつ迅速でしょうし、レシピの再現性を期すことができます。参考までに。

野菜のかたちを残すポタージュ

ポタージュには、ブレンドせず、野菜のかたちを残す作り方もあります。数種類の野菜を細めの拍子木《ひょうしぎ》切りにし（細長い角柱にすること）、水で茹《ゆ》でただけのものをポタージュ・ジュリエンヌ、さいの目切り（さいころ大にすること）の場合をポタージュ・ブリュノワーズといいます。いずれも呼び名はポタージュです。名前は大事です。そう呼ぶだけで、フランスの空気感をスープが帯《お》びるものです。野菜はたんに輪切りにするだけでも簡単でよいです。

一、たまねぎは薄切りで、それ以外の野菜（にんじん、じゃがいも、セロリなどを好みで）は拍子木切り、またはさいの目切りなどに揃える。

二、先にたまねぎを油で炒めてから、鍋に水を注ぎ入れ、切った野菜を加える。塩を０・６％になるよう入れ、蓋をしてじっくり加熱。やわらかくなり、スープに香気とうまみが出るまで。

三、スープ皿に入れ、好みでバターやオリーヴオイルを加える。

見た目もうつくしいスープです。長時間煮るとくすみはしますが、それでも淡い色彩がそれぞれの野菜には残っています。水彩絵具をぽつぽつと配した点描画のようです。スプーンですくって食べるごとに、別々の風味がします。繰り返しますが、究極の一点を外せば失敗、などと考える必要はありません。むしろ、子どもが水彩絵の具を使って、色彩の組み合わせを楽しむのと同じ気持ちで作ればいいと思います。

含め煮——調味だしは20：1：1から

つぎに、日本式の含め煮です。あらかじめ「調味だし」を作っておき、それを用いて作る汁ものです。まずこんぶとかつお節でだしを取ります（57頁）。このだし汁に、しょうゆとみりんを加え、さっと加熱してアルコールを飛ばしたものが調味だしです。みりんに含まれるアルコールは沸点の78℃を超えると揮発します。いちど沸騰させれば大丈夫です。気になる場合は、つんとするアルコール臭がなくなるまでふつふつと加熱します。

調味だしは、含め煮などさまざまな日本料理に使う、ベースのスープともいえますが、どのような濃さにすればよいでしょうか。好みで決めていただければよいですが、ここでも私の考え方を述べます。最優先したいのは風味です。ぎりぎりこれで成立するという淡い調味だしを作り、ベースにします。その比率は「だし：しょうゆ：みりん＝20：1：1」です。だしのうまみはしっかりありますが、塩分量はぎりぎりの線まで淡くしています。

しょうゆとみりん（等の甘み）を汁に加えていくのは日本独特の調理法ですが、このしょうゆとみりんはかなり濃くしてゆくこともできます。甘さが塩辛さを呼び、塩辛さが甘さを呼ぶ、という相補的な関係にあるからです。ある種の料理店では、褐色になるまでこの二つが足され、けっこうな塩分濃度になることがあります。これは強い訴求力を持ち、食欲を掻き立てます。

また、強いマスキング効果を発揮するので、くせの強い食材の調理にも効果的です。逆にいえば、風味を残そうとする場合には不向きです。とても新鮮でよい風味の食品が簡単に入手できる現在は、穏やかな調味だしを基本にするのがよいと思います。

20：1：1というのは、だしが1リットルならば、しょうゆとみりんがそれぞれ50ml。だし600mlならばしょうゆとみりんがそれぞれ大さじ2ずつ（30ml）。測りやすいです。

この割合にすると、標準的なしょうゆを用いるとして、塩分濃度は0・7％か、それより少し低いぐらいになります。ここに野菜などの具材を入れることで水が出て少し薄まり、ちょうどよくなります。ごくりと飲んでおいしい濃さです（薄まりすぎたと感じたらしょうゆとみりんを足します）。

以後、「調味だし」と記すときは、「20：1：1」から始めて、各自、微調整するという意味です。以上は野菜の含め煮の場合の濃度の目安です。肉や魚を煮たり、一度揚げたものをひたす「煮びたし」の場合は、「10：1：1」から始めるのがよいでしょう。そばなどの「めんつゆ」も私はこの濃度です。こちらを「濃い調味だし」と呼びます。この二つを基準にすると考えやすく、楽です。この基準から調整し、

だし	しょうゆ	みりん
1リットル（1000ml）	50ml	50ml
600ml	30ml（大さじ2）	30ml（大さじ2）

だし・しょうゆ・みりんは20：1：1

必要ならば中間にするなどしてください。

では作ってみましょう。調味だしで煮る、含め煮です。**スナップエンドウ**、**きぬさや**、**れんこん**、**にんじん**、**ごぼう**、**じゃがいも**、**セロリ**、**かぶ**、**ズッキーニ**、**きのこ**、なんでもこのように作れます。

含め煮

一、基本の調味だしを鍋に用意して、加熱する。

二、食べやすいサイズに切った素材を、ふつふつ沸騰している鍋の中へ入れる。ひたひたになるぐらいが適量。余熱でも加熱が進むので、まだ少し硬いぐらいで火を止める。

含め煮のすばらしいところは、入れる素材によって、だし汁がまったく異なる表情のおいしさになることです。たとえば、調味だしでにんじんを加熱すると、甘やかな、そしてどこか素朴な土の香りが移ります。このお汁が非常においしい。煮る素材によって、調味だしは、千差万別のヴァリエーションを持ちます。野菜一種類、あるいは二種類にとどめると、凛《りん》とした、潔《いさぎよ》い雰囲気を帯びます。小鉢に盛り付け、各自が口をつけて汁を飲めるようにしてください。ボリューム感が欲しいときは、**油揚げ**を入れます。九条ねぎと油揚げ、春きゃべつと油揚げ、などです。

私が一番好きなのは、**ふき**の含め煮です。ふきは下処理が必要です。以下にその手順を示します。最初は面倒に感じるでしょうが、その面倒を上回る風味の感動があります。

ふきの含め煮

一、ふきを、ちょうど（下茹で用の）鍋に入る大きさに切って、粗塩《あらじお》で板ずりする（まな板の上に粗塩をぱらぱらまぶして、そのうえで、ふきをごろごろと転がす）。ふきの薄皮がやぶれて、ものすごく爽《さわ》やかな、青草のようなにおいが漂《ただよ》う。

二、大きめの鍋で茹でる。青々としてやわらかくなったら取り出して、水の中で冷やす。

三、薄皮を剝《む》く。包丁やナイフを、先端の薄皮ぎりぎりのところに入れて、剝いてゆく。この作業も慣れると楽しい。なにしろずっといいにおいです。ひと口サイズに切る。

四、基本の調味だしで、下処理したふきを入れて、含め煮にする。ただし、ひと煮立ちしたらもう火を止めること。すでにふきは下茹でしてあるので、余熱でじゅうぶん。

こうして作った、ふきの含め煮の汁はしみじみおいしいです。素朴な料理ですが、この汁を口に含むと、いかにも春らしい香気がして高揚感があります。この汁を心ゆくまで飲みたいがゆえに、塩分量を測る必要があるのです。

含め煮をいわば冷製にしたのが、**おひたし**ですね。作り方はすでに述べているとおりです

（57頁）。含め煮よりもおひたしに向いている野菜は、おひたしにします。向いているのは、なんといっても**青菜**。菜の花、ほうれん草、小松菜、春菊、水菜などです。火を入れて青々としたところで取り出して冷まし、切り分けてから冷たいだし汁の中に泳がせ、風味を保存するのです。**アスパラガス**や**ズッキーニ**などもいいですね。長時間蒸し上げて、甘く、ほろほろにやわらかくしてから、厚切りにして、冷たい調味だしに入れます。皮を湯むきした**ミニトマト**もおいしいです。野菜を噛みしめたとき、野菜自身の中に蓄えられている水分と、外の冷たい調味だしが、口の中で二重になり、立体的に互いが際立ちます。絶品なのは、菊の花のおひたしです。山形の郷土料理で、この食用菊は「もってのほか」という印象的な異名を持ちます。天皇家の象徴である菊花を食べるなんて「もってのほか」……だけど、おいしすぎるのでつい食べてしまう、ということなのだそうです。

菊の花のおひたし

一、菊花の根元にある緑色の萼《がく》のところをむしり取り、花の部分だけをボウルに入れる。
二、鍋に湯を沸かし、酢を加える（湯の5％ほど。花の苦みを緩和するため）。菊花を入れる。再沸騰して鮮やかな色になったら、ざるにあけたうえで、冷水に取る。やさしくしぼる。
三、調味だしに菊花をひたして完成。

10

揚げる、切る

家であえて揚げものをする理由

今週は、揚げものに進みます。後半では、どうすれば包丁に慣れられるかについても述べます。この章で一応、すべての基礎的な加熱調理法を概観したことになります。

さて、家で揚げものをしたくないという方は多いかもしれません。なにしろ面倒で、汚れるし、油の処理も大変そうに思えます。それでも自宅で揚げものをするのはどうしてでしょうか。

シンプルに、安くておいしいからです。昭和の家庭料理の代表は、コロッケやとんかつ（肉の薄いやつ）でした。肉の水増しという側面がここにはあります。肉は高価なので毎日は食べられない。ところが揚げものの衣をつければ、同等の満足感が得られる、というわけです。水増しというとごまかしのようですが、けっしてそれだけのことではなく、こういう工夫にこそ真の美味は宿る、と語られたりもします。本当のことだと思います。暮らしの詩情とでもいうべきものが揚げものにはあります。近過去からの日本の食卓の美を映すのです。

現在は、コロッケもからあげも安く売ってはいますが、無添加のできたてはやっぱり格別です。テイクアウトのコロッケの多くは、うまみ調味料が多く入り、また、時間がたってもしっとり感を持続させるために糖類を足したりするそうです。家では保存の心配は要りませんから、シンプルな、じゃがいもだけのコロッケが作れます。そうすると、非常においしく、じゃがいもと出会い直したような感動があります。揚げものを覚えておいて損はない所以《ゆえん》です。

もう一つの理由。これまでも再三、自炊では素材の風味をシンプルに楽しむ料理が望ましい、と述べてきました。慣れれば揚げものも、その最良の手段の一つになります。クリスピーな衣を割った瞬間に、素材の香りをたっぷり含んだ蒸気がふわっと立ち上がる。ほかに替えがたい調理法です。衣があるので満腹感もありますし、万人向けのもてなし料理になります。

バットが三つありますか?

以上が家で揚げものをする主な理由ですが、つぎに、面倒を面倒でなくするためにどうすればよいかを述べます。

まず、みなさんに質問です。フライ(パン粉揚げ)を作ろうと思い立つのだとして、バットが三つ、すぐに取り出せる場所にありますでしょうか。そのバットの一つ目に小麦粉を入れて、二つ目に卵を溶き入れて、三つ目にパン粉を入れる。この三つを並べ、つぎに、食材を一〜三の順にまぶしつけていって、最後に適温の油にぽとんと入れれば、フライはできるわけですが、このバットが三つないと、とたんにカオスになります。

私自身、バットを三つ用意する前は、しょっちゅうカオスになっていました。バット三つがない、というのはつまり、そのつど適当にやればいい、と考えていたからです。揚げもののたびに、サイズの合いそうな皿をみつくろって、等々、と考えているようでは、揚げものは大変に面倒な作業になります。考えては取りつくろい、としていると、疲れて、だんだん気分が重くなる。重くなった気分を無理やり押し込めて、昔の私は揚げものをしていたのだと思います。

揚げものは、蒸す、焼く、煮る以上に、手順と道具を定めて、いつもどおり迷いなく進める必要があります。そうでないとつづきません。定まっていれば、なんということはありません。

必要な道具をもういちど確認します。

・**バットが三つ**　長辺20センチほどがよいでしょう。小さすぎるとパン粉を食材につけるときこぼれます。取り出しやすいところに重ねて収納しておきます。

・**揚げもの用の鍋**　底にくっつかないよう、フッ素樹脂加工のものがいいと思います。中華鍋でももちろん大丈夫です（その場合は、具材を掬《すく》うジャーレンもセットで）。フライパンでも当然揚げものはできますが、油の表面積が大きくなり、温度低下しやすくなるので、小さめで、深さもあるサイズのものだとよいですね。はね防止の網もあると便利です。

・**温度計**　低温＝１５０～１６０℃。中温＝１７０℃前後。高温１８０～２００℃。測ると確実です。

・**オイルポット**　揚げもので使用したあとの油を濾《こ》して保管するためのポットです。だいたい三回ほど揚げれば、油に粘《ねば》りが出てきますので、そうしたら捨てます。

・**油の凝固剤**　これで固めて、燃えるゴミとして捨てます。

・**キッチンペーパー**　揚がったら、キッチンペーパーの上に置いて、油を吸わせます。もう一つのバットを用意してそこに敷きます。ガスコンロに魚焼き用のグリルがビルトインされている場合、これを引き出すとうってつけの受け皿になるので少量の場合、バットの代用になります。

・**網杓子**　食材や、揚げかすを掬い取ります。

・**盛り付け用の和紙**　半分に折って皿の上に敷くと、油を吸うだけでなく、見映えします。

以上が揃えば準備ＯＫです。つぎに、揚げる手順について述べます。例として、牡蠣《かき》フライを作りましょう。

牡蠣フライ

一、まず道具を全部並べて、揚げもの鍋もセットし、万全の状態にする。キッチンが散らかっていたら前もって片付けておく。ここが最大のポイントです。また、油の量を節約しようとしないこと。少ない油でからりと揚げるにはコツがいるので、初心者ほどきちんと多めに油を張るといいでしょう。温度を高いまま維持しやすいからです。揚げている最中に油が温度低下すると、衣がからりとしません。

二、牡蠣を洗う。ボールに海水程度の濃さ（約3・5％）にした塩水を用意し、その中で揺すり洗いする。洗いすぎないこと。キッチンペーパーの上に並べ、水切りする。

三、バット三つにそれぞれ、小麦粉、割り入れて溶いた卵、パン粉を入れて並べる。

四、牡蠣をその三つに順番に入れて、全面にまぶしつけてゆく。衣が厚いほうが好みならば、パン粉につけたあと、もういちど、卵↓パン粉の手順を繰り返す。

五、油を170℃に熱し、揚げる。牡蠣が油の表面の半分を覆《おお》うぐらいの量にとどめるほうが、温度を保てるので、失敗が少ない（水分が盛んに水蒸気になるとき、熱放射による温度の急激な低下が起こる）。衣が固まるまでは、箸《はし》で無駄につついたりしないこと。固まってきたら、今度は、やさしく液面から少し持ち上げて空気に触れさせると、よりクリスピーになる。衣が色づき中まで火が通れば完成。

揚げたての牡蠣フライを食べれば、誰しも労が報われた気がするでしょう。

これが基本です。これができれば、だいたいどのフライでも作れます。加熱して皮を剝《む》いたじゃがいもをつぶし、刻んだたまねぎとひき肉を炒《いた》めてから加えて丸めたもの、を牡蠣に置き換えれば、**コロッケ**になります。

さて、食べ終えたあとの片付けも大事です。

油が疲れていない場合（酸化したり不純物を含んでどろりと粘度が上がることを、疲れると表現します）、冷めてからオイルポットに入れて保管します。

疲れてしまった場合、まだ油が熱いうちに凝固剤を入れて固めます。冷めて固まったら、スパチュラなどで端っこを持ち上げると、するっとすべてきれいに剝《は》がれます（このためにも揚げもの用の鍋はフッ素樹脂加工のものを推奨しています）。ビニール袋に入れて捨てます。注意点は、このあといきなり、鍋に残っている油の固まりをスポンジで洗わないこと。食器用洗剤で泡立てていたとしても、凝固した油がスポンジにこびりついてしまいます。いちどこうなると、熱湯をかけても、再度洗剤でごしごししても、完全には元に戻らず、べたっとしたままです。

揚げもの用の鍋の洗い方の正解は、使用後の鍋を弱火で加熱して、凝固していた油が溶けたら、たわしを用いながら流水で洗い落とす、です。そのあと、仕上げとして、洗剤付きのスポンジを用います。

ちなみに、焼きものをしたあとのフライパンも、残ったソースや脂《あぶら》などが固まる前に、流水の下で、ささっとたわしで洗い落とすと簡単です（ただしフッ素樹脂のものは急冷すると劣化するので注意）。ものの二十秒ほどの手間ですので、習慣化するとよいです。油汚れがついたまま放置して固まらせると、それを落とすのが億劫《おっくう》になります。

つぎに春巻きを揚げます。同じく、例として、牡蠣を用いた、牡蠣の春巻きを作ります。有元葉子さんのレシピを参考にしています（『有元葉子の揚げもの』98頁）。

牡蠣の春巻き

一、牡蠣を洗う（先に示したのと同様です）。
二、塩少々を加えた熱湯で10秒ほど茹《ゆ》でて取り出し、ペーパータオルではさんで水気をとっておく。こうすると、揚げるときに水が出て皮が破れない。
三、牡蠣一個を春巻きの皮一枚で包む。
四、160〜170℃でパリッと揚げる。
五、皿に盛り、ねぎの白い部分の千切りをさらしてたっぷり添える。しょうゆ、練り辛子を添える。鎮江香酢《ちんこうこうす》も合う。

春巻きがおいしいのにはいくつか理由があります。すでに述べたように、皮の内部を蒸し上げて香気を閉じ込めるから、というのがその一つ。二つ目の理由は、素材によって皮がおいしくなるからです。素材から出た液体がほどよく皮に染み、また、その皮は外側から高温の油で加熱されてクリスピーになってゆくから、どの春巻きの皮もそれぞれ素材ごとに異なる味わいを持ちます。この場合、牡蠣風味の皮になるわけです。

牡蠣のほかにも、このタイプの春巻きはいろいろと作れます。牡蠣はそれ単体で完璧に味がまとまっていますが、魚がメインの場合は野菜と組み合わせるといいです。たとえば、**白身魚ときゃべつの春巻き**。さっと茹でたきゃべつを小さく切り、一口大にした魚の切り身に添えて、春巻きの皮で巻きます。魚の代わりに**はんぺん**でもおいしくできます。はんぺんときゃべつの春巻きです。はんぺんをつぶして、茹でたきゃべつの細切れと混ぜ、皮で包んで揚げます。

牡蠣を春巻きの皮で包む

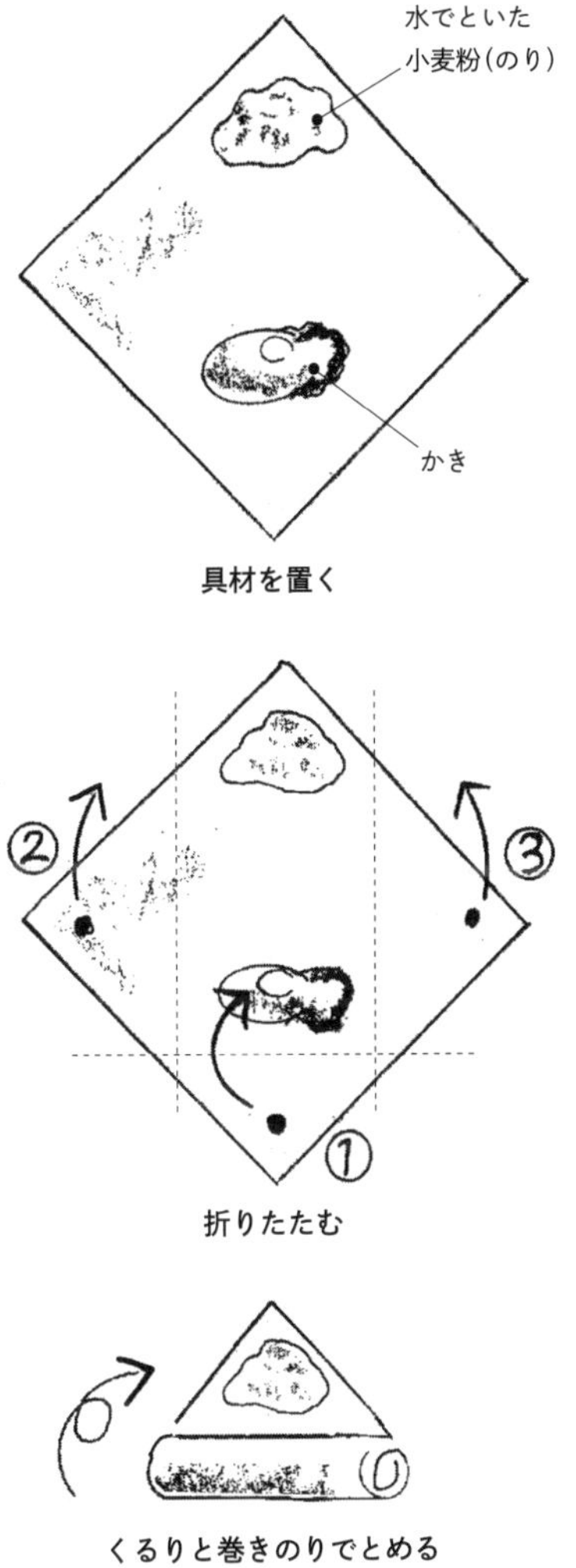

具材を置く

折りたたむ
くるりと巻きのりでとめる

麦いかのフリット

私の好きな揚げものに、麦いかのフリットがあるのでその作り方も述べます。旬は春。これもある種の包み揚げといっていえないことはありません。麦いかの肝《きも》は甘くてほろ苦く、感動的な味わいですが、この肝を含んだ内臓を丸ごと、身で包んで揚げるということです。麦いかはするめいかの子ども。するめいかは味が濃厚ですが、加熱するとすぐに固くなるという欠点があります。しかし、麦いかは加熱してもやわらかいままで、味わいもじんわりと穏やかな甘みです。安価ながら使い勝手のよい食材です（煮てもおいしいです）。小田原の魚料理の名店イルマーレのオーナーシェフである依田隆さんの著書を参考にしています（『スゴイ魚料理』16頁）。

麦いかのフリット

一、春に、麦いかが店頭に並んだら購入する。
二、麦いかの下処理をする。魚の骨抜き（またはピンセット）で、墨袋と軟甲を取り除き、胃袋の内容物も掃除する（いわしのうろこなどが入っている可能性があるので）。
三、フリット生地を作る（水２５０ml＋溶き卵半個分＋小麦粉２５０ml）。
四、揚げもの鍋を火にかけ、２００℃まで上げる。

麦いかの下処理

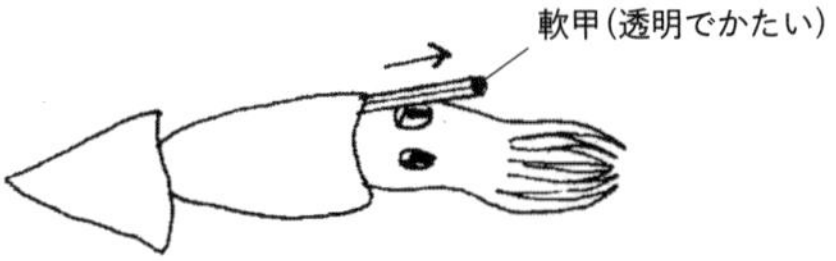

① ピンセットで軟甲をひっぱる

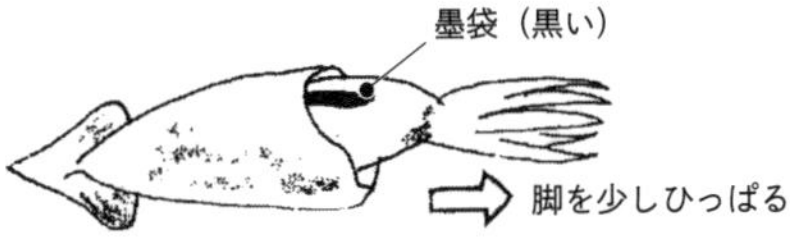

② 裏返し、墨袋をピンセットで
やさしく引き剝がす。

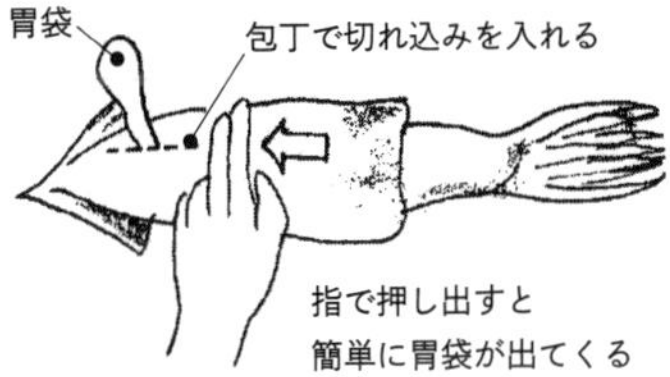

③ 胃袋を取る

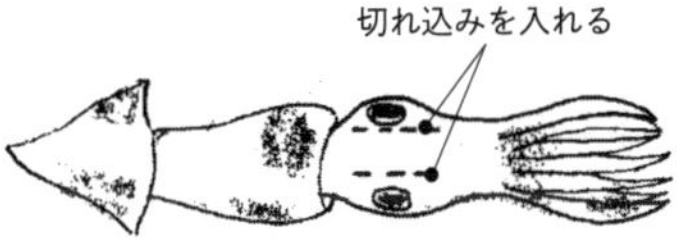

④ 目玉の横に切れ込みを入れ
指で目玉を取り出す

⑤ 流水で洗い、キッチン
ペーパーを敷いたバッ
トに並べておく

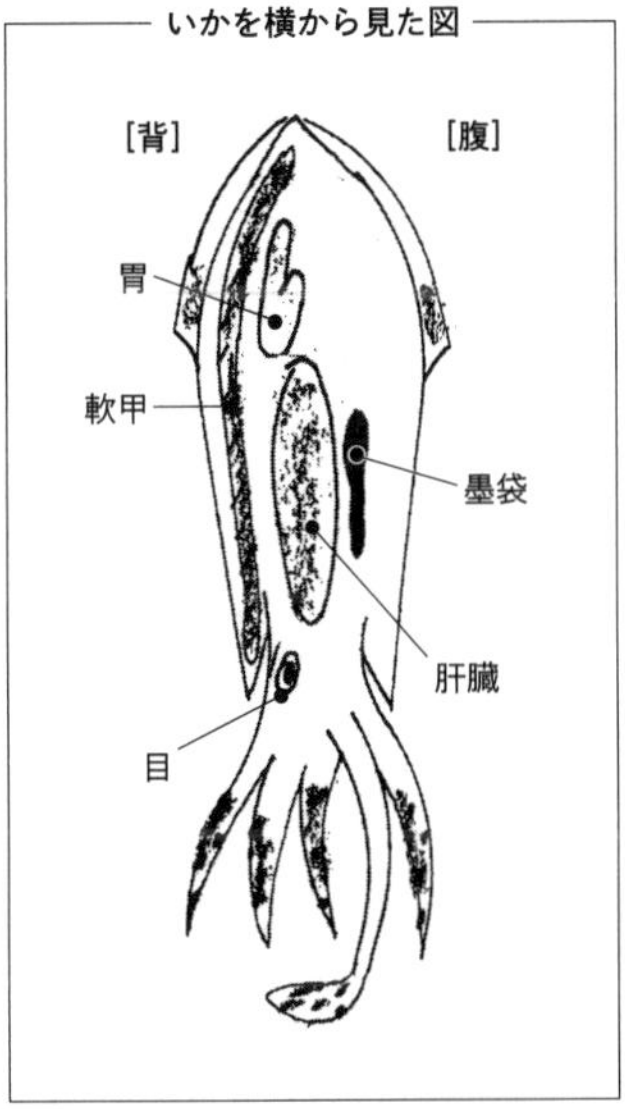

五、いかにまず小麦粉をまぶし、つぎにフリット生地にくぐらせてから揚げもの鍋に入れ、30秒経ったら裏返し、さらに30秒、両面がクリスピーになるまで揚げる。一匹ずつ揚げること。

六、胴体を上下半分に切断して皿に置き、塩とイタリアンパセリ、あればグレイターでレモンの皮を削ってまぶす。

胴体を切ったとき、中から、ちょうどよく加熱された肝がとろりと溶け出したら成功。これをソースにすることで、いかのやわらかな身、クリスピーなフリット生地がものすごくおいしくなります。下処理にやや手間がかかりますが、素材を丸ごと衣で揚げるだけの料理です。

包丁の使い方にどう慣れるか

つぎに「切る」ことについて述べます。

包丁で切るのは、これまで紹介してきた料理の前提ですし、どう切るか、という解説はせずにきました。しかし、「感動∨面倒」の等式を維持するためには、包丁仕事にまつわる面倒をどのように軽減するかは大事です。

いまさらですが、「切る」。最初は怖いですよね。右利きの方は、左手を切りそうなかんじがしてしまいます。慣れないうちは何を切るにも時間がかかります。ただ、それがどういうわけか、やがて怖くなくなります。時間もかからなくなります。やがて慣れるからです。「やがて慣れる」。このマジックワードを、ぜひ積極的に使ってほしいと思います。怖くて面倒なことにも、ひとは慣れます。慣れることにはしみじみとした感動が伴います。あ、いま自分は包丁でタンタンタンとリズミカルに食材を切っている！と気づくときが必ず来ます。そのことで開ける地平があったなあ……とやがて思えるようになるものです。

では、慣れるというとき、何が起きているのでしょうか。この慣れるプロセスを自分自身で観察し、吟味し、楽しめれば、しめたものです。料理学習は容易に軌道に乗るでしょう。

慣れる以前、包丁を扱うときは、作業そのものに意識の大部分が費やされているものです。「包丁を（利き手が右手ならば）右手でこう握り……こんな加減で力を入れ……バランスをとり……左手で食材をこんなふうに押さえ……指を切らないようにやや丸めて第一関節にそわせる……包丁は真下に圧するのではなく……押すか引くかするときに切れるからそうする……つぎに食材を押さえるほうの左手を少しスライドさせ……もういちど包丁を動かす……」。一個一個の動作を、べつべつに、いちいち頭で考え、司令し、コントロールしようとしている状態です。右手と左手もまだ連動していません、バラバラです。だから怖い。右手で左手を切ってしまわぬよう、たえず警戒が必要です。

ところが慣れてしまえば、このすべてが「タンタンタンタン……」にぎゅっと縮約《しゅくやく》されます。一つの「タン」が、いま述べたすべての動作を含んでいます。しかもそこに含まれる各動作はすべて一連のものとして有機的につながっています。もはや意識は、包丁にも食材にもほどんど向いていません。何かがずれたときだけ、ふっと意識が目覚めて、調整し直しをする程度。自動的になっているのです。

体が自動的に動くとき、意識は、ほかのことを考えられます。この食材を切ったあと、つぎはこうして、ああして、という調理全体の流れを俯瞰的な視点から、考えることができます。「タンタンタン」のあとに、「サッサッ」とやって、「ジャーッ」で完成だな、というように。

ここで起きているのは身体所作の「縮約」と「自動化」です。ひとつながりにまとまって、体が勝手にしてくれるようになる。こうして面倒は面倒でなくなります。エスカレーターに乗れば勝手に上の階に行くように、切る作業は勝手に終わっている、というようなものです。

「切る」については、これが最も重要です。「やがて慣れる」と信じること。そうすれば、それぞれの動きは、遅かれ早かれ個別撃破できます。千切り、輪切り、そぎ切り、等々、いろいろな種類があるといえばありますが、最大のコツは、何度も繰り返し、慣れること自体をおもしろがることです。近くに上手な方がいれば、とてもラッキーなことなので、直接見せてもらってください。いなければ、現在はとても便利な時代になっていて、YouTubeなどで無数の有益なレクチャー動画を視聴することができます。正しいフォームも確認してください。

包丁仕事の上手な方、それこそ本職の方がたは、この縮約と自動化が高度に達成されています。だから複雑なプロセスを並行して淀《よど》みなくこなせるのです。自炊においては、高度な方と、ほどほどの方とがいます。スポーツと同じで個人差があります。ほどほどで問題ありません。そういう私も、ほどほどだと自覚しています。「感動＞面倒」を維持する程度であればよいのです。それを唯一のクリアすべき目標としてください。個人的には、もう一つ、ビールを飲み、音楽を聞きながら包丁作業ができるところまで行けばじゅうぶんに幸福だと思います。

フォームについて最低限のことを述べておきます。よく、包丁を持つのと反対の手は猫の手のかたちに、といいますが、これはむかしの常識です。ゆうれいのようにだらりと力を抜いて気持ち丸まった手、というほうがより近いでしょう。この手の人差し指と中指の第一関節に包丁をそわせるようにして、右手ではタンタンタンと切りながら、同時に、素材を上からふわりと押さえつつ、左へスライドさせてゆく。そうするとリズミカルに切ってゆけます。猫の手にすると、左へスライドさせにくいということです。

作業の進行を直感的にイメージできるようになる

さて、これで「蒸す」、「焼く」、「揚げる」、「切る」と、自炊における基本動作のポイントを一応はすべてたどり終えました。「やがて慣れる」と信じることが大事なのは、「切る」だけでなく、ほかのすべての動作についても同様です。慣れれば、意識せずとも、さくさくと同じ動

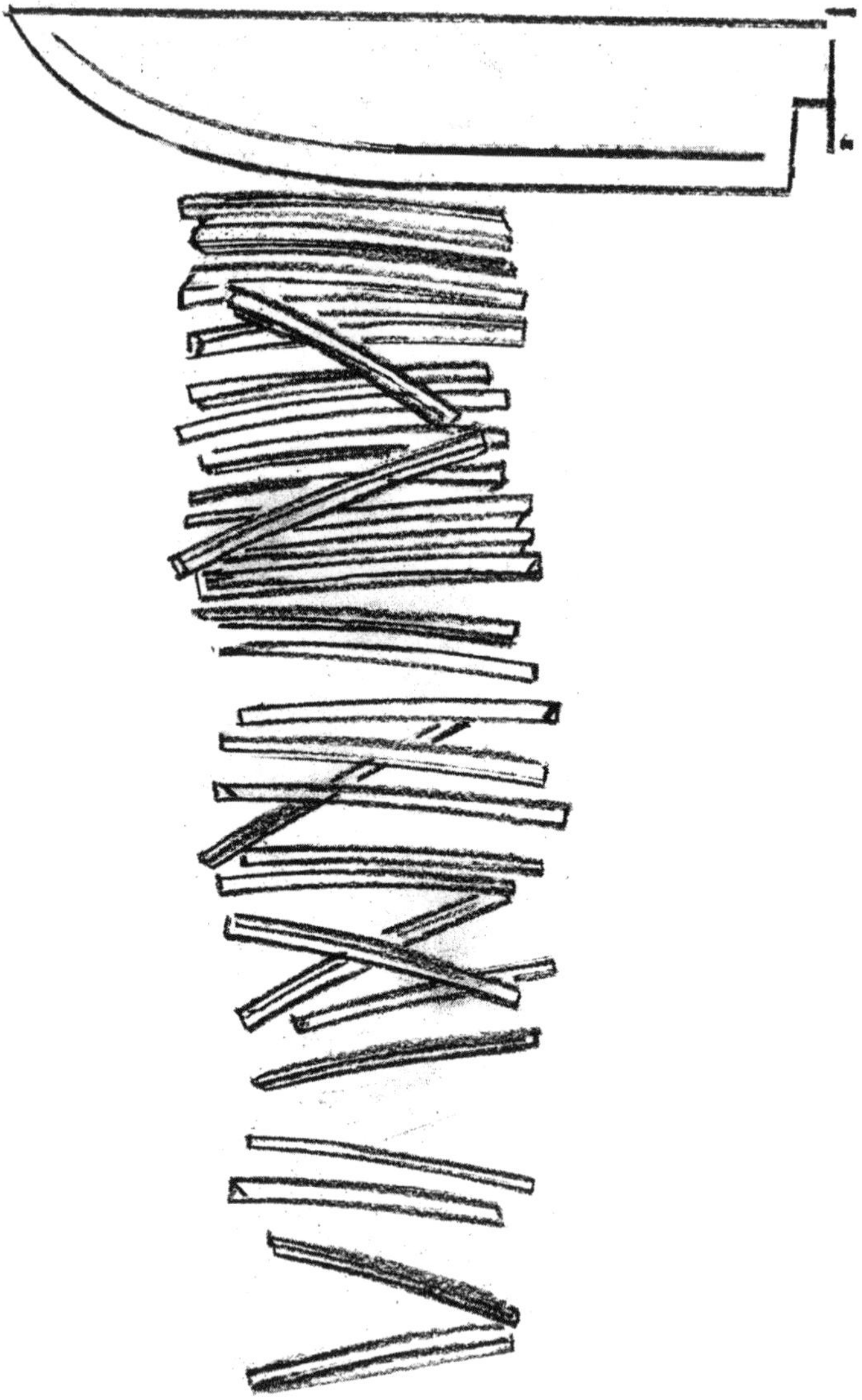

作が再生されるようになります。「十」の意識を傾けなければならなかった作業が、やがて「一」でよくなってゆきます。あらゆる作業にそんな具合にして慣れたあとは、単純にいって、元の十倍の作業の進め方を直感的にイメージすることができるようになります。

「ごはんを炊いて」、「みそ汁を作って」、「きゃべつの千切りを作って」、「牡蠣フライを揚げる」。慣れていれば、はい、ああやって、こうやって、つぎ、さっさっとやって、ザクザク、ジュワーね、とその全行程を、体の感覚とともに見通せます。

ここまで来ると、いろいろといいことづくめです。とくにすばらしい効用として、レシピ本をすっと読めるようになることを挙げたいと思います。もちろん、レシピ本の文章をたどることは誰にでもできるのですが、体感を伴った読み方ができるということです。たとえるならば、楽器演奏者が、楽譜を読むようなかんじになる。演奏者は、音符の列を目でたどるとき、もうすでに音が頭の中で鳴っていることでしょう。それと同様、レシピ本を読むとき、包丁をどう動かすのか、そのときまな板からどんな音がして、どんな香気が引き出されるか、おおよそを予感できるようになります。そうすると、料理本を読むだけで楽しいですし、ではやってみようか、と身軽に作りたくなるようになります。

11 動線と片付け

片付けの意義

先週までで、「蒸す」「焼く」「煮る」「揚げる」「切る」などの基本動作を一通り概観しました。今回はそれらを踏まえつつ、台所仕事における「動線」、および、片付けについて述べます。そのあとで、揃えたいキッチンツールのリストを挙げたいと思います。

まずは片付けから。面倒なことを人間は無意識に遠ざけます。片付いていない状態で料理をすると、確実に面倒が増え、やりたくなくなります。自炊を無理なくつづけるためには、片付けが必須です。

片付けは、簡単なことでしょうか。むずかしいことでしょうか。もちろん、むずかしいことです。片付けの専門家が世界的スターになるのですから、推《お》して知るべしです。また、台所以外の場所ならば、先生やカウンセラーの力を借りて断捨離《だんしゃり》を成功させることもありうるかもしれませんが、台所の場合、各自のやり方で日々使うところなので、おおもとの習慣を変えないかぎり、すぐ元の状態に戻ってしまうでしょう。

習慣は自分で変えなければなりません。片付けよ、といってくる相手のことを「小姑《こじゅうと》じみた」といいますよね。自分のやり方、自分のペースでやりたいのに干渉してきて腹立たしい、という気持ちになるものです。他人に強要されてやっている、と感じるうちは、本当の意味で片付けができたことにはなりません。片付けの意義を根本から理解し、進んでやるようになること、さらにいえば、やりたくなるようになることが大事です。

さて、台所における片付けの意義とは何でしょうか。

できるだけ簡潔にポイントを述べます。目的は「スムースな動線を確保すること」です。そのために不必要なもの、妨げになるものを取り除く手段が「片付け」です。

「スムースな動線」とは何か。前回の「揚げる」でその一例をくわしく見ました。バットを三つ取り出して並べ、小麦粉、卵、パン粉を入れ、食材をそれらに順番にくぐらせて、揚げもの鍋で揚げる……こんな具合です。動作が決まっていて、手を伸ばせば取り出すべきものがいつもの場所にあり、そこが余計なものでふさがっていない。こうしてスムースにつながる一連の動きのラインが「動線」です。

動線はどのようにできるのでしょう。繰り返しによってです。雨が降るたびに同じ場所を水が通り、やがて川床が形成されて、川、ないし水路になるのと同じです。同じ動作を繰り返しているうち、台所の中に、動線ができてゆきます。やっているうちに微妙に修正されながら、だんだんと最も効率的な線になることでしょう。

動線にそって、一連の動作がほとんど何も考える必要さえなく、再生されるようになります。面倒はこのとき体感値でゼロになっています。ただし、線をふさぐものがなければ、です。それゆえ、いちど動線ができていれば、その障害になりそうなものはただちに片付けたくなります。作業が終わったあとは、すべてを元の位置に戻したくなることでしょう。料理がすべて終わったあとは、毎回、最初の状態に復帰させるということです。

フライパンでの焼きものも同様、蒸しものも同様、包丁仕事についても同様です。どの仕事にもある決まった流れがあり、その流れをサポートするよう、道具が適切な場所にスタンバイしている。そのときキッチンは、いわば、たくさんの水路を備えていることになります。動きの水路、動きの流れの水路です。

こうした水路ができるのには、少し時間を要するでしょう。一朝一夕で考案できる性質のものではないからです。とはいえ、数ヶ月もあればじゅうぶん様になってくると思います。「揚げる」「煮る」「切る」等に加えて、配膳、食器の上げ下げ、食器洗いなどのあらゆる台所仕事を繰り返すうちにだんだんと最適化され、整ってゆくとイメージしてください。

台所のうつくしさ

みなさんは、自分の家以外で、完璧に配置され、完璧に片付いた台所を見たことはありますでしょうか。そのような場所には、凛《りん》としたうつくしさが感じられるはずです。そういう台所と、たとえば、新築であるためにまだ動線が確立されておらず、最初から最後までずっと片付きっぱなしなだけの台所は、似ているようでいて、まったくの別物です。日々使われているほうの台所には、たくさんの動きが組み込まれています。何度も繰り返され、磨き抜かれた動きです。そのような台所は、誰も使っていないときであっても、動きの気配がするものです。それはつまり暮らしの気配でもあります。この気配があるからこそ、台所はしみじみうつくしい場所なのだと思います。この世界で最もうつくしい場所の一つというかんじすらします。私は、祖母と母が日々の生活によって作り上げたうつくしい台所の記憶を持っていて、いまもお手本にしています。

本や映画の中で出会った別のモデルに影響されて、作り変えたところも多々あります。キッチンは可塑《かそ》的です（かたちを変える余地があります）。ある程度は一定不変であることが望ましいですが、カスタマイズする楽しさにも開かれています。新しい調理法を学んだら、台所はまた少し気配を変えるでしょう。そう考えると、とてもわくわくしませんか。

プライムスペース

などとはいうものの、かつての自分を振り返ってみれば、まったく整っていないキッチンで作業していた時期もかなり長くつづいていたことが思い出されます。台所が乱雑なまま料理を始めることもよくありました。これは望ましいことではありません。意識して考えなければならないことの量が爆発的に増えてしまうからです。繰り返しますが、考えるまでもなく同じ動作が再生される、そのような水路づけがなされてはじめて、台所仕事は面倒でなくなります。

置くべきものが最適な場所にセットされるというとき、最適な場所とは、一般にどういう場所か、もう少し説明いたします。

こんなたとえ話をするのがわかりやすいでしょう。テレビにはプライムタイムと呼ばれる放映時間帯がありますよね。人目に触れるチャンスが最も多く、それゆえ、広告費を最も稼《かせ》げる時間帯です。そういうところには、視聴率の期待できる、とっておきの番組が置かれます。マニア向けの渋い番組を放映することはありえません。台所もそれと同様です。

使用頻度の高いものほど、手元近くに置く。手元というのは、台所作業の定位置であるまな板の前、そして、ガスコンロの前に立ったときの手元ということです（この二つはほとんどの場合、隣接していると思います）。ここからすぐ手の届く位置が、いわばプライムスペースです。ここがきわめて重要なので、変なものを置いたり、障害物でふさいでは絶対にいけません。お気に入りの人形をずらりと並べている友人がいますが、私は見なかったことにしています（動線の重要性をいまだ自主的に理解していない方に何をいっても小姑じみて聞こえるでしょうから、いいたい気持ちがわき上がって困らないよう、目を伏せるほかありませんでした）。プライムスペースには最も使用頻度の高いものを置き、キッチンの定位置から遠ざかるにつれて使用頻度の低いものを置く。これが基本です。

スローライフを志向する方にも、「動線の確立」および「道具の配置」に関してだけは、最大限の効率主義者になっていただきたいと思います。スローに生きるためにこそ、こういうところで躓《つまず》いてはいけないのです。キッチンがじゅうぶんに広くない、という悩みを持つ方もいらっしゃることでしょう。それはしかたのないことなので、その分、プライムスペースの使い方に対してシビアになってください。ちなみに私が手狭なアパートで一人暮らしをしていたときは、壁一面にS字フックがつけられるよう工夫して、フライパンや調理器具のたぐいをすべて吊り下げるという解決法を取っていました。あらゆるものをディスプレイしてしまう、という考え方です。

揃えるべきキッチンツール

それではここから、どんな道具を揃えるべきかのリストを挙げてゆきます。ごく一般的なことですので、すでにクリアしている方はつぎの単元に進んでくださって結構です。道具選びのポイントについても簡潔に示します。使用頻度がとても高く、取り出したいときすぐ手の届くところにないと困るものは★★★。使用頻度がそこそこ高く、取り出しと収納がしやすい場所に置きたいものが★★。料理開始時にゆっくり取り出しておきさえすればよいものは★、奥のほうにしまっておいてよいものは、★なし、というように星の数をつけています。

まな板まわりと包丁

・**まな板**　★★　大小、それぞれ一つずつあるとよいでしょう。小さいほうは機動性重視。ちなみに私はシリコン製で食洗機にも入れられるサイズのものを使っています（約30センチ×20センチ）。まな板スタンドも買ってください。

・**まな板用のふきん**　★★　肉類を切ったあとは有害菌が付着している可能性があるので、まな板をシンクでいちど洗ってリセットする必要があります。においや脂《あぶら》がついた場合も。それ以外は、固く絞ったふきんでさっと拭《ふ》きます。同時に包丁も拭きます。タンタンタンと切ってさっと拭く。これが習慣化すると作業は快適に進みます。

・**バット**　★★　包丁で切ったものは、一時的にバットへ入れます。切った素材をバットの上にディスプレイしていると、作業手順が視覚的に把握しやすくなります。揚げもののときは三つ並べる、でしたね。そうすると、もうすでに揚がったような気持ちにすらなります。揚げものセットにも使う中サイズ三つに加えて、大サイズが二つあるとよいでしょう。

・**ボウルとザル**　★★★　ぴたっと組み合わせて使えるボウルとザルのセットが、大・中・小、それぞれ三セットあると快適に調理の下ごしらえができます。米を研《と》ぐときも便利です。

・**包丁　★★★**　ステンレスのよく切れる万能包丁をまず一つ購入します。包丁には、ステンレスタイプのほか、日本の伝統的な鋼《はがね》性の包丁があります。菜切り包丁、出刃《でば》包丁、柳刃《やなぎば》包丁は一生物ですので、どこかで揃えたいです。鋼に特有の柔軟性があるためとても研ぎやすいです。愛着もわいてきます。ただし、濡れたままだと錆《さ》びるので、水分を拭《ぬぐ》う習慣をつけること。

・**ペティナイフ　★★★**　さっと出せてさっとしまえる機動性の高い道具は、面倒を軽減します。フルーツをカットしたり、何にでも手軽に使えます。

・**包丁研ぎ**　包丁は研がないと、刃先の角度が丸まり、細かな傷もつき、切れなくなってきます。研ぐと楽しいです。粗さが二種類、表裏で中研ぎ用と仕上げ研ぎ用のあるタイプが便利です。

・**包丁スタンド　★★★**　包丁をすべて収納し、さっと取り出せる場所に置くスタンドが必要です。シンクの近くに扉式の収納があれば、扉の裏側にぴったり付けられるタイプが便利です。

・**皮むき器、キッチンバサミ、スクレイパー　★★★**　スクレイパーは食材の下にさっとすべらせて、フライパンに入れる用途にも便利です。

・**大根おろし器、グレイター、泡立て器　★★**　大根おろしは美味ですので、ちょっとしたエクササイズだと思って気軽におろしましょう。グレイターはレモンの皮やチーズをすりおろす器具。

フライパンと鍋

すでに「蒸す」「焼く」「煮る」「揚げる」でも触れていますが、まとめます。

・**フライパン**　★★　最初に買うのはフッ素樹脂加工のもの。つぎに買うのは鉄製。二つあるとよいでしょう。

・**フライ返し**　★★★　テフロンのフライパン用には、傷つかない耐熱シリコン製を使います。鉄のフライパン用には、金属製でなおかつしなるタイプのものが、食材の下にすべりこませやすいので便利です。

・**菜箸、木べら**　★★★　菜箸は曲がらず、つまみやすいものを選びます。

・**スパチュラ（ゴムべら）**　★★★　弾力があるシリコン製のへらがあると、フライパンのソースや、ボウルに入ったたれなどを無駄なく移し替えられます。

・**杓子、網杓子、あく取り**　★★★　あく取りは、網杓子より網目の細かいものを使います。

・**マッシャー**　★　やわらかくなった食材を潰《つぶ》します。鍋の中のトマトもこれで潰します。

・**鍋**　★★　小・中・大の三つあるとよいです。目盛り付きの鍋も便利です。

・**蒸し器**　★　よく実家に死蔵してあるので、探ってみてください。

・**ハンドミキサー**　★★　ポタージュ作りに必須。

・**揚げもの鍋**　★　油はね防止のネットがついていると便利です。

・**オイルポット**　揚げものに使用したあとの油の、一時保管用です。

・**やかん　★★**　底面が広いと早く沸きます。
・**カセットコンロ**　住居にコンロが一つしか備え付けられていない場合は、増設する必要があります。カセットコンロを購入すれば増やせます（コンロは冬の鍋物にも使えます）。カセットはしょっちゅうなくなりますので、箱買いしておくと、慌《あわ》てて買いにゆくことがなくなります。コンセントで電源を取るタイプのＩＨコンロを買うのでもよいでしょう。

メジャー、計りなど
・**キッチンスケール　★★★**　塩などの量を測ります。コンマ1g単位で測れるタイプを。
・**メジャー　★★★**　大さじ、小さじ、のセットです。重さでなく量（容積）なので注意。さじの部分は浅いタイプより深いタイプを。本書で同量と書くときは容積のことです。
・**計量カップ　★★★**　２００mlサイズに加えて、５００mlサイズもあると便利です。

調理家電
・**オーブントースター**　発酵用途で使えるので、低温度帯に設定できるものを選びます。
・**電子レンジ**　電子レンジが得意な用途としては、ごはんの再加熱、オートミールの調理、バターの分離（澄ましバターをとる）などがあります。もちろん冷凍食品の加熱・解凍にも用います。子どもの弁当作りが大幅に楽になります。

保存容器など

・**タッパー、保存袋　★**　中サイズと大サイズを多めに買い揃え、重ねて収納します。ごはん一人前がちょうど入るサイズのものも便利です。炊飯して食べ切ることのできなかった分をこれで冷凍します。中・大サイズのジップロックも併用します。

掃除用具

・**ふきん　★★**　まな板用のふきんについてはすでに述べましたが、ふきんは他のあらゆる局面で非常に重要です。まな板用のほかに、濡れた食器を拭く用の乾いたふきん。台ぶきん。これら三つの用途に分かれます。それぞれ区別し、べつべつに、取り出しやすい場所に収納すること。使ったら毎日洗濯機で洗い、口に入れても汚くないぐらいの清潔さを維持してください。清潔なふきんでテーブルを拭けば、西洋の習慣のようにパンを置いてもかまいません。汚れやにおいが強くついたときは除菌漂白剤に浸けます。うつくしいふきんを使うと心地よいです。奮発して良品を買うべきもののリストの上位に置いてください。私は定番の「わたふ」ふきんを愛用しています。

・**キッチンスポンジ　★★★**　手に馴染んで使いやすいものを探してください。

・**たわし　★★★**　網の目につまった汚れ、フライパンにべったりついた油汚れは、キッチンスポンジではなく、たわしでまずこすり取ります。スポンジだと吸収してしまうので。たわし自体に汚れがこびりついたら、洗剤をつけて、シンクの流しの縁など、エッジの立ったところでごしごしこすり落とします。晴れた日に天日干しするか、薄めた除菌漂白剤に浸けて殺菌します。

・洗剤　★★★　無香料のものを使うとよいです。洗ったあとのうつわににおいが残ることはありませんが、洗ったあとの手に残ります。すばらしい風味の料理を、洗剤のにおいの手で食べるのは残念です。

・三角コーナー　洗いやすいパンチ穴タイプをおすすめします。ぬるぬるの状態になるまで放置すると洗いたくなくなるので、菌が繁殖するまえの清潔なうち、こまめに洗う習慣をつけましょう。シンク全体も清潔に保ちます。シンクマットを置くと、シンクマット全体も洗わなければならなくなります。表面積を増やさないことは、何を置いて何を置かないかを決めるうえでの原則です。なんとかシート、カバー、マットを置く必要があるか、見直してみてください。ないほうが、清潔に保つべき表面積はまちがいなく減ります。

また、掃除全般についての注意を一つ。衛生的であるのは前提として、さらに、チリ一つない状態を目指すべきでしょうか。大事なのは程度です。本当にチリ一つない状態だと、一つのチリも目立ちます。また逆に、人間は乱雑な状態にも慣れて平気になります。両方の行きすぎに陥ることなく、適度に清潔な落とし所を探るのが大人の態度です。

基本のその先の便利な器具

自炊の面倒を軽減するための、ほかの便利な器具について述べます。すぐに購入しないのだとしても、やがて導入する候補リストに入れる価値があります。

- **食器洗浄乾燥機**　これで減らせる面倒はやはり大きいです。節水にもなります。
- **生ゴミ処理機**　生ゴミを密閉空間で加熱・乾燥するタイプが便利です。
- **圧力鍋**　生活に玄米を導入できます。圧力鍋で炊くともちもちでおいしいです。
- **真空パック機**　食材を酸化させることなく長期保存するために使います。
- **自動コーヒーミル**　かつては私も手動で挽《ひ》いていましたが、自動にして、朝の準備が格段に楽になりました。ちなみに「みるっこ」です。

以上のほか、魚料理などの特殊な用途の道具については、そのつどあらためて取り上げます。

キッチンは風味の通路

だんだんでよいので、基本のツールから揃えていくと、台所仕事は快適になってゆきます。

そして、いろいろなことがぱっとできるイメージが持てます。自分なりのやり方で配置が決まったキッチンの定位置に立ってみてください。正面にはまな板。その上には包丁。包丁用のふきんが固く絞って添えられています。切ったものを移せるバットがあり、加熱用の道具の位置もすべて把握しています。よし、なんでもできる、という気持ちになりませんか。なんでも、といったらいいすぎかもしれませんが、かなりのことができる、と思えるのではないでしょうか。見通しが明るく開けているようなかんじです。

本書の第三週では、自炊者のことを、風味を操るひと＝エアベンダーである、と表現してみました。このことは、いま、より具体的に理解していただけると思います。キッチンは、風味の通り道です。外からいろいろな食材とともに風味が入ってきます。これらの風味は、蒸す、焼く、煮る、揚げる等の方法で、増幅され、立ちのぼらせることができます。残った不可食部は廃棄し、望ましくないにおいは排出・遮断します。こんなふうに、風味の流れを操るためのさまざまな通路を備えた場がキッチンです。ある意味では、キッチンは呼吸をしています。作業に慣れれば、そのことが体感としてわかります。

今週の課題は配置の確認です。プライムスペースに使用頻度の高いものだけが置かれていますか。動線を妨げているものはありませんか。チェックしてください。

12

カイロモン

風味は誘惑の信号である

今週はふたたび「風味の魅力」とは何かという話に戻ります。

再度述べますが、自炊においては、二つのことが必要です。一つは、面倒を面倒でなくするための工夫。先週、重点を置いたのはこれです。もう一つは、ささやかでも感動があること。そのために風味の魅力を取り入れてゆくことです。この二つが両輪のように機能すると、自炊のシステムづくりは無理なく進んでゆきます。包丁仕事であれ、揚げものであれ、風味に誘われるがままに、廻《まわ》ってゆくのが理想です。

さて、風味はそもそもなぜ魅力的なのでしょうか。この根本を掘り下げたいと思います。

生物にとって、においは誘惑の信号です。

あらゆるにおいがそうであるというわけではありませんが、自然環境における多くのにおいは、誘惑の信号として生まれました。最もわかりやすいのは、ミツバチを誘惑する花のにおいです。植物はみずから動くことができませんので、におい分子を放出して昆虫を誘惑し、受粉を媒介させます。そのようにして生殖し、生き残ってきました。これが魅力的なにおいの存在理由です。

花のにおいがかくも多様なのはどうしてか、ということも、このことと関わります。ある植物種が生殖を成功させるために最も都合がよいのは、ある特定の種類の昆虫だけが独占的にその花へとやってくることです。混線が起こらないようにということです。ミツバチが花でつけた花粉がまた別の花に立ち寄るときに上書きされたり、落ちてしまうようでは、生存競争に勝ち残れない。それゆえ、花は自分だけのにおいを出して、そのにおいだけを好む昆虫を招き寄せます。「お抱え運転手」にする、と表現されることもあります（松井健二、高林純示、東原和成編著『生きものたちをつなぐ「かおり」——エコロジカルボラタイルズ』6〜7頁）。そういう意図を花が持っているということではなく、気の遠くなるような数のトライアルアンドエラーが繰り返された自然淘汰《とうた》の結果として、自分固有のにおいを持ち、ということは、個性的な誘惑の力を持った花たちが生き残ってきたということです。全体としては、花をつける被子植物が誕生してから約一億年かけて、こんにち見られるようなにおいの驚異的な多様性が実現します。

カイロモンは他種を誘惑するにおい

では、ミツバチならぬ人間にとって花のにおいが好ましいのはどうしてでしょうか。花は、人間を誘惑するためにあれらのにおいを放出しているわけではありません。基礎的な生化学的組成を共有している部分はあるにせよ、人間が惹かれるのは偶然、あるいは誤配です。人間にとってあらがいがたい誘惑に感じられるレンジのにおいを、多種多様な花のにおいのいくつかが、たまたま持っている。それゆえ、花による誘惑の信号のいくつかは、人間にも作用してしまった。それゆえ、花とミチバチの場合とも似た、人間と花の共生が成立する。こうして私たちは庭に花を植え、あるいは農園で栽培して商品として売る。花だけでなく、果実の持つ風味の場合も同様です。

植物間、あるいは植物と昆虫、植物と動物のあいだの誘惑の信号として生じたにおい物質が、人間を惹きつけることを指して、「立ち聞き」とか「傍受《ぼうじゅ》」と表現することがあります。森林浴は、木々の香気を浴びにゆく行為ですが、これは、森の生態系のなかで植物たちのあいだを行き来する、におい物質によるコミュニケーションの「立ち聞き」です。森の植物は人間を癒《い》やすためにあれら芳香物質を放出しているわけではないですが、そのように流用することができる。そこに森林浴という文化が生まれ、ひとと森の共生のあり方ができたりもする。

異種間で起こる、誘惑の信号の「傍受」の例として有名なものにトリュフがあります。フランスやイタリア料理で用いるトリュフには独特の芳香がありますが、雄豚が雌豚を誘惑するフェロモンと同成分が含まれているそうです。したがって、誘惑されるがままにそれに突進する雌豚のあとについてゆけばトリュフを収穫できるのです。トリュフは、やはりその固有のにおいによって価値を持ち、蠱惑《こわく》的と表現されます。

同じ生物種を誘惑するにおいをフェロモンと呼びます。ほかの生物種を誘惑するケースでは、カイロモンと呼びます。トリュフは、豚と人間を誘惑しますので、その意味ではカイロモンです。トリュフだけではありません。非常に多くの食材は、カイロモンとして（誘惑の信号の「傍受」として）人間に作用しているといえます。異種間でたまたま作用が交差してしまう誘惑の信号であるがゆえに、それらにおいは魅力的です。

においとの遭遇が変容の契機になりうるのはそのためです。他種が発する誘惑の信号にすすんで身を任せること。誘惑に屈すること。その結果、他種の生殖や再生産に積極的に手を貸すことになり、共生の新しい道が開かれることもあるでしょう。環境が変化し、自己も変化します。においを受け入れることの、それが根源的な意味です。

変化それ自体がよろこび

においの魅惑によって自分が変容すること。共生のかたちが変わること。さまざまな風味と出会い、学び、親しみながら「料理を覚えること」のコアをこのように定義できます。誘惑に身を委《ゆだ》ねるという点で、これはよろこび以外ではありません。

やや抽象度が高くなってしまいましたが、ここまでの話は、社会学者の真木悠介《まきゆうすけ》（見田宗介《みたむねすけ》の別名義）が『自我の起原』で展開している「においの魅惑」の分析から学び、それにもとづいていています。以下に、真木による要約的なくだりを引用します。においの魅惑についてなされた最も根源的な思考の一つだと思います。

> （…）個体が個体にはたらきかける仕方の究極は誘惑である。他者に歓びを与えることである。われわれの経験することのできる生の歓喜は、性であれ、子供の「かわいさ」であれ、花の彩色、森の喧噪に包囲されてあることであれ、いつも他者から〈作用されてあること〉の歓びである。つまり何ほどかは主体でなくなり、何ほどかは自己でなくなることである。（…）森や草原やコミューンや都市の空間でわれわれの身体が体験しているあの形状することのできない泡立ちは、同種や異種のフェロモンやアロモンやカイロモンたち、視覚的、聴覚的なその等価物たちの力にさらされてあることの恍惚、他なるものたちの力の磁場に作用され、呼びかけられ、誘惑され、浸透されてあることの戦慄の如きものである。
>
> （真木悠介『自我の起原――愛とエゴイズムの動物社会学』１４７～１４８頁）

「視覚的、聴覚的」のあとに、「嗅覚的」を付け加えることができます。「森の喧噪」が問題にされているのですから（ちなみに「アロモン」は、においを嗅ぐほうに影響を与えつつ、かならずしも利益をもたらさない場合。「カイロモン」は嗅ぐほうにも何らかの利益があります。

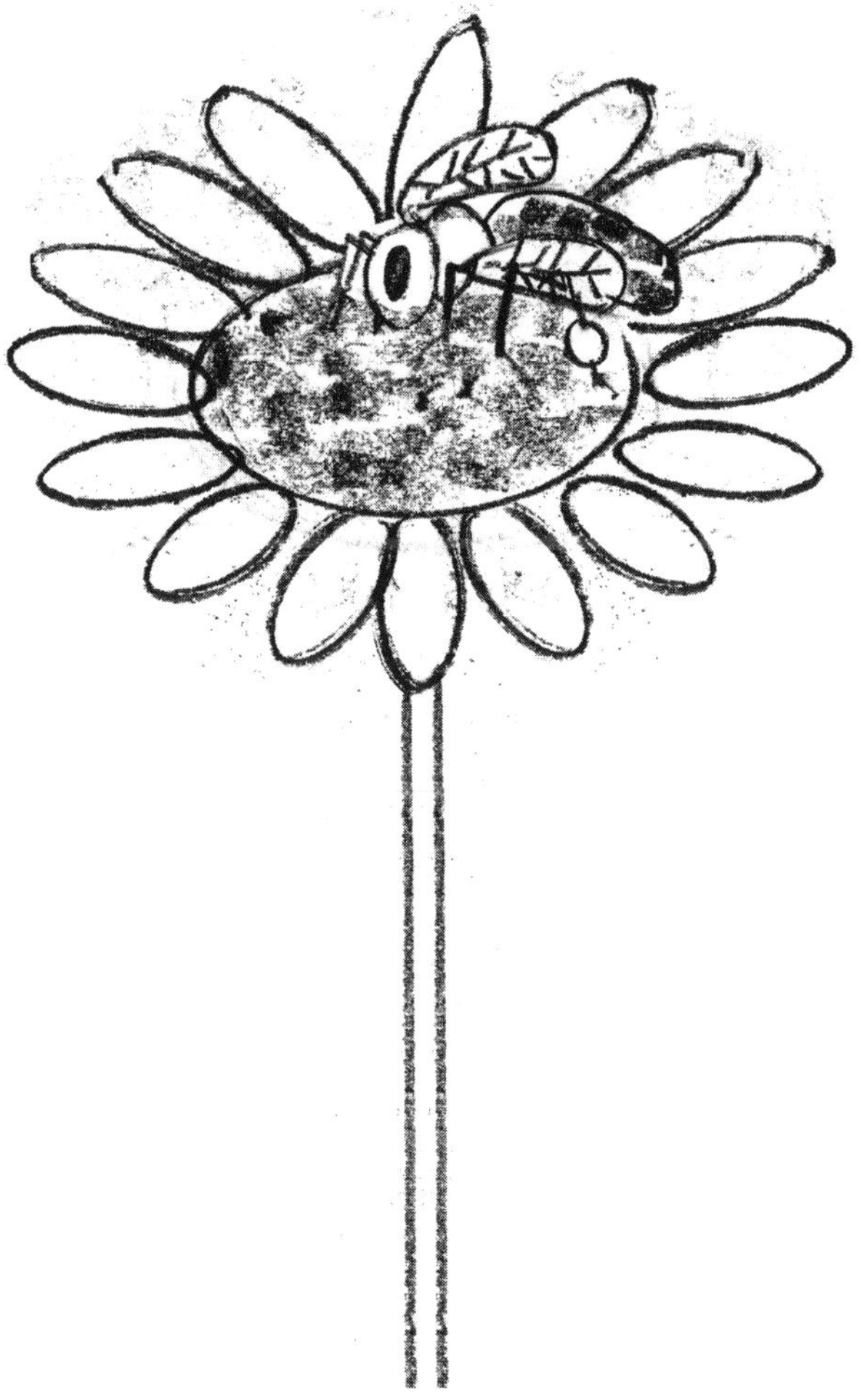

たとえば蜜蜂のように)。「何ほどかは自己でなくなること」を、真木は「Ecstasy《エクスタシー》」であると書きます。「Ecstasyは、「個」の魂が、〔あるいは「自己」とよばれる経験の核の部分が、〕このように個の身体の外部にさまよい出るということ、脱・個体化されてあるということである」。

人間のにおい嗜好《しこう》は後天的なものです。私たちが日々実感しているとおりです。かつて嫌いだった、あるいは無関心だったにおいや風味が好きになることはしばしば起こります(そうでなければ他者と暮らしてゆくことはむずかしいですよね)。動物の場合、におい嗜好は基本的に本能と結びついています。天敵のにおい、異性のにおいへの反応は不変ですし、変わることは不利益です。人間の場合も本能と強固にリンクして変わらない部分はあるでしょうが、後天的に獲得される、第二の自然としての習慣によってかたちづくられています。それゆえ、思ってもみなかったものに誘惑され、自分が変わってしまうことがありえます。

風味を覚えることに終わりはありません。また、終わりはないほうがよいとも思います。なぜなら、変化それ自体がよろこび(Ecstasy)だからです。変容の過程にいることが、すばらしいのです。したがって、あらゆる風味を知る究極の美食家を目指す必要などは、当然ながら、ありません。ゴールを設定することは不要です。変化しつづけて、変化のよろこびをそのつど、味わい、満足すればよいということです。

自炊では、完璧な料理を作るという目的を立てる必要もありません。この点についても、永遠に未完成のほうがよいと割り切ればいいのではないでしょうか。親しい風味の範囲が変わる。

風味に惹かれて、できることの範囲が変わってゆく。自分のスタイルがだんだんと動いてゆく。そのこと自体を肯定すればよいと思います。

F感覚とC感覚

ここまでさまざまな観点から「風味の魅力」について述べてきました。風味は、遠くを映すイメージである。季節の変化を伝え、さまざまな文化で継承されてきたものを伝える。過去の貴重な思い出をありありと蘇《よみがえ》らせる。食材を介してキッチンへ入り、調理によって立ちのぼると、最終的には私たちの鼻腔《びくう》に触れて、私たちの心と体全体を賦活《ふかつ》する。風味は、そもそも、他種による誘惑の信号でもあり、生の本源的なよろこびを与えてくれる。私たちの変容を促《うなが》す。

本書が提示するメソッドは「風味の魅力」を最重視すると述べましたが、その前提にあるのがこのような認識です。

さて、このような意味における風味を重視する傾向を、「F感覚」と呼ぶことを提案したいと思います。「Flavor《フレイバー》」のFです。F感覚が強い人間は「F感覚者」。ちなみに、私の友人の庭師は、春の山菜が大好物で、ふきのとうなども採りたてを茹《ゆ》でずにばくばく食べるそうです。これは「F感覚」が昂《こう》じた結果です。ちなみに、アメリカにはふきのとうはありませんが、たとえばケールサラダを食べるようなひとを「Fancy《ファンシー》」といいます。少し揶揄《やゆ》的なニュアンスがあり、「変な」「気取った」等の意味を持ちます。「F感覚」のFは「Fancy」のFかもしれません。「Fancy」の由来は古フランス語の「Fantaisie」で、イマジネーションに関わる語です。

ところで、前言を翻《ひるがえ》すようですが、「F感覚」ばかりを重要視するのが片手落ちであるということにも注意が必要です。何かを食べて「おいしい」というとき、「F感覚」だけがすべてではありません。風味の魅惑にやや欠けるのだとしても、「おいしい」と満足することはもちろんあります。舌に与えられる甘みやうまみが強く、満腹感をもたらしてくれるもの。ほっとするもの。アメリカには「コンフォート・フード」といういい方があり、「ファンシー・フード」の対義語のように用います。「変」なところのない、落ち着く味の食べもの、ということですね。家庭でかつて母親たちが作っていたたぐいの料理だけでなく、スーパーに並ぶ、個体差のない規格品についても使います。ケチャップ味、マヨネーズ味もコンフォタブル。これらを重視する傾向を「C感覚」と呼びたいと思います。「Comfortable」のCです。いつもと同じ味が望ましく、異物感を求めない。そうした保守性＝「Conservative《コンサヴァティヴ》」のCであるともいえるでしょう。

「F感覚」と「C感覚」は、あくまで傾向です。ひとりの人間の中に同居しています。この二つはおそらく相補的に絡《から》み合っています。親しい風味のテリトリーに安住しようとするC感覚がまずあるからこそ、他《た》なる風味に触発されることをよろこぶF感覚が際立つ、というダイナミズムがあるのではないでしょうか。

料理においても極端にどちらかが突出しないことが望ましいと思います。とはいえ、大状況として、外食産業においては年々「C感覚」が圧倒的になり、それが家庭料理にも及んでいる気がしてなりません。C感覚だけを充《み》たすことはある意味では容易です。うまみを抽出したうまみ調味料も存在し、オートマティックに「うまい」ものは作れてしまいます。それゆえ、自炊においては、意識的に「F感覚」へ強く振ってちょうどいいと考えます。後述しますが、そのことは嗜好の問題を超えて、社会や環境の現実へ意識を届かせるうえでも重要です。

もう少しこの話題をつづけます。私が問題だと思うのは、「F感覚」における食べものの好ましさも、「C感覚」における好ましさも、日本語では「おいしい」とまとめて表現されてしまう点です。たとえば、日本のラーメン店では、味をめぐってしばしば隣席で嚙み合わない会話が延々と展開されているものですが、その原因の一つもここにあるのではないでしょうか。一方は、ひたすら自分にとって落ち着く味かどうかを問題にしている。もう一方は、その風味がラーメン史のどこに由来し、どう興味深いかを問題にしている。「おいしいって!」。「いや、おいしくないって!」。言葉の内実に気づけば誤解はとけるのではないでしょうか。

私がよく覚えているのは、かつて、母の手作りのおでんに対して、「セブンイレブンのおでんのほうがおいしいな!」と、父が言い放ったことです。私が中学生ぐらいのころだったでしょうか。「いや、母のおでんのほうがおいしいって!」と必死でフォローしましたが、理解し合うにはいたりませんでした。いまはわかります。このとき父は「C感覚」でおいしいといい、私(と母)は「F感覚」でおいしいといったのです。セブンのおでんは、安価で高品質のコンフォート・フードである。母のおでんは、それと比べればたしかにうまみは穏やかだったかもしれませんが、野菜もほかの具材もそれぞれの個性を保った、風味豊かなおでんでした。どちらにも存在意義があります。その点では父の言い分も正しい。けれど、自炊においてなくしてならないのは、やはり母のおでんのほうです。そのことをいまは確信しています。取り替えが利かない風味を持つからです。台所に立つひとの尊厳にかかわります。

このことは、「序」で述べた、「料理したくなる料理」がどんな料理かということに関わります。せっかく作ったのにコンビニやファミレスと同様の画一的な味になってしまうレシピでは、味覚として（「C感覚」的に）いくら欠点が少なくおいしいのだとしても、「料理したくなる料理」にはなりえないと私は思います（ときどきはいいですが）。買ってくるのと変わらないわけですし、ほかならぬ自分が作る甲斐《かい》が見出しにくいからです。それゆえ本書では、ゆらぎや個性を持った素材の風味を楽しめるレシピ、さらには、作る方一人ひとりがどう風味を楽しんでいるか——その個人差が反映されやすいレシピを取り上げてゆきたいと考えているのです。

今週はおでんを作ります。もしいまがおでんを作るには暑すぎるという場合は、秋ごろまたこの頁に戻り、そのとき作ってくだされば結構です。

おでん

一、こんぶといりこでだしをとる（いりこは、関西でのにぼしの呼び名。さぬきうどんのだしに用いる、小さめの瀬戸内海産いりこに良品が多いので、それを使いたい)。なるべく大きな鍋を使う。だしの量は鍋のサイズに合わせて加減。2リットルの水であれば、5×10センチほどのこんぶを4枚、いりこを50gほど入れる。弱火で煮出す。沸騰する前にこんぶを取り出す。いりこはさらに弱火で10分ほど煮出してから取り出す。12g(=0.6%)の塩と、日本酒50mlほどで調味。日本酒の香りでいりこの生臭みが相殺される(このいりこだしは、うどんのつゆとしても最高においしい)。

二、好みの野菜(だいこん、じゃがいも)、こんにゃくなどを切り、かたちが崩れないよう下茹でしてから入れる(おでんだしの風味がクリアなまま保たれるので)。卵を茹でておき、殻《から》を剝《む》いて加える。ちくわやはんぺんなど、好みのおでん種を前もって購入しておき、入れる。鍋の表面がゆらゆらと沸騰しないようとろ火を保つ。味見して塩が足りないようなら足す。加熱したあとに一度冷ますと、冷ます過程で中まで味が染みる。

このタイプのおでんを失敗なく作るコツは、おでん種選びをまちがえないことです。表示を見て、「甘味料」が入っていないものを私は選びたいです。鍋全体に不自然な甘みが行き渡ってしまい、具材の風味が感じにくくなります。

13

日本酒

良質な食中酒は自炊を底上げする

今週と来週は食中酒についてです。

良質な食中酒は、自炊する料理の味わいを大幅に底上げしてくれます。その点では第5週で取り上げた基礎調味料と同様です。ここを強調したいと思います。

基礎調味料の一つ、たとえばしょうゆは、その複雑な風味で包み込むことによって、くせのある食材のそのくせを緩和し、長所を際立たせる効果を発揮します。ほかの多くの発酵基礎調味料もそのように機能します。だから自宅でシンプル料理を作るにあたっては、良質な発酵基礎調味料を揃えると心強い味方になります。ずるい、というぐらい簡単に、おいしいひと皿ができてしまいます。

それと同じ理由で、グラス一杯の良質なワインが、あるいは猪口《ちょこ》一杯の日本酒が、シンプルな皿を魔法のように魅力的な味わいに変えるということがあります。酩酊するほど飲む必要はありません。ほんの一口でも結構です。毎日飲む必要もありません。もちろん、たくさん飲みたいときは飲んでください。

日本酒もワインも発酵飲料です。醸造の過程できわめて多種多様の香気物質を生成させています。だから一口それらを啜《すす》ることによって、そのあとに食べることになる食品がまろやかな美味に思える。そのポイントを押さえさえすればよいのです。高級品でなくともまったく問題ありません。ただ、食中酒に何が向いているかを知っておく必要があります。

料理と酒の組み合わせ、フランスの表現でいうところの「マリアージュ」の世界は、私などがいまさらとやかく申すまでもないほど奥深く、一生かけて試し、覚える楽しみが広がっていることでしょう。けれどもここでは、自炊を底上げしてくれる食中酒として捉えるところから始めてみたいと思います。とくに素材をそのまま、雑味やゆらぎさえもダイレクトに活かすタイプの料理を、いとも簡単に成立させてくれるのが良質な食中酒なのだから、活用しないのはもったいない、ということです。

アテ化によってシンプル料理が極上に

最初に日本酒について述べます。今週が日本酒、来週がワインです。

すでに日本酒が好きな方には同意していただけると思いますが、日本酒が横にあるだけでごくごく簡単な一品が極上の何かに変貌することが多々あります。恐ろしいほどの変貌ぶりです。

つぎのような、ほとんど一瞬でできてしまう料理を頭に思い浮かべてみてください。きゅうりの塩もみ。薄く切ったこんにゃくをフライパンで軽く炒《い》りつけて、しょうゆを少しまぶしたやつ。油揚げを網に乗せて炙《あぶ》り、七味唐辛子をかけたやつ。単体ならば、おいしくはあれども、そこまでの感動を呼びはしないでしょう。

ところがその横に、飽きのこない穏やかな味わいの日本酒が、絶妙にお燗《かん》をされて出されていたら。単なる平凡なきゅうりだったもの、こんにゃくだったもの、油揚げだったものが、とたんにものすごく好ましい何かに変わります。これを俗に「アテ化」といいます。

アテというのは、一般には、酒をおいしく飲ませることを主な目的とした料理のことです。同じ料理でも、お酒とともにいただく場合は「アテ」になる。「アテ化」する。「アテ」は、もともと「あてがう」という動詞から派生した言葉なのだそうです。

ただ、アテというとき、酒が主で、料理が従、と考える必要はありません。両者は対等です。日本酒があることによって、料理の味がよりおいしく感じられるわけですから、効果は相乗的なものです。

アテは、なるべく手のかかっていない料理であるほうが、気が利いているかんじがします。料理店では手の込んだアテを味わえるのがうれしいですが、家では、シンプルがいい。どうしてでしょうか。日本酒を添えてアテになったとたんに、おいしさが引き出される。食材に秘められていたポテンシャルが前面にせり出てごちそうになる――その変化が、小さな感動を呼ぶからです。その変化がよくわかるから、ありのままでよいのです。

シンプルなアテを作るのは本当に簡単です。

春。**アスパラガス**をフライパンで焼いてちょっとしょうゆをかけたもの。**菜の花**を、油をひかずにフライパンで焼き付け、全体に火が通って表面が少し焦《こ》げ始めたら皿に盛り付け、オリーヴオイルをかけて、塩を振る。オツな味です。**うど**が安くておいしいです。皮を包丁で削《そ》いだら、その皮をさらに食べやすいサイズ（3〜5センチの長さの細切り）にし、フライパンに入れてごま油としょうゆと酒をまぶして炒れば、**うどのきんぴら**のできあがりです。皮を剝《む》いたあとに残った、中の乳白色のところが瑞々《みずみず》しくて独特の芳香があり、とてもおいしいので、一口大のサイズに切って、**酢みそ**を添えて出しましょう（酢とみそは等量）。うどの穂先は、衣をつけて揚げます。衣は、小麦粉と片栗粉を等量混ぜて水で溶けば簡単です。油が少なくとも失敗しません（フッ素樹脂加工が必須）。

夏。**トマト**を切って粗塩《あらじお》を振る。それだけでよいです。**枝豆**を塩茹《ゆ》でしたもの。**ゴーヤ**をごく薄く切って軽く塩もみにしたもの。**とうもろこし**の茹でたて。私は基本的にどの季節も日本酒は少し温めて飲みたいと思っていますが、夏の最初の一杯は冷《ひ》やでもいいですね。水分補給のためのチェイサーには、水でもいいですが、よく冷えたビールだとなおうれしいです。

秋。**焼きなす**、毎日でもしあわせです。魚焼き用のコンロがあれば、そこに入れて直火で焼くと、十数分ほどで、皮は焦げ、中はやわらかくなります（コンロがなければ、網を買ってきて、コンロの上で焼きます）。少し冷えたらへたのところを包丁で落とし、そこから皮をつまんで剝けば完成。おろししょうがを乗せて、しょうゆを垂らします。**きのこ**ならなんでも、フッ素樹脂加工のフライパンでじりじり低温で焼いて、塩を振り、柑橘《かんきつ》を絞ってかけます。冬。**里いも**の蒸したもの。皮の下の土の香ばしさと日本酒が合います。**ごぼう**も同様。ささがきを茹でてサラダにしてよし、素揚げにしてよし、きんぴらにしてよし。

酒はパスポート

アテ化しておいしくなる料理の例を挙げていると、苦みを持つものが多くなります。これらが日本酒と合うのはどうしてでしょうか。

山形県庄内地方出身の料理人・奥田政行さんは、それなりにくせの強い在来種の産物を使うときのコツとして、苦いものにあえて苦いものを合わせるとよい結果が得られるといいます。たとえばシドケという、かなり強い苦みのある山菜を、「心地よい丸い苦みが広がっていく」地元産の牛タンと合わせる。すると、単体では不快になる手前であった苦み同士が「うまみ」に変わる。これを「苦みに苦みを足すとうまみになる法則」と奥田さんは呼びます（『田舎町のリストランテ、頑張る。』53頁）。

「苦み＋苦み＝うまみ」の法則は、日本酒がどうして食中酒としてたいへんに優れているかをあらためて確認させてくれます。日本酒は五味をバランスよく含んでいて、苦みもその要素です。その苦みに慣れた口で食べることによって（第一週で述べた「順応」です）、別の苦みを含んだ食材が、まず、軽やかに感じられる。さらには二つが重なり合うことでうまみに変わる。ここでいううまみは、心地よい重層的な味の厚みという意味でしょう。これは舌に与えられる苦みだけでなく、苦みと結びつく、くせのあるにおいについてもいえることだと思います。

食べもののくせを緩和してよりおいしく感じさせる食中酒の力について述べてきました。ここまでは、しょうゆやみそといった発酵調味料の場合と似ています。しかし、酒がそれらと異なることがあります。酒にはアルコールが含まれていて、飲み手を酩酊させる点です。それゆえ、酒に含まれる苦みやくさみへの慣れが生じやすいと考えられます。酩酊によって、報酬系回路が形成されるためです。日本酒には、生まれて初めて飲むとき、ひとをたじろがせかねない要素があります（良質な酒の場合、それが穏やかだとはいえ）。しかしそれらの要素とともに心地よい酩酊状態が訪れるため、この苦みはよい苦みである、という記憶への刷り込みが起こりうる。

このとき、ある意味では、何を好ましく感じるかの「初期設定」が、酒によって部分的に書き換えられているともいえます。習慣的に酒を嗜《たしな》むことによって、苦みとくさみへの耐性がつくのです。においの際立ちは、地から図が浮かび上がることを意味しますが、この「地」を自分にとって都合よいものに変えるべく働きかけるのが飲酒であるといえるかもしれません。

とはいえ体調不良になるような飲み方をすれば、報酬系回路はうまく形成されません。良質な酒を選び、よい飲み方をしましょう。そうすれば、舌と鼻は育ちます。

ベーシックな日本酒とは

さて、では良質な日本酒とは、どのあたりのことでしょうか。

なにごとも基本が大事です。ベーシックな、おいしい日本酒が存在します。知っていますか？それらを一巡りしたうえで、そこからさらに自分の嗜好《しこう》を探っていく。イレギュラーなものも試していく、というふうに進むのがいいと思います。

ベーシックな日本酒とはどんな日本酒かを知るための、とても重要な基礎文献が存在します。上原浩『純米酒を極める』です。上原さんは戦後日本酒製造業界の伝説的な技術者です。この本はぜひ直接手にとって読むことをおすすめしたいと思います。ここでは、要点をごく簡単にまとめておきます。

ベーシックな日本酒とは、米と麹《こうじ》と水だけで造ったもの、つまり純米酒です。この基本が、第二次世界大戦後にいちど、ほとんど崩壊したのだと上原さんは指摘します。物資不足のため、大量のアルコールと甘味料などの添加物を混ぜて造るタイプの酒が主流になるのです。日本人は、それをなんとなく日本酒の味だと考えるようになる。たしかに安価で大量にでまわるようになりましたが、内実は大きく変わりました。日本酒はべたべた甘くておいしくない、という印象を持たれがちなのは、さかのぼればこのような負の歴史に由来します。

その後、純米酒造りの復興運動が起きます。上原さんはこの運動に生涯を賭け、その意義を世間に広く啓蒙しました。上原さんと並走して純米酒復興運動を牽引した蔵が全国各地にあります。それらの蔵で造られる純米酒が、ベーシックな日本酒ということです。

ベーシックなお酒は、まちがいなく、料理の風味を引き立てます。飲み口はやわらか、香りは穏やかで、飲み飽きがしません。お燗をするとよりいっそう、やわらかさが増します。きちんと造られた良質な日本酒は、割り水をしてもバランスが崩れないので、お燗をするとき、飲み手のアルコール耐性に合わせて水を加えるのがよい、と上原さんは勧めています。

また、よくある誤解に、良質な酒は冷やで飲むべき、というものがあります。逆に、燗にするなら低品質の、アルコールを添加した「清酒」に類別されるものがよい、という説とセットになっています。これは恐ろしい誤りであると上原さんは強調しています。低品質な酒を燗にしたからといっておいしくはなりませんし、良質な純米酒を冷やしたまま飲むのはただひたすらにもったいない。アテをおいしくするのも、燗にしたときです。私の感じ方では、最もスムースなのは体温と同じ36℃から37℃です。40℃より高いぐらいに温めると、お猪口に注いで口に含んだときにちょうどそうなります。同じ酒でもこの温度が一番、軽く感じるのです。好みでもっと熱くしても別のおいしさになります。温めておいしくなる酒というのは、世界的に見てもきわめて稀《まれ》なのだそうです。その貴重さを満喫しない手はありません。

先生を見つけ、入門用の酒を選ぶ

ベーシックな純米酒の中から、どんな銘柄を選ぶとよいでしょうか。

私の場合について、あくまで参考例として、少し述べてみたいと思います。第六週で「買い物」について書いたとおり、私は日本酒の先生に頼っています。さまざまなことを聞けば教えてくれる専門家ですね。自分の要望もお伝えしつつ、セレクトしていただいています。

どのように先生を見つけたのか。上原浩さんの本の中で、その方についての記述がありました。なんでも、恐ろしいほどの唎《き》き酒の技能の持ち主が日本には二人いると書かれていて、その一人がなんと、私の実家のごく近所の酒屋「清水台平野屋」の店主だったのです。このくだりを読んで、動悸が早まりました。自転車圏内のお店が、上原浩直系の使徒のような存在だとは。お店にうかがいお話ししたところ、店主の野内哲夫さんは初心者にもたいへん優しく、日本酒愛の普及を生きがいとされていることが伝わってきました。とくに熟成酒のおもしろさを長年追求していらっしゃるとのこと。それ以来、実家に戻るときに直接お店にうかがうほか、メールで「おすすめ」を注文して送っていただき、なくなったらまた注文、を繰り返しています。

野内さんには入門用のお薦めをお聞きする機会も何度かありました。その中からいくつかご紹介します。日本酒的美味のど真ん中というタイプの日本酒だと思います。

「板倉酒造・無窮天穏天雲《むきゅうてんおんあまくも》」。蔵付き酵母だけを用いる「生酛造《きもとづく》り」という伝統製法の純米酒。それゆえのなめらかさと濃醇さがバランスします。野内さん曰《いわ》く「天」を思わせる清々しさ。アルコール度数が13・6と軽めなのも入門用に向いています。

「旭菊《あさひきく》酒造・綾花《あやか》」。バランスのよい、おいしい純米酒のスタンダード。野内さん曰く、冷やでもおいしいので、温めたときと両方を味わい、ちがいを楽しんでほしい。旭菊は「大地」もおすすめ。

「神亀酒造・小鳥のさえずり」。純米酒復興を牽引した神亀酒造。やや個性が強いラインナップの中にあって、やわらかで透明感のある銘酒がこちら。

「仁井田《にいだ》本家・しぜんしゅ生酛はつゆき」。できたての新酒を、澱《おり》をこさず、うすにごりのまま瓶詰め。さらさらと口のうえで消えてゆく、とても飲みやすいにごり酒。冷やして飲むのもおすすめです。

以上はどれも比較的小規模の蔵です。より生産量が多く、まちがいのない伝統的な酒造りをしているところも各地にあるので探してみてください。その「純米」を選び、穏やかに温めて飲んでみましょう。日本酒はワインに比べれば、申し訳ないほど良心的な価格です。それでいて、自分で日々作る料理が最上の晴れ着をまとうことになります。

燗をつけてみる

今回は、お燗をつける練習をしてみましょう。もしまだお持ちでなければ、温度計とチロリを購入してください。どちらも安価なもので大丈夫です。

チロリに日本酒を注ぎます。よろしければ先に述べたどれかの銘柄を選んでみてください。必要な方は水を足して「割り水」してください。

適度な大きさの鍋かやかんに水を張り、チロリの持ち手の部分をふちにひっかけるか、あるいは、底に立たせます。鍋（またはやかん）ごと加熱します。酒の温度を測り、40℃前後になったら取り出し、酒をお猪口に注ぎ、味わいます。常温でもまずひと口試しておき、どう変わったかを感じると、より楽しいです。

チロリでなくとっくりで温めてもよいですね。酒器を経由するたびに液体が注がれる姿を見て楽しむことができるのも、日本酒のよさです。どうでしょうか。こうして温めた日本酒を添えれば、ほとんどの日本の惣菜は、数段おいしくなります。

誤解がないように最後に述べておきますが、毎日、日本酒を飲むことが自炊の前提ということではもちろんありません。ポイントは、良質な純米酒を添えることで、簡素な料理のおいしさを感じやすくなることがある、ということです。日本酒とともに食べることで、くせこそが魅力であるような食材、たとえば、ごぼうやいわしの長所がよりはっきりわかります。舌が大人になる、などと俗に表現されることです。こうしていちど、ごぼうやいわしの長所に気づけば、実際に日本酒のアテにしないときでも、ごぼうやいわしは魅力的に思えるはずです。

要諦《ようてい》は、私たちの感じ方のベース（「地」）を望ましいように変えること、日本酒はその役に立つことです。

14 ワイン

面倒ではないワイン

今週はワインです。食中酒としてのワインをどう飲むとよいか、私の考えを述べます。

ワインはそれ自体おいしい飲み物であるだけでなく、これまで知らなかった食の扉を開いてくれます。ワインとともに、異国の食文化への通路が開ける。このチャンネルを活用できるなら、やはり活用したいと思うのです。外国料理の風味は最初、抵抗感を覚えさせることがありますが、ひとをここちよく酔わせる酒を導き手とするとき、容易に親しみやすくなります。ワインも異文化圏の風味へのパスポートの役割を果たします。

ワインは日本の家庭料理のすがたを変えてもいます。ここ数十年、ワインに合う料理が食卓に普及し、ワインに引っ張られてかたちを変えた惣菜のたぐいは多くあります。こういう変化を楽しむのは基本的にいいことだと私は思います（ひるがえって伝統のよさも再発見できます）。

ワインはたくさんの楽しさに私たちを導いてくれるものです。しかし、そうであるにもかかわらず、日本におけるワインは、まだまだ敷居の高い何かだと考えられている現状があります。

むずかしい何か。覚えるのが大変な何か、というわけです。食べ合わせのセオリー通りにしなければならない、という考えも根強くあります。最高級品を飲んでいなければワインを本当に知ったことにはならない、という考えもあります（それをいうなら私など無知もいいところです）。その延長線上で、大切な客の接待とかでは、高級品を注文することが礼を示したことになる、とか。一言でいえば権威主義です。格付け的なもの、かっこよく見られたいという俗物根性的なものですね。ワインが面倒なものに思えるのだとしたら、これらがいたるところに染みついているように感じられるからではないでしょうか。

　こういう考え方に縛られるのは（自戒込みですが）残念なことです。さまざまなセオリーを尊重し、「格付け」を覚えることは勉強としてある程度まで有用でしょう。私も時間と経済的余裕のある範囲で学びたいですが、しかし、プロとしてソムリエを目指すのでないかぎり、それで自分が不自由になったら本末転倒です。だから、ワイン学のあまりに権威主義的な部分、ひとを硬直させかねない部分は、学び捨てる＝アンラーニングしたい。そして、もっと気楽に楽しめるようになりたいと思うのです。

　世の風潮として、二〇二〇年代のいま、ワインのアンラーニングはそこかしこで進行し、自由な楽しみ方が普及しつつあるようです。私もそうした風潮に乗っていきたいと思っていますし、いくつかのことを実際に試し、自炊に役立てています。それは具体的にどのようなことか、以下、お伝えしたいと思う次第です。

自炊のためのワイン保存システム

まずはこの図をごらんください。これが、望ましいと私の考える、自炊のためのワイン保存システムです。

ポイントをざっと述べます。①ワインの保存に適した一定温度にできる電動式のセラーであること。②コルクを抜いたあとのボトルを複数、縦置きできるサイズであること。③抜栓したワインは急いで飲み切らず、時間が経つことで生じる変化を楽しむこと。それに先立ち、好ましい状態変化の期待できるワインを選ぶこと。④こうして細く長く楽しみ、抜栓後のワインをセラーの中に複数スタンバイさせることができ、料理の風味に合わせて選べること。日常食とともに楽しみ、

ワイン保存システム

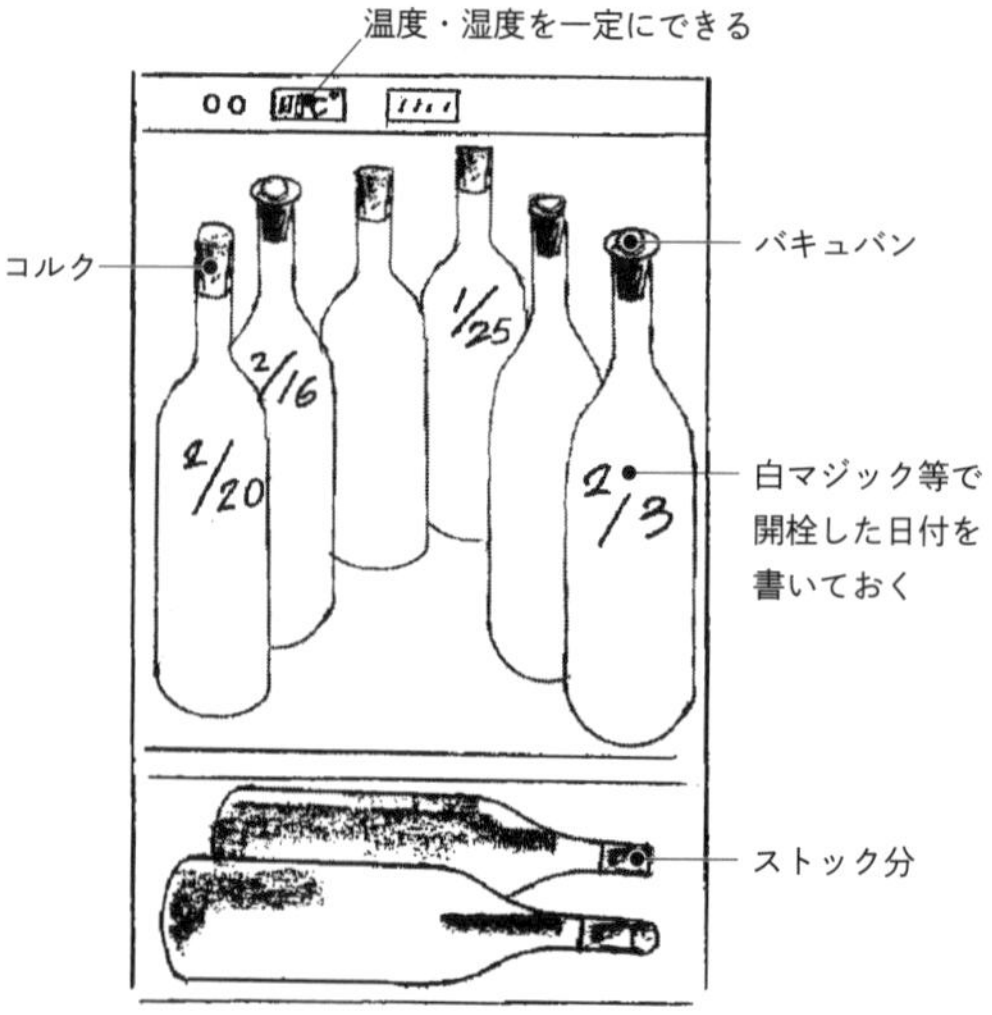

組み合わせはおおらかな気持ちで試すこと。以上です。

ここで示しているのは、ごくシンプルなシステムです。富裕でなくとも、たとえば学生のみなさんなら、集中して短期バイトをすれば設営費用が得られる範囲です。

先に示したポイントを一つひとつくわしく見てゆきます。

①一定温度であること。急激な温度変化はワインの劣化につながります。そのため温度を一定に保つ専用セラーが望ましいです。とはいえ、たくさんのボトルを十数年も熟成させたりすることは目的にしていません。そのためには大きいセラーや貯蔵室が必要です。ここでの目的は、ごく限られた本数を短期間保存することです。コンパクトなもので結構です。

飲もうと思ったときにセラーから出して、すでにほぼ適温になっていることも大事です。冷たすぎたり逆にぬるかったりするようでは、適温にするまで時間がかかって面倒です。

②縦置きできること。ボトルを縦に置いたとき、中の液体が酸素に触れる面は、最小になります。したがって、とりわけ抜栓後はこのように保存することが望ましいのです。コルクをふたたび差し込んでセラーに戻します。なるべく完全に酸素が入ることをシャットアウトしたい場合もあります。開けたてのフレッシュな香気が持ち味のワインや、風味がやや不安定に変化するワインの場合です。そのときはポンプ式の栓、たとえばバキュバンなどを使用します。栓やストッパーの多くは横置きでは使えません。つまり縦置きは、ワインによって酸素供給量をコントロールするために必須ということです。

ちなみに、抜栓前は横置きしてコルクが濡れた状態に保つべきであるという通念があります。近年なされている実験によると、湿度が一定で保たれているなら、縦置きの場合と比べて著《いちじる》しいちがいはないという結果も得られているそうです。すくなくとも短期間の保存であれば、横置きがマストではないと考えてよいようです。

③抜栓後の変化を楽しむこと。そもそも、抜栓後にしばらく劣化しないということがありうるのか、と疑問を抱く方がいらっしゃるかもしれません。酸素に触れた直後に、いわゆる「ワインが開く」ことがあるのはよく知られています。ボトルの中でワインは酸欠状態（還元）に陥ることがありますが、抜栓後に適度な酸素を与えられて本来の風味を取り戻すという現象です。しかし、一晩以上経って、そこからさらに好ましい変化を起こすことがありうるのか。

これまでの通念では、抜栓後は日を置かず、なるべく早く飲み切るのがよい、とされてきました。酸化に伴う望ましくない状態変化が進み、香気物質も揮発して失われると考えられたからです。私もずっとそう思っていました。しかし最近は、ワインの種別によってはかならずしもそうではない、という考えが支持されています。短期であれば、むしろ風味が好ましく変化してゆくグラデーションを楽しむことができる。種類によっては一、二ヶ月ほども、ということもあります。

多人数で集まる会食の日などには、ぱーっと飲み切ればいいでしょうが、日常生活においてはそうではありません。一本をできるだけ早く飲み切ることが理想と考えると、いつも急かされているようで、穏やかな気分ではいられません。細く長く楽しむ、と姿勢を変えるのです。そのためには、抜栓後もいきいきとした状態を保つタイプのワインを選ぶ必要があります。その点については後述します。

④抜栓したワインを複数スタンバイすること。抜栓後も一定期間、変化を楽しみながら保存できるとしましょう。そうすると、複数のワインを並行して長く常備できるようになります。この利点は大きい。今日はいい魚が手に入った、一杯飲もうかな、というとき、セラーから、それに合いそうなものを一本引っ張り出してグラスに注ぎ、余った分はまたしまう、ということができるからです。今日はちょっとほろ苦い野菜を使った一品、というときは、それに合うものを出す。お肉がある、というときも、一番合いそうなものを取り出す。こういうことができるようになります。ここまでをすべて含めてシステムと考えます。その日の料理と響き合っておいしさを高め、食卓に華やぎを与えるワインのフレイバーを、何種類もそこから引き出すことのできるシステムということです。

いろいろな料理を作った日には、それぞれの皿に合いそうなワインを選ぶこともできます。自炊ペアリングです。楽しいですね。セオリーに縛られる必要はありません（縛られていたら、何本もあらたにぴったりのものを買い足すことになります）。細く長く楽しんでいると、試行錯誤の中で、何と合うか、自ずからわかってきます。肉に合う白もあるし、魚に合う赤もあります。微妙に合わなくともそれはそれで経験です。虚心に試すこと自体が、楽しみです。

「自然な造りのワイン」とその歴史

つぎに、どんなワインを選ぶのがよいか、という話に移ります。

前置きしておくと、ワインは嗜好品《しこう》ですので、それぞれが好きなものを選ぶのがよいことはいうまでもありません。また、私はワインのエキスパートではなく、試行錯誤しつつある一アマチュアにすぎません。ここから先は、おそらくかなり偏った私の嗜好と経験に基づく、一事例の報告に近づきます。ただ、参考にしていただけるところもあるのではないかと期待しています。抜栓後もいきいきとした状態を保ちやすく、好ましい変化が起きる傾向のあるワインとは何か、日本の日常食に合いやすいワインは何かに関わるからです。

順を追ってお話しします。

先週と同様、「買い物」の週とつながる話でもあります。ある酒販店との出会いを機に、私はワインを飲む頻度が上がり、日常遣いするようになりました。敷居の高い、ハレの日の飲み物という認識が決定的に覆《くつがえ》されたのです。ある酒販店というのは、鎌倉の鈴木屋酒店のことです。いわゆる「自然派ワイン」の普及に寄与してきた専門店です。「自然派」というといかにも党派的なので、鈴木屋さんでは「自然な造りのワイン」と呼ぶことを好んでおられるようです。私はこのお店でそれらの魅力に開眼したということです。それ以外は飲まなくなったということはなく、行き来を心がけてもいます。外食でちょっとクラシックな料理を食べるような機会は（それ自体とても少ないですが）、それに合うワインをセオリー通りにいただきたいです。ただ、自炊ではそのたぐいのワインに合う料理を私はあまり作らないので、「自然な造り」のほうがどうしても多くなります。

「自然な造りのワイン」とは何か。おおまかにいえば、畑を微生物環境として健全に保ったうえで、ぶどうを健康に育て、畑の野生酵母だけを用いてぶどうを発酵させるタイプのワインです。酸化防止剤をなるべく使わず、清澄《せいちょう》（にごりをとる処理）は最小限にとどめられ、補糖などによる過度なコントロールを避け、さまざまなゆらぎも含めて味わいとする、という考え方です。

なぜこのような造り方があえて「自然な」と呼ばれるのか。歴史を少しおさらいします。第二次世界大戦後から、農薬を用いて栽培をコントロールし、酸化防止剤を添加して醸造を安定的に進める近代的ワイン造りの方法が世界中に普及しました。そのことで生産性は飛躍的に上がります。それはそれで歓迎すべきことです。しかし一九七〇年代後半ごろから、こうした近代的コントロールの進みすぎを見直す動きが出ました。ワインの味わいが安定し、クリアになった一方、窮屈な型に押し込めて画一化する傾向もある、という反省がなされたのです。

それはこのような疑いでした。たとえばソーヴィニヨン・ブランという品種の特徴は、青草やハーブ、グレープフルーツのような香りと、爽《さわ》やかな酸味である、といわれます。大きな傾向としてそのようなものがあるとします。しかし、そのような情報に従って消費者がつねにそれを求め、売れるからという理由で生産者がいかにもその特徴をなぞろうとし、土壌や気候がもたらすはずの変数を消去するところまでいくならば、本末転倒ではないか。品種による傾向はあるのだとしても、自然の作物なのだから、「ソーヴィニヨン・ブラン」風味のソーヴィニヨン・ブランは、本当は一つも存在しないのではないか。一つひとつの個別的な風味の経験を重視し、そこから出発するという経験主義的転回がなされた、ともいえるかもしれません。

フランスでは、化学者・醸造家のジュール・ショヴェらが牽引し、各地で、近代農法以前のワイン造りの良さを取り戻す試みがなされるようになりました。ただし、近代化学の知識をベースに、緻密な検証をしながら復興は進みました。イタリアにも、北東部のフリウリなどの各地で、近代農法以前のワイン造りを継承・発展させてきた生産者たちのグループがありました。一九九〇年代後半からスローフード運動が世界的に広まる中で、ささやかながらも需要を伸ばし、現在は、後継世代がいっそう多様なワインを生産しています。日本でも愛好家が増えつづけています。鈴木屋さんはその魅力を伝えるのに早くから尽力してきたパイオニアの一つです。

さて、私はなぜ「自然な造りのワイン」を愛飲するようになったのか。決め手は、日々のふつうのごはんとまったく無理なく寄り添い、よりおいしくしてくれることがわかったからです。日本の発酵保存食品と相性がよい。おそらくこれが、日本にこのジャンルのワインが根づきつつある最大の理由だと思います。食中酒としてすばらしく使い勝手のよいものが多く、日本の家庭料理を、日本酒やビールとはちがうしかたで引き立ててくれるのです。

買い物においてはお店の方にどんどん質問をすることが大事だと述べましたが、ワインに関して私はたいがい具体的な聞き方をするようにしています。「新鮮ないわしが手に入ったので、合うやつを教えてください」。そうすると、青魚をよく食べるシチリア産の、タンニンの渋みがごく穏やかな赤が相性抜群で、選択肢としては、これとこれとこれがありますよ、と話が進みます。そのうちの一本は、シチリアのエトナ山でぶどう農家の仲間たちが普段飲みしている、気取らない素朴なワインである、などという、そそられる情報が付け加えられます。鈴木屋さんに通うようになった理由がこれです。その晩は、焼きたてのいわしにレモンを絞り、エトナの赤を一杯やることができるわけです。「切干大根とか白身魚の刺身とか、和食の晩ごはんに合うやつは」とお聞きすれば、豊かな酸と塩《えん》みが心地よく、だしのようなうまみも兼ね備えた一本、たとえば、アルザスの生産者クリストフ・リンデンローブの白のこれあたりがいいでしょう、などと答えてくださいます。

ここ最近は、日本各地で同様のお店が増えているそうですので、ぜひお近くに探してみることをおすすめします。

インポーターで選ぶ

酒販店に通っていると、輸入業者＝インポーターの存在の重要性も見えてきます。貴重な生産者と信頼関係をむすび、輸入・紹介している方がたです。鈴木屋さんとも付き合いの長い、古参インポーターの名前を挙げておきます。ヴィナイオータ、二番通り酒店、ディオニー、テラヴェール、ジャパン・テロワール。それぞれのウェブサイトは貴重な情報源になっていて、覗いてみれば、ワイン造りと普及とに情熱を傾ける方がたの雰囲気がひしひしと伝わってきます。生産者たちがどんな土地でどんな農業をし、どんなぶどうで、どんな醸造の方法を取っているかも書かれています。ここに名前を挙げたのは、よい意味における小規模のインポーターばかりです。フランスやイタリア、ドイツ、オーストリア、チェコといった国々の生産者たちとごく親密な関係を保ち、頻繁に足を運んではワインを味わい、心から気に入ったものを買い付けている。つまり、農家からインポーターを経由して酒販店にいたるまで、すべて顔の見える関係でつながっているということです。そのような酒販店は、第三週の言葉を用いるならば、風味インデックスの宝庫です。そのことがきわめて鮮明に伝わってくるのです。

また、有機認証を得ていることを指して「ビオ」と銘打っているということと、ここでいう「自然な造り」を実践しているということは無関係な場合も多いので注意が必要です。インポーターのサイトを見ればわかります。

この点もいっておかなければなりませんが、「自然な造りのワイン」は、いわゆる激安の価格帯ではありません。効率重視でぶどう栽培がなされるわけではないためです。各ワイナリーのスタンダード・キュヴェ（標準的な銘柄）で、一本、二、三千円台でしょうか。

ただ、激安ではないとはいえ、高すぎることもありません。一般的な「ワインの教科書」に書かれている「飲むべきワイン」は、どう考えても手の届かない価格のものばかりですよね。いまや何十万円の世界です。ピラミッドの頂点に究極の銘酒があり、裾野に下々のワインがある。そのような序列が想定されています。「自然な造り」は、こうした序列からなんとか自由であろうとする点もすばらしいと思います。二千五百円ほどでも最高においしい。最高というより、唯一無二ということですね。

ワインの先生に学ぶ

ワインをどう家で飲むか、ということに関しては、酒場やワインバーで教わるのも有益です。また私の経験を申しますと、鈴木屋さんとも縁の深い、祖餐《そさん》という酒場で、店主の石井英史《ひでふみ》さんにたくさんのことを教わっています（飲みつつあれこれ質問しているということです）。先に述べたワイン保存システムも祖餐を参考にさせていただいた部分が多くあります（もちろんあらゆる文責は私にあります）。

祖餐の場合は、温度と湿度が管理されたワイン用の小部屋があり、抜栓したあとのボトルもずらりと十数本ばかり（もっと？）縦置きして並んでいます。石井さんはそのすべてがいつ開封されたか、いまどのような変化が進みつつあるかをたえずモニタリングしては、これという飲みごろのものを提供します。たとえば、とある北海道の白は、抜栓後にあえて一ヶ月以上置いたとのことで、うつくしい褐色になっている。シナモンのような艶めかしい香りがします。これはこれで非常においしい。抜栓直後もおいしいいし、こちらも別種のおいしさになっている。抜栓以前に起こる熟成だけではなく、抜栓後にも起こりうる風味の微細な変化を通して、一本のボトルに潜《ひそ》むワインの要素がさまざまに顕在化する。同じ液体の中の多数の風味が時間差で立ちのぼるのを観察する、そのようなソムリエの姿を見ていると、もちろん同レベルでできるわけはありませんが、感化されて、アマチュアなりに真似したくなります。祖餐の料理もすばらしいです。担当するのは妻の美穂さん。ご本人曰《いわ》く「おいしすぎる」食材は避けるのだそう。良質な発酵調味料と、野菜・果物の使い方がすばらしく(しばしば皮ごと提供されます)、あくまでもじわじわと滋味ぶかいおいしさで、ワインと引き立て合います。

すでに述べてきたように、抜栓後の好ましい変化は、「自然な造りのワイン」で多く起こる傾向があります。その理由は、主に酸化防止の目的で用いる亜硫酸塩に依存しないしかたで、なによりぶどうの健全さを第一に考えて醸造するため、抜栓後の酸化によってただちにバランスを崩してしまうことが少ない、と考えられているからです。ただし、このあたりは考慮すべきファクターが非常に多く、実際に何が起きているかはまだ今後の分析に委《ゆだ》ねるほかないとも聞きます。「自然な造りのワイン」の中にも、当然ながら、抜栓後に不安定な変化をするものも少なくありません。「豆」のような風味がせり上がってくることから、俗に「豆る」といわれたりする変化もしばしば起きます。実際に開けて時間を置いてみて試す、その経験の積み重ねが、結局は最も重要なようです。

ワインを買いにいきましょう

以上を自炊の「前提」というと少々無理があるかもしれません。あくまで参考例として、ご自分でカスタマイズしつつ応用してください。ただ、もしここまで整えば、日々の自炊の底はぐっと上がる、いや、上がり切るのではないかと思います。急な来客があるときも慌《あわ》てることはなくなります。フレンチやイタリアン寄りの料理を作る日も、ワインを添えればぴたっとはまります。外食で散財する回数はかなり減るでしょう。

私の嗜好もあって「自然な造りのワイン」に話をほぼ限定しましたが、大事なのは、自宅で作るシンプルな料理をよりおいしく感じさせるものを置くことです。さまざまなカテゴリーに、数多くの優れた食中酒があるはずです。それぞれお好みでお使いください。

今週はワインを購入してください。すぐに飲み切らないこと。状態変化を少しずつ楽しみながら、何日もかけて飲んでみてください。

15

青魚

季節の魚の風味に触発されて

今週と来週は、魚料理です。丸の魚をさばきたいと思います。

魚料理をする最も幸福なタイミングの一つは、季節の変わり目に、そろそれあれが食べられるかな、と期待して店に行き、そのとおりに購入できたときです。

春ならば、暖かな風が吹き始めると、そろそろ安くておいしいあじが大量に魚屋さんの店先に出回るころだったかな、と思い出されます。網にかかり、漁師さんの船から市場へ、市場から魚屋さんへと運ばれ、いまごろ店頭に並んでいるはずだ。そう思うと、いてもたってもいられなくなり、仕事の帰りがけにちょっと寄って、何匹か持ち帰りたい、となるでしょう。

こんなふうに、それぞれの季節にそれぞれの魚がいます。私の住む街のそばの漁港に揚がる地物はといえば、春なら、**あじ**、**めばる**、**かさご**、**しらす**。梅雨ごろは、**麦いか**、**いわし**。夏は、**まこがれい**、**あおりいか**、**さざえ**、**あわび**、**いせえび**。秋は、**かます**、**戻りがつお**。冬は、**かわはぎ**、**ひらめ**、**いしだい**、**さわら**。この魚たちが来ている、と思うと、そのたびにそわそわします。

季節の移ろいとともに到来する魚の風味に誘惑されて料理できたら理想ではないでしょうか。もちろん現実には、通年食べられる干物とか、便利な冷凍品をうまく併用するわけですが、ときおり、このようにしてリフレッシュしたいと私は思います。そうすると、貴重なつながりが確保されるような気がいたします。

養殖魚と天然魚の価値のちがいもここにあります。おいしくて満腹になる、ということだけを問題にするならば、養殖魚にも良品は多くあるでしょう。それはそれで使います。ただし、季節の移ろいの微細なインデックスである点に、天然魚の風味の価値があります。

風味の喚起力は鮮度に比例する

魚の風味は、季節を映すインデックスです。ただし、映すといってもぱっきりと像を結ぶほどの喚起力を持つのは、鮮度が保たれているときに限られます。ここに魚料理のおもしろさとむずかしさがあります。いきいきとした状態のものなら風味の喚起力は最大ですが、ほとんどの魚は鮮度を保持できる期間が限られています。いまのところ、急速冷凍などの技術によっても、風味を永続的に保つことはできません。天然の鮮魚は、近代食品産業のテクノロジーをもってしても、完全に管理し、同じまま流通させることのできない野性です。

もちろん、魚介の冷凍品には冷凍品の使いみちがあります。たとえば、あじフライにするならばじゅうぶんにおいしい。安価である点がなにより助かります。けれど、新鮮なあじの刺身が持っている、あの海やこの海を想わせる力はありません。風味の多くが冷凍によって失われているからです。

ただ、最近は、（冷凍ではなく）冷蔵した状態で熟成させる方法が普及してきて、魚種によっては一週間以上も刺身で食べられ、なおかつ、時間の経過にともなう好ましい変化があるともいわれています。保存・熟成については次週にくわしく見てゆきたいと思っています。

まず自炊者が知っておかなければならないのは、熟成に適した魚とそうでない魚の種別です。熟成に適しているのは、基本的に、魚体の大きな魚です。**まぐろ**、**ぶり**、**かんぱち**など。それから、深い海の底のほうにいて、平べったいかたちをしている魚です。**たい**、**ひらめ**、**かれい**、**きんめだい**などです。これらの魚の出番は次週です。

反対に、熟成がほぼできない魚は、**あじ**、**いわし**、**さば**、**かつお**、**たら**、などです。主に青魚ですね。塩蔵するか、干物にするか、加熱調理してしまわないかぎり、冷蔵では長期保存できません。その多くが、死後すみやかに自己消化を始めるからです。自己消化によって、いわゆる「青魚臭さ」を帯《お》びます。これらの魚は養殖もできません。

しかし、自炊において最も重要な魚こそ、これら青魚だと私は考えます。栄養価が高く、旬には安価で、古くから各地で食べつづけられてきたので伝統料理のレシピも豊富にあります。

なにより、鮮度が落ちる前の、ごく新鮮な状態ならば、あじであれ、いわしであれ、さばであれ、最上の美味であるといってよいでしょう。それゆえ、最も重要ということなのです。というわけで今週は青魚の扱いと調理についてじっくり述べてゆきます。

あじといわしは最上の美味

調理方法の説明に入る前に、風味のすばらしさをあらためて強調したいと思います。あじやいわしが最上の美味というと、え？と思われる方が多いかもしれないからです。というより、私もかつてはずっとそう思っていました。なにそれ逆張りじゃないの？というぐらいの認識でした。しかしそれは、私が本当に新鮮な青魚を食べたことがなかったからです。本当に新鮮というのは、死後硬直の最中か、さらにそれ以前ということです。できれば水揚げされた当日、状態がよければ（活《い》け締《じ》めされ、流通の過程で丁寧に扱われていれば）翌日まででしょうか。いずれにせよその期間は長くありません。だからその風味をまだ経験していない方は多いと思います。真価が広く知られていないということです。

私が初めてとても新鮮な、獲れたての青魚をそれと意識して食べたのは二十代前半のことでした。衝撃的においしいと思ったことをいまでも鮮明に覚えています。夏のさわやかなごまさばを自分で刺身にして食べたのでした。いわゆる青魚臭は皆無で、うっすらと海水のいいにおいが残っています。その身には、歯がさくっと入るような弾力がありました。生き物だ、というかんじですね。脂《あぶら》は軽快で清澄《せいちょう》。小田原の朝どれ鮮魚を取り扱うお店で購入しました。

このお店は、あじやいわしも、やはり朝どれの状態で売っていました。料理店へ卸《おろ》すのがメインの魚屋さんなので扱いも丁寧。それぞれ、本当においしくてびっくりしました。あじは身のピンク色もうつくしく、なにより、すごく香りのいい魚です。天然のしまあじの香りこそ典雅で最高という主張もありますが、そのような高級魚の上物はごく一部の寿司屋などが独占してしまうので、ふつうは食べられないですよね。まあじでじゅうぶんすばらしい香りが堪能できます。一つひとつ微妙な個体差があって、食べ飽きしません。

あじは回遊魚ですが、なぜか回遊せずに沿岸にとどまっているため脂がとても乗って黄金色に輝く「黄金あじ」ないし「黄あじ」と呼ばれるものもあります。見つければラッキーです。しっかり多い脂が口の中であっというまに溶けてゆくのも青魚の特徴です。痩《や》せているあじは価値が下がりますが、新鮮ならば、やはり買いです。痩せているなりの使い方があります。なにより、同じ場所で穫れるあじが年間を通じて、痩せたり、卵巣を抱えたり、丸々と太ったりする——このグラデーション変化を通じて、海の息づかいのようなものを感じ取ることこそが最高のごちそうです。一流を標榜する寿司屋では、最初から選り抜かれたエリートあじしか出さないかもしれませんね。太ったものも痩せたものも、季節によって異なる多様なあじをすべて味わい、通底する季節の大きな流れを感得できることも自炊の強みです（私が寿司屋だったなら、定点観測的に、あえて痩せている時期のあじも出して、時間の表現をするでしょう。卵巣を抱えている時期は、卵巣乗せで握るかもしれません)。

脂でいえば、最大限に太った時期のいわしの脂にも宝石のような価値があると思います。焼いても刺身にしてもおいしいですが、とくに刺身で食べると感激します。皮のすぐ下に白い脂の層ができていて、新鮮ならば、この脂はさらさらの極みです。よく知られるように、ここに豊富に含まれるEPA(エイコサペンタエン酸)は、人間の血液の粘度を下げる、きわだったヘルスファクターでもあります。箸《はし》につまんだいわしをしょうゆにさっと触れさせると、しょうゆの表面に脂がさーっと広がってゆきます。この光景に心が高鳴ります。薬味にはしょうがもわさびも合います。いわしの脂は食べ飽きしません。黒まぐろのトロにも独特のフレイバーがありますが、新鮮ないわしも負けてはいません。かすかな血の鉄分が、味わいに深みを与えています。値段はトロの何分の一でしょう。

本書全体が目指す自炊の大方針の一つは、ある土地の、うつろいゆく季節の表情を反映させる「取り替えのできない料理」を作るということでした。青魚料理はそのための最良の手段の一つだと思います。おまけに健康的で安価なのだから、自炊のコアにしない手はありません。

私は、来客があるときは地物の青魚を食べてもらうことが多いです。近くの漁港によく揚がるからです。最高鮮度のあじの刺身。なめろう。いわしの塩焼きに茹《ゆ》でたじゃがいもとレモンを添えて、シチリアの赤ワインとともに。魚の身を包丁で叩き、赤たまねぎとライムとコリアンダーと一緒に和《あ》えて、メキシコ的なセビーチェに。こういうかんじですね。簡単で、気さくで、味わいはこの上なく、季節も映し出し、なおかつここでしか食べられない味だと胸を張れるのですから、いうことなしのチョイスだと思います。

キッチンに魚の通り道を作る

青魚がもたらしてくれる感動がいかに深いかを述べてきました。新鮮な状態で食べるための理想は、家でさばきたてを食べることです。さばくのはたしかに手間が少々かかりますが、「感動＞面倒」は確実に成立します。ここからはその具体的なやり方について述べます。

魚料理において大事なのも、インプットからアウトプットまでの流れを整え、システマティックにやることです。システム化されていれば面倒は最小になります。「キッチンの動線」で確認したことを拡張して、魚対応にすればよいだけです。いわば、キッチンに魚の通り道を作るということです。そうすれば旬の魚たちを気持ちよく迎えられるのです。

青魚の調理には、大きく分けて三つの局面があります。

一、信頼できる魚屋で、新鮮な青魚を仕入れてくる（「買い物」の週で予習したとおり）。
二、家で丸のままの（未解体の）青魚を解体・調理する。
三、すみやかに片付けて、キッチンに不快なにおいを残さない。

それぞれ順番に、一＝仕入れ、二＝解体・調理、三＝片付けです。これらがシステマティックな一連の流れになればよいわけです。さらにくわしく見てゆきます。

一、お店を見つけます。首都圏であれば、朝どれ鮮魚を、三浦半島や湘南や小田原の漁港から直接仕入れて当日に売る魚屋が存在します（豊洲を経由すると、中一日よけいにかかります）。もし海沿いに住んでいるならば、チャンスは増えるでしょう。問題は、海から離れた街にお住まいの場合にどうすればよいかです。料理屋さんに卸す、卸し業者の店が近くにあれば、そこで小売をしている可能性もありますので、聞いてみる価値があります。現在は、インターネットで漁師直送の鮮魚宅配サービスが増えているので、それらを探すこともできます。ちなみに私は、最終的に海沿いへ移住しました。

二、解体・調理。ここで用いる道具を確認します。

・**包丁**　青魚であれば、よく切れるふつうのステンレス包丁一本で済ませることもできます。理想的には、丸の魚をおろすときのための出刃《でば》包丁。刺身に引くときの柳刃《やなぎば》包丁。この二つがあるとよいです。柳刃は刃がきわめて鋭利で薄くできていて、魚の繊維を破壊せずに切ることができます。切っていて楽しいです。

・**魚用のふきん**　魚をさばくときは、魚を濡れたままの状態にすると劣化が進むので、洗ったら水気をすぐ拭いたります。カー用品の吸水タオルが最強といわれます（違和感があるのは最初だけ）。

・**キッチンペーパー**　タオルと併用して、吸水に使います。バットに敷いたり、腹に詰めたりします。

・**うろこ落とし、骨抜き**　ほかの器具で代用しがたい必須アイテムです。

以上をすべて取り出しやすいところに置くこと。出刃と柳刃は箱の中に入れては絶対だめ。引き出しの一番奥にしまう、ということもないようにしてください。そうすると確実に、面倒で使わなくなります。包丁スタンドにスタンバイさせます。

ほかに、各用途の器具があります。貝剝《む》き、炙《あぶ》るためのバーナー用トーチなどです。

三、魚を調理したあとの片付け。

よく聞くのは、この片付けが面倒だから家で魚をさばきたくない、という声です。解決策は、鮮度のよい魚を用いること、に尽きます。ここをなんとかがんばりましょう。すでに内臓が溶けて原形をとどめていないような魚を用いると、においが気になって片付けがよけいに面倒になるからです。鮮度がよければ臭くありません。

解体で出た非可食部をどう捨てるか。ふだん、三角コーナーにネットをつける必要はないと思いますが（むしろネットなしで頻回に洗うほうがよい）、魚料理のときはつけても便利です。

ネットごと生ゴミをぎゅーっと押して水分をしぼり出します。水分がじゅうぶんに切れていれば腐敗を遅らせることができます。これを（できれば新聞紙などで包んでから）厚めのビニール袋に入れ、きっちり密封して捨てます。ペットの汚物処理用などの消臭袋を使えば完璧です。ベランダなどがキッチンに隣接していれば、生ゴミ専用のゴミ箱を設置するとよいでしょう。そうすれば室内で匂うということはなくなります。ビニールを二重にして冷凍庫、という手もあります（燃えるゴミの日に忘れないように）。経済的余裕とスペースがあれば、生ゴミ処理機もおすすめです。これがあると生ゴミ臭とは、ほぼ完全に決別できます。

片付けの最後ににおいが残るようならば、キッチンハイターで（泡タイプも便利です）漂白、殺菌すれば完璧にリセットできます。さかな専用ふきんもキッチンハイターに漬けましょう。いきなりほかの洗濯物と一緒に洗わないように。

この程度のことです。最初は少し苦労があるでしょうし、初期投資も必要ですが、システムが円滑に動き出してしまえば、面倒より大幅に感動が勝ります。

あじをさばいて食べる

さて、では作ってみましょう。先程の解体・処理についてもここでくわしく見てゆきます。

最初はあじの刺身です。丸のあじを刺身にするところまで。現代の入門者は、かつてに比べてはるかに魚のおろし方を学びやすい環境にいます。YouTubeなどの動画で一連の所作を見て、直感的に理解することができるからです。うつくしく理にかなった動作を見ると自分でもやってみたくなるものです。これは自分に合っている、と思うものを探してください。ちなみに私は、「魚の伝道師」ウエカツさんこと上田勝彦さんの動画をよく見ます。こまやかなコツの手ほどきが役立つからです。「ウエカツ」＋「魚の名前」で検索します。

以下に、あじの解体の手順およびポイントを示します。動きの解説はどうしても冗長になる部分があるので、わかりづらいディテイルは、適宜、動画を探してご確認ください。大きく分けて三つの段階があります。

第一段階。丸の状態から、うろこを落とし、頭と内臓を取ってふきんで吸水するところまで。まず、まな板に魚をどの向きで乗せるかですが、頭が左、しっぽが右。このとき腹は手前を、背は奥を向いている。これが基本です。左手で魚の頭を持って移動させます（こうすると手の熱を身に伝えなくてすみます）。流通するときも、この向きは不変です。まな板に接地しているほうの半身を「下身」、反対側を「上身」と呼びます。「下身」は重さがかかるので、売られるときは少し価値が下がります。

包丁で皮の上をすべらせるようにしてうろこを落とす。あじには、ぜいごと呼ばれる硬い筋がしっぽのところから頭に向けて伸びているので、それを包丁で切り取る。しっぽのけっこう先の方から包丁を入れるのがコツ。つぎに頭を落とす。腹を割いて内臓を取り出す。肛門から顎のほうに向けて切ってゆく。このとき内臓が露出して、魚の状態がはっきりわかります。鮮度がよければ内臓は原形をとどめています。腹身が溶けて、腹骨がぴょんと飛び出していたら、刺身にするのはやめたほうがよいです。まあまあならば酢で締める。ここでそのような判断をします。丸のまま購入する理由の一つです。

内臓を取り出したあと、空洞になった腹の中を水洗いする。このとき、背骨に付着した血の塊があるので、そこに水を当てながら掻き出す。使い古しの歯ブラシなどを使うとよい。手っ取り早く、自分の右手ひと差し指の爪の甲でぴっぴっと弾き出すのでもよい。魚が新鮮であればまったく気持ち悪いということはありません。洗い終えたら、専用ふきんまたはキッチンペーパーでよく水気を吸わせる。ここまでが第一段階。この先は水洗いしない。

この状態から**焼き魚**にできます。塩を振り、魚焼き用のガスコンロなどで焼きます。コツは、コンロ内を余熱でしっかり熱くしてから魚を入れること。

第二段階。さくにするところまで。

いわゆる三枚おろしです。上身、中骨、下身、の三枚に切り分けます。

最初に下身を分離します。頭としっぽの向きを半回転させ、裏返します。空洞の腹のところから刃を入れ、包丁を寝かせて、中骨の上ぎりぎりのところをすべらせるようにして、しっぽ

あじの解体の手順
第一段階

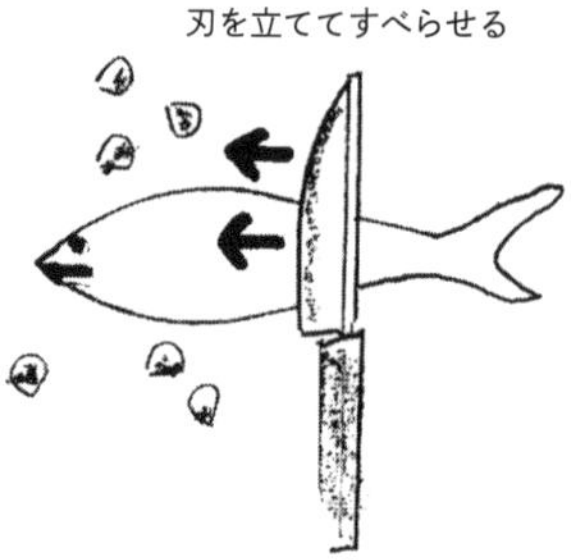

①ウロコを取り除く（裏側も）

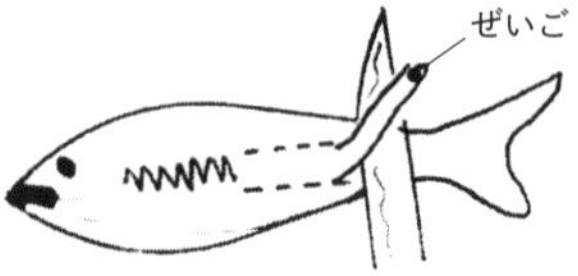

②ぜいごを切り取る（裏側も）

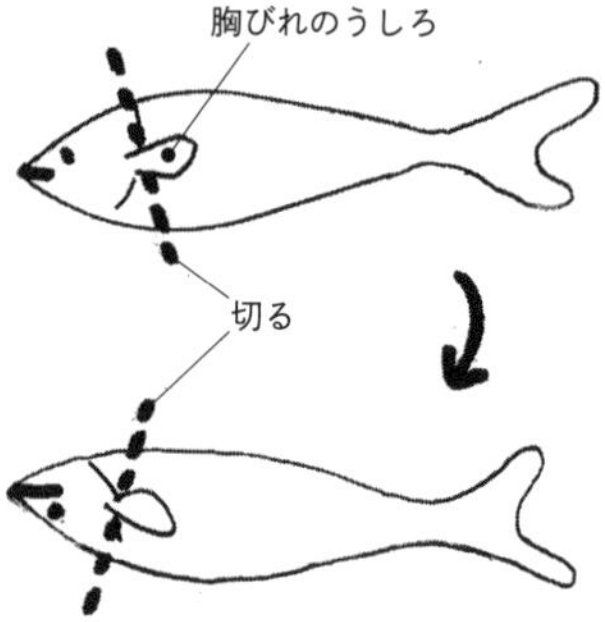

③頭を落とす

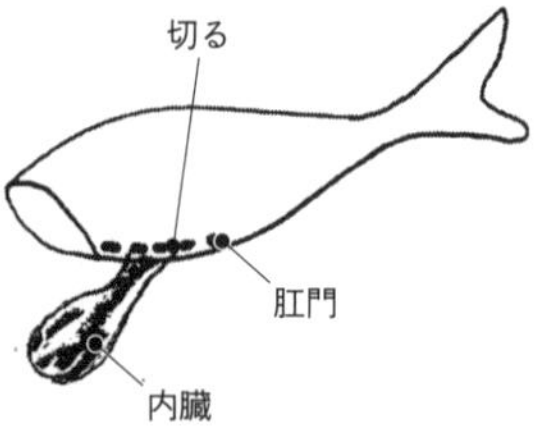

④内蔵を取り出す

あじの解体の手順
第二段階

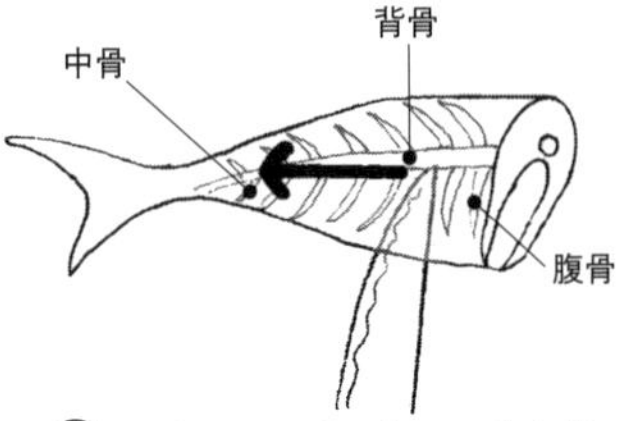

① 下身をおろす。包丁の先を背骨に当てながら中骨の上に刃をのせてスライドさせる。

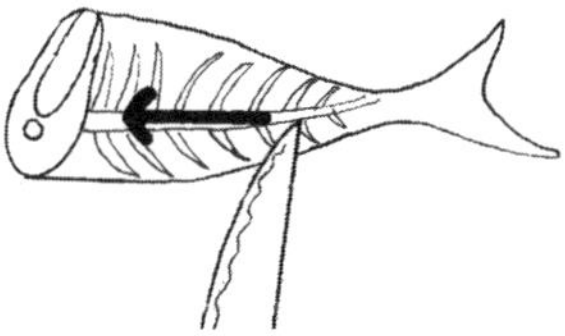

② 背側も同様に切る。

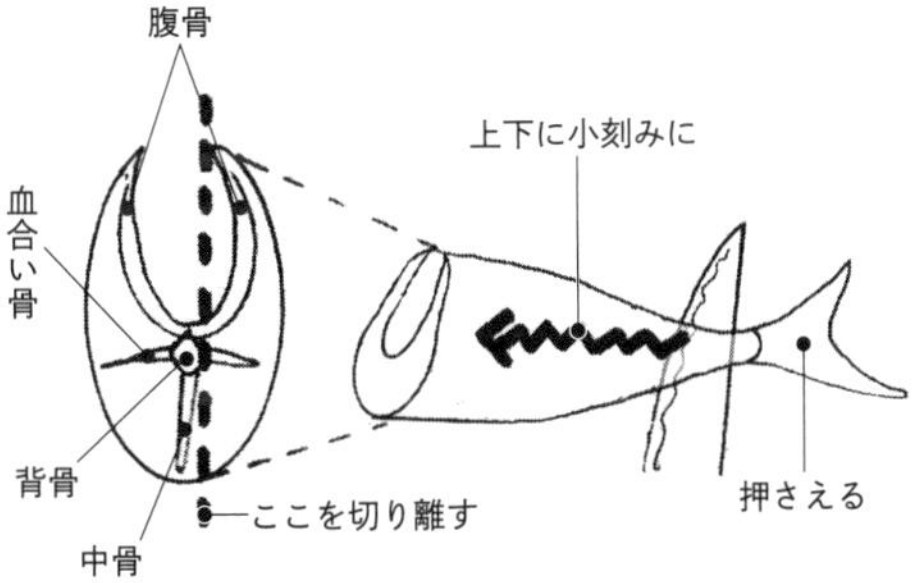

③ 真ん中でかろうじてつながっている下身を切り離す。

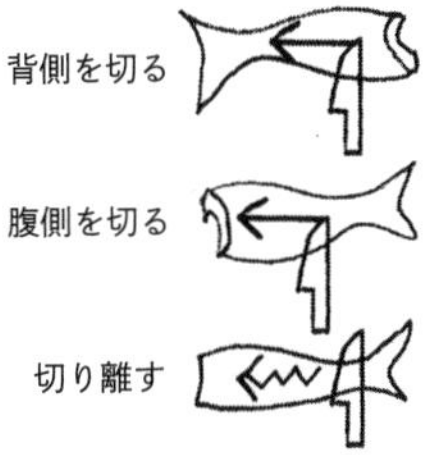

④ 上身も切り離す。これで三枚におろせた。

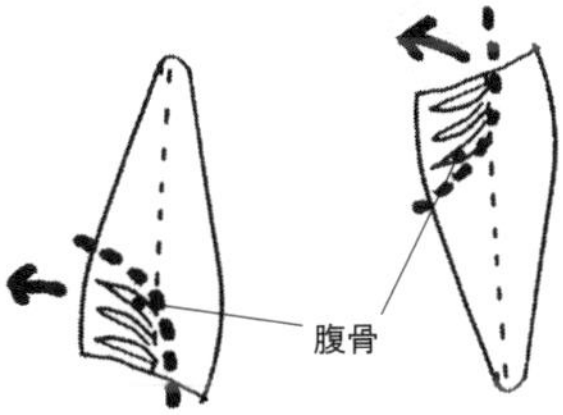

⑤ 腹骨をそぎ取る。

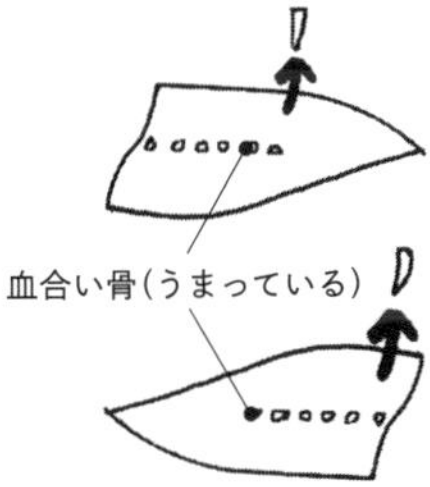

⑥ 骨抜きで血合い骨（小骨）を抜き取る。

まで切ってゆきます。二回に分けて、一刀目は皮だけを切り、二刀目で身を切る、とするとスムースです。包丁の先端は、中央の背骨のところで止まるように。切り終えたら、魚の向きをまた半回転させて、今度は背側を、しっぽから頭側のほうまで同様に切ります。こうすると、あとは真ん中の腹骨および血合い骨のところだけで下身がかろうじて背骨とつながっている状態になるので、仕上げに、包丁をしっぽ側から頭側へ、背骨にそってスライドさせるようにして腹骨および血合い骨をすべて切断してゆきます。これで下身のさくが取れました。

裏返して、反対側も同様にする。これで上身も取れました。三枚おろしの完成です。

さくには腹骨と血合い骨が残っているので、まず腹骨をなるべく薄くそぎ切りにする。

最後に、残っている血合い骨を、骨抜きで取ってゆく。身を上から指で撫《な》でると、骨の先端が触れるので、それを抜いてゆく。慣れれば、抜き取りやすい骨の向きも感覚的にわかってきます。第二段階終了です。食べる直前までこの状態で保管します。皮が残っていると皮下脂肪が酸化から免《まぬが》れて大幅に鮮度維持できます。トレイにキッチンペーパーを敷いてさくを置き、ふたをして冷蔵庫にしまう。チルド室があればそこがベストです。

第三段階。皮を剥いて刺身に引くところまで。

なるべく、食べる直前に皮を剥く。頭側の端っこをめくり上げると、べリべリッと簡単に剥けます。つぎに刺身に引きます。刃渡りの全面を使うように、ゆっくり引き切りする。最初は不揃《ふぞろ》いで問題ありません。それよりも、どんな厚みで、どんな角度で、どんな鋭利さで切ると、口に入れたときにどう感じることになるか、ということを自分で試して楽しむ気持ちでやってください。

お皿に盛り付けます。余裕がでてくると、盛り付けはあんがい簡単に上達します。すりおろした**しょうが**か**わさび**を添えて、小皿に少し注いだ**しょうゆ**とともに食べます。

どうでしょうか。私はこれ以上においしいものは、世の中にそんなにたくさんはないと思います。ただし、とても新鮮なら、という条件つきですが。

青魚、絶対のふた品

つぎにあじのなめろうを作ります。

あじのなめろう

一、上記の第二段階までの処理が済んだあじのさくを2枚、まな板の上に乗せて、皮を剥く。

二、ねぎの白い部分を5センチほど、みょうが1本（なくともよい）、しそ2枚、大さじ1〜2ほどのみそを、同じくまな板の上に乗せる。

三、とんとんと包丁ですべてを叩いてゆく。混ぜて全体をなじませつつ叩く。どんな粗さにするかは好みです。私は、あじの身のこりっという歯ごたえと、みそと混ざってねっとりしたところが、ちょうどよく同居している状態になったら止めます。

四、深さの少しある小さなうつわに一人前ずつ盛り、しょうが酢（すりおろしたしょうがを酢に入れたもの）を上からまわしかける。

思わず皿までなめてしまうほどの美味、ということでこの名前になったなめろう。食べてみていかがでしたでしょうか。意外と簡単にできるのに、感嘆するほかないおいしさです。日本の香味野菜と発酵調味料とが組み合わさってあじの身の風味と交響するのだから当然です。あじの解体がうまくいかず、身が崩れたときは、なめろうへ直行すると失敗をカヴァーできます。

最後に、しめさばの作り方を示します。これも、自分で作って自分で食べることで本当においしく感じられます。料理における「プロセスと結果」の関係がこまやかに、そしてダイレクトに感得されるからでしょう。

しめさば

一、新鮮なさばを買ってきて、さくにする（あじのさばき方と同様）。

二、バットにさばを並べ、身がまっしろになるぐらいの塩を表と裏の両面から振りかける。20分ほど置いて、水が出るのを待つ（血合い骨を抜くタイミングをここにすると合理的）。

三、流水で塩を洗い流す。

四、バットにさばを戻し、米酢をかける。ひたひたまで注がなくとも、キッチンペーパーで包めば、全体に酢がまわる。また冷蔵庫に入れて、好みの状態まで酢が入るのを待つ。浅めが好みならば、さばの厚みにもよるが30～45分ほど。クラシックにしっかり白くなるほど深く酢を入れたければ2時間以上は置く。酢を切ればほぼ完成。すぐ食べられるが、翌日のほうが塩と酢がなじんでまろやかになっている。

五、食べる直前に皮を剝き、柳刃包丁で切り分け、うつわに盛る。

断面のグラデーションを眺めてください。酢の入り方に応じてこの景色が変わります。脂が乗ったさばならば、ねっとり感を満喫できます。乗っていなければ、どこまでも軽やか。繰り返しますが、この変化を楽しむのが自炊です。

練りからしを添えてもおいしいです。白米にも合いますし、熱燗《あつかん》はいうまでもありません。

今週はこのどれかを作ってください。これらがうまく作れるようになれば、ほとんどすべての魚料理をするための下準備が整ったといっても過言ではありません。加熱調理の場合は、第二段階のさくにした状態から、蒸す、焼く、煮る、揚げる、のいずれかに進めばよいだけだからです。

16 白身魚など

中型魚をさばく

今回は、青魚以外の中型の魚をさばきましょう。青魚とのちがいは熟成ができることです。最初はたいの仲間がよいでしょう（**まだい**、**くろだい**などです）。先週同様、動画を見てイメージトレーニングすることを強くおすすめします。上達の速さがぜんぜんちがうと思います。

手順はあじのときと基本的には同じです。三枚におろし、さくにします。ちがうのは、血合い骨を抜き取るのではなく、包丁で切り取ること。中骨から身を二つ分離した状態でその中央に血合い骨が並んでいます。この血合い骨のラインにそって、背側のさくと腹側に分けます。そのとき、血合い骨のラインを切り離すようにします。

頭は「なし割り」にします。口の間に（前歯の中央に）出刃《でば》包丁を突っ込むように入れて真っ二つにします。刃の先端をまな板まで到達させてから、手前に倒すように切ると、安全です。つぎに顎のほうも切断します。頭を煮るとおいしい「兜煮《かぶとに》」です。頭からはいいスープも取れます（後述）。

白身魚のおろし方・
なし割り・皮引き

血合い骨を切り取る

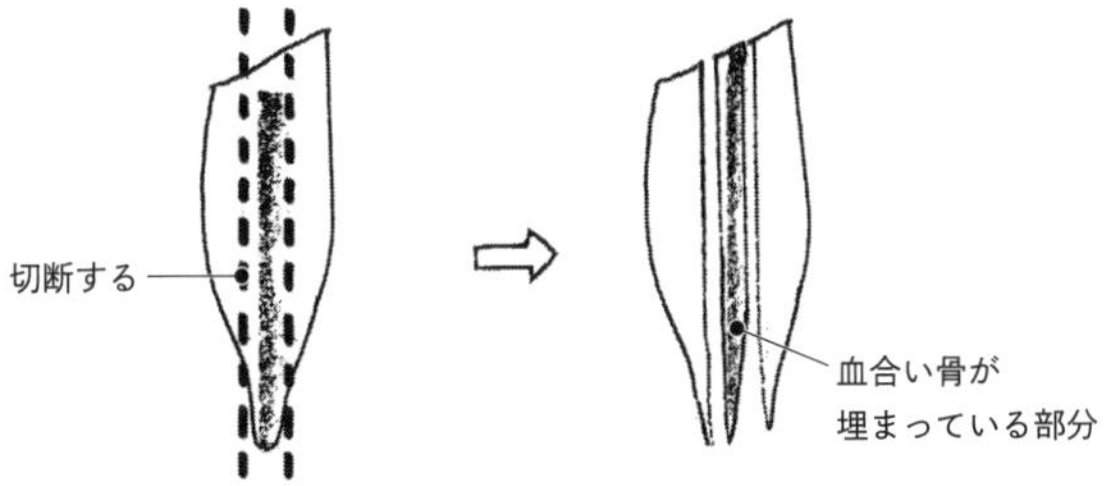

頭をなし割りにする

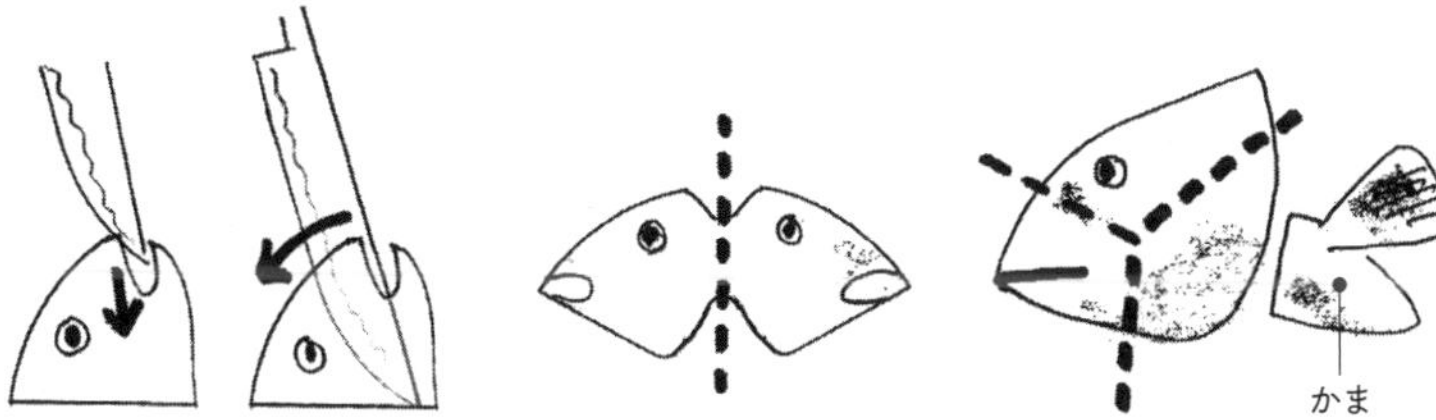

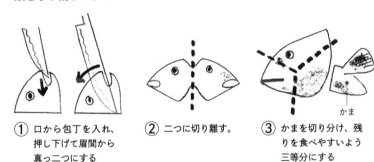

① 口から包丁を入れ、押し下げて眉間から真っ二つにする

② 二つに切り離す。

③ かまを切り分け、残りを食べやすいよう三等分にする

皮引き

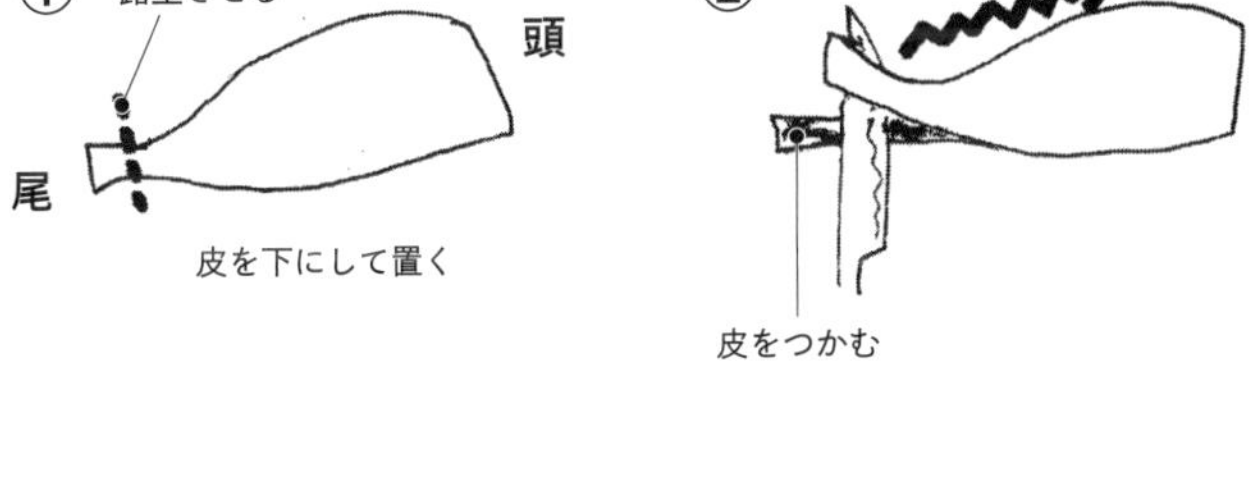
①
包丁を入れ、皮を
露呈させる
②
小きざみに上下
させつつ

「皮引き」もします。青魚とちがって皮は分厚く硬いので、手で剝《む》くことはできません。皮目を下にしてさくをまな板に置き、柳刃包丁で皮をすき切ります。さくの一番端のしっぽに近い部分を、まず一切れそぎ切りにして（味見用にしましょう）、皮を少し露呈させます。そこから、皮と身の間に寝かせた包丁をすべらせてゆき、同時に左手でしっぽ側の皮をしっかりつかんで逆方向に引っ張りながら、包丁をどんどん進めてゆきます。このとき包丁を前後に細かく動かしながら進めるとよいです。

自分で魚をさばいていると、魚の持つ風味の解像度が確実に上がります。まな板の上に魚が丸のまま乗っていると、海と直結しているかんじがします。まずそれがよいわけです。どんな由来なのかを自然と想像します。うろこを引いて、内臓を出してその状態を見て、骨から身を切り離せば、どういう個体か、アマチュアなりに、いろいろと感じることができます。

とても脂《あぶら》が乗っていれば、包丁にべったりと付着するので、いまが味わいの旬だな、何も足す必要はないな、蒸してもいいかな、とか。脂が乗っていないと感じたら、オリーヴオイルをかける食べ方にしてバランスを取ろうか、とか。端切れの部分をぱくっとつまみ、そこでたとえば、磯《いそ》の香りがちょっと強いかな、ということがわかる。それならば何かハーブを合わせて、くせとくせで相殺しよう、とか。さばいていると、心が検索モードになります。この時点ですでにかなり楽しい。食べる楽しさの多くを先取りしているのだと思います。というより、さばくことは、すでに食べるプロセスの一部です。包丁はある意味で歯の代替物ともいえます。

ここまで手をかけて調理するとき、魚が店頭に並ぶまで大切に扱われてきたかどうかがはっきりわかります。丁寧に扱われていきいきした魚だったなら、そのことをありがたいと思うようになります。漁師さん、仲卸《なかおろし》さん、魚屋さんと、魚愛を共有したと思えるようになるのです。かけられた手間にみあった対価をお支払いしたいという気持ちにもなります。逆に、魚たちがぞんざいに扱われているのを目にすれば、残念に感じられてきます。魚が獲られ、流通し、食卓に並ぶまでのしくみは果たして現在、適切なのだろうかという疑問を持つようになるかもしれません。一匹の魚をさばくことによって、自然環境や社会環境にまでも想像が及ぶようになるものなのです。

さて、さくになりましたでしょうか。

では、まず刺身にします。切り方には、「平造り」と「そぎ造り」があります。厚みがある背側は平造りに。皮目を上にし、さくの右端から切っていきます。刃はまな板に対して垂直に下へ向けて、刃渡り全体を使って引き切ります。腹側は厚みがないので、そぎ造りが向いています（背側も薄ければそぎ造りがいいです）。皮目は下に、左から。左手の指でさくの左端のところを上から軽くおさえ、斜めに寝かせた包丁で薄く、そぎ切っていきます。切断する最後の皮目のところで、包丁を立てるようにすると、角が立って見映えよくなります。最初は怖いかもしれませんが、慣れると案外簡単です。規則的なかたちで身を皿に並べていってください。

おおらかな気持ちでやりましょう。

　自分で切るようになると、プロが作る刺身の鋭利な切り口を見たりして、しみじみ尊敬できるようになります。お店で手元を見る機会があれば、よく観察して、参考にさせていただきましょう。これも魚料理をすることの効果です。外食で専門家の魚料理を食べることが何倍も楽しくなります。

　たいなどの白身魚を刺身にする場合、獲れたその日はまだうまみが少なく感じられます。細胞中のＡＴＰ物質というエネルギー源が、うまみのもとであるイノシン酸に変化するまで時間がかかるからです。私はこの段階のものの弾力と歯ごたえも好きなので、薄めのそぎ切りにして食べます。翌日以降は、しっとりとしてき、さらには、脂と渾然一体となって、ねっとりしてきます。その場合は、厚め

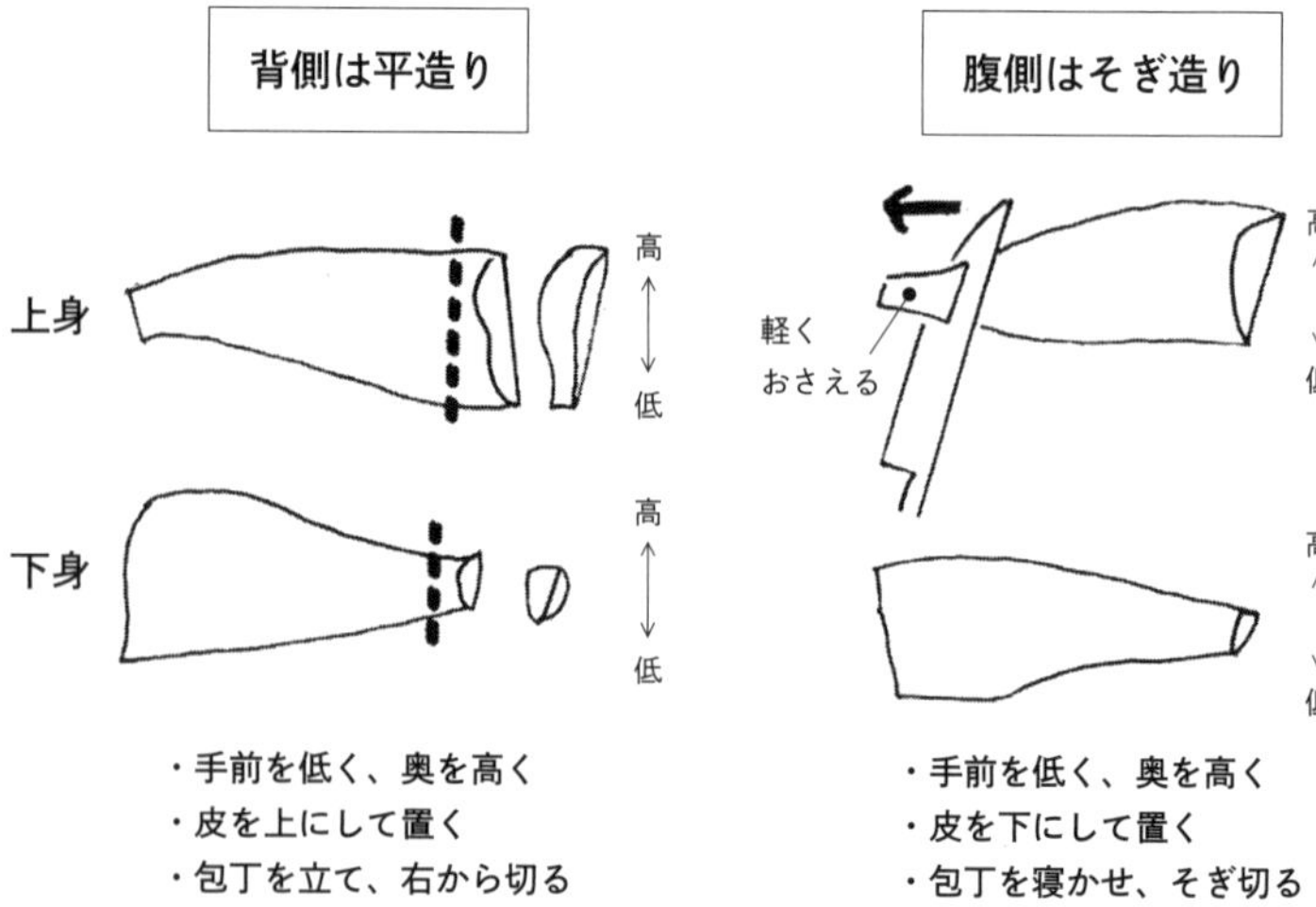

・手前を低く、奥を高く
・皮を上にして置く
・包丁を立て、右から切る

・手前を低く、奥を高く
・皮を下にして置く
・包丁を寝かせ、そぎ切る

の平造りにして、食感を楽しみます。こうして、熟成の過程を総体として楽しみます。

余裕があれば、本わさびを調達してすりおろせば清冽な風味でとてもおいしいです。キッチンペーパーとビニール袋に包んでしっかり保管すれば二、三週間は保《も》ちます。ふだん遣いには、粉わさびを溶いて使うのでもじゅうぶんです。

フライパンでポワレにする

さくになった状態からは、蒸しもの、焼きもの、揚げもの等々へ展開できます。フライパンで焼けば、フランス料理用語でいうところの**ポワレ**になります。

さくをちょうどよく切って両面に塩を振ります。フライパンにオリーヴオイルをひいて熱し、皮目を下にして入れます。最初に軽く上から（フライ返し、または自分の指で）しばらく押さえると皮目が平らなままで固まります。そこから皮がクリスピーになるまでじっくり火入れすると、見た目がかっこいいポワレになります。皮目の焼け具合がよいかしっかり見て確認してから、ひっくり返します。身のほうはさっと表面に火が入る程度でよいです。皮目に小麦粉をつけてバターで焼くと、**ムニエル**です。サーモンやたらなどに合います。

基本の万能ソースに、ブールブランソースがあります（白いバターのソースの意味です）。作り方は以下のとおり（二人前の分量です）。

ブールブランソース

一、小鍋でエシャロットを半分ほど（25gほど、なければ同量のたまねぎを）バターで炒《いた》める。

二、白ワインを100ml注ぐ（なければ日本酒でも代用可）。¼量になるまで煮詰める。

三、冷たいバターの塊100gを、何回かに分けて入れ、そのあいだ全体をかきまぜて乳化させる。すべてのバターを入れて全体がとろんとしたら、塩コショウで調味。

以上です。濾《こ》し器でエシャロットを濾すと、白いなめらかなソースになってご馳走感が増しますが、濾さなくとも食感が楽しめますし、それはそれでOKです。いずれにせよ簡単なので、魚を焼くのと並行して作れます。皿にソースを置き、その上に魚のポワレを乗せて完成です。

もっと手軽なのが、**焦がしバター**（＝ブールノワゼット）をかける食べ方です。簡単ですが、まちがいないおいしさです。フライパンでバターを加熱すると泡が立ち、ノワゼット（ヘーゼルナッツ）色になります。そこで、塩抜きして刻んだケッパーとレモンの絞り汁を適量入れて混ぜるだけです。しょうゆを少々足してもおいしいです。

ほかの万能ソースに、サルサヴェルデ（緑のソース）があります。こちらはイタリア料理。ポワレにも、切り身を蒸したものにも合います。

サルサヴェルデ

一、イタリアンパセリやディルなどの青いハーブをお好みで、ひとつかみ（30gほど。ベランダや庭で育てているといいですね）、おろしにんにく¼かけ分、ケッパー5gほど。アンチョビフィレ2枚、ヴィネガー15ml、オイル100ml。以上が目安です。これをミキサーに入れて攪拌《かくはん》すれば完成（ミキサーがなければすり鉢でも）。

二、皿の上にこのサルサヴェルデを置いて、魚のポワレを乗せる。じゃがいもやいんげんなどの野菜を蒸すか茹《ゆ》でてから添えると充実のひと皿になります。

魚を長く多面的に味わい尽くす

魚を解体したあと、その日に食べ切れない分は、しばらくのあいだ、さまざまに有効活用できます。というより、一匹の魚のさまざまなおいしさの各部位を、長く多面的に味わい尽くすのが、自宅で魚を食べる醍醐味です。そのような伝統が各地で育まれてきました。

たいなどであれば、さくに、うすく塩してからこんぶにはさんでおくだけで、こんぶ締めになります。翌日、翌々日に深い味わいを楽しめます。そのこんぶはだしを取るのに使ってください。

ピチットという脱水シートがあれば、冷蔵庫で干物ができます。魚にたっぷりの塩をして30分ほど置き、流水で流してから、ふきんで吸水し、ピチットで包みます。もし用意があれば、さらに真空パックして保存します。酸化を免《まぬが》れたとてもおいしい干物になります。青魚の場合も同様にでき、一週間以上は軽く持ちます。このやり方は丸元淑生の『家庭の魚料理』で学びました（14〜15頁）。干物は、専用のネットで、従来どおりに作ることもできます。大量に作るときは（あればですが）これが便利です。私は、大きめのたちうおが手に入ったときなど、筒切りにしてから、軽く塩し、そのままネットで半日ほど干す、というようなことをします。

ほかに、家でこそ楽しみたいのが、あらを用いた絶品のあら料理です。

あらを煮出すと、おいしいスープが取れます。

解体してでたあら（頭、上身と下身のあいだの骨の部分、切り離した腹骨のところ）を水から煮出します。最初にクリーム色のあくが出るのでそれを掬《すく》い取ります。沸騰する手前のぷくっぷくっと表面がいうぐらいの温度を維持して30〜40分ほど加熱すると、透明なスープが取れます。ざるで濾して完成。魚にも味わいが残っているので、あら汁や韓国風チゲを作るときは、入れたままにします。骨に気をつけて食べてください。

濃厚なスープを取りたいときはしっかりぐらぐら沸騰させます（身は食べません）。マッシャーで押しつぶしてから、濾します。

こうしてできたスープは、「煮る」の章で用いたスープのベースとして、水の代わりに用いることができます。魚の複雑な香りとうまみが加わります。サフランを入れると、くせが相殺されます。貝や甲殻類が加わると、さらにごちそう感が増します。

しょうゆやみそで調味する**あら汁**も滋味深くおいしいです。だいこん、ごぼう、にんじん、木綿どうふなどが具材として合います。先週は割愛しましたが、青魚のあらもこのように、あら汁などに活用できます。

あらスープには発酵食品が合います。冬には、コチジャンの辛味を利かせた**韓国風キムチチゲ**を作ってください。とうふ、ねぎ、キムチ、すりおろしたにんにくを入れます。上から卵を落として半熟にして食べてもおいしいです。

あらのだし汁で作るパエリアも簡単なのに深い満足感があります。

あらのだし汁で作るパエリア

一、あらを煮出す。

二、フライパンにオリーヴオイルを多めにひき、みじん切りしたたまねぎ（半個ほど）、同じくみじん切りしたにんにく（一かけ分）を炒めてから、（洗わない）生の米（一合半）を入れてさらに炒める。半透明になったら、あらのスープを注ぎ入れる。サフランも6本ほど。塩も適量。

三、魚の身（そこからあらがでたもの）、ズッキーニやパプリカなどの野菜を上から並べる。

あさりや塩豚の薄切りが入ると重層的なうまみになります。

四、蓋をし、沸騰したら弱火にして15〜20分。水が足りないようならば、途中であらスープを足す。蒸らさず、少し米の芯を感じるくらいでもおいしい。きんめだいやはたなどコラーゲン質の多い魚で作ると、米もつやつやして非常に美味。

生のまま魚を熟成する

最後に魚の熟成について述べます。塩などをせず、生のまま冷蔵保存するということです。

ここ十年ほどでしょうか。魚を熟成させる方法が広く家庭でも普及しつつあります。比較的大きめの魚を家庭の冷蔵庫で一週間ほど熟成させるのです。熟成というのは、ただたんに保存期間が伸びるだけではなく、好ましい味わいの変化が生じるということです。以下にそのポイントを述べます。

丁寧に処理された、状態のよい魚であることが第一条件です。懇意の魚屋さんに、熟成に適した魚を選んでもらいましょう。解体するときは、ブラシを用いてできるだけ血液や汚れをきれいに洗い流します。余計な水分は熟成の大敵なので、完全に拭き取ること。熟成中は、空気にも可能なかぎり触れないようにします。パーチペーパー（ネット通販などで購入できる、適度な吸水力のある緑の紙。キッチンペーパーでも可）を巻き、さらに真空パックすると完全に酸化防止できます。皮と骨付きのほうが保存に適しています。保存の温度は、冷凍直前の０℃が理想です。家庭ではチルド室がよいでしょう（専門店では、トロ箱に氷と水を入れ、そこへ魚を密封した袋ごと沈めます）。長期間熟成すると、少し変色する部分もでてきますが、そこを切り取れば、残りは食べられます。そのつど、食事に必要な分だけを使用し、残りは再度パックして冷蔵庫に戻します。私はこのやり方で、細く長く、軽く一週間は、白身の刺身を食べつづけるようになりました。

熟成できるシステムが家にある利点は何でしょうか。無駄なく使えるので倹約的ということが一つ。それから、魚を迎え入れやすくなります。たとえば旅行先の市場に立ち寄ったとき、躊躇《ちゅうちょ》せずによい魚を持ち帰ったり、宅急便で送ってもらったりできるようになります。こうしてまた、風味を通して触れられる世界の範囲が広がるということです。

17

1＋1

魚一種に野菜一種の即興料理を作ってみる

今週は、魚と野菜を一つずつ自由に組み合わせて、おいしいひと皿を作ります。

先週までは、主に魚なら魚だけを刺身に引くといった、ごくシンプルな料理を中心に取り上げてきました。今週は「1＋1」です。魚一種に野菜一種。二つの食材を組み合わせておいしくする。しかも自由な即興です。即興的な組み合わせを試せるのも、自炊の大きな楽しみです。

もちろん伝統料理の型をないがしろにせよということではありません。このあとの週では定番のレシピを取り上げる予定です。ただ、自分のアンテナを頼りに組み合わせを試していると、完成された伝統のすばらしさがしみじみとわかるようになるものです。即興することは、風味の組み合わせを能動的に感じるために大事です。

また、現在はいろいろな食材が国境を超えて入手できる状況です。そのおいしさに惹かれて、かならずしも伝統の型にはおさまらない、ちょっとした組み換えだとかリミックスを試したくなるのはむしろ自然なことです。

生魚を食べる習慣が世界中に普及したのも、たかだか、ここ数十年のことです。各国なりのアレンジがなされています。それが逆輸入されることもあります。ほかにも全世界で、食材同士、調理法同士のクロスオーヴァーが起きています。現在は、歴史上のそういう時期です。自分のキッチンでも、おもしろい組み合わせをいろいろと試してみたらいいと思います。

生魚のカルパッチョ＋野菜

さて、ここから、魚一種と野菜一種の組み合わせをさまざまに試してみますが、「型」を定めておきます。以下が、自炊における重要な三つの型だと考えます。ここから出発します。

「生魚のカルパッチョ＋野菜」
「焼き魚＋野菜」
「魚と野菜のスープ仕立て」

順番に見てゆきます。

まずはカルパッチョです。

これはすでにイタリアンと和食の折衷《せっちゅう》料理です。もともとイタリアでは生の仔牛肉を薄く叩き伸ばしていたものを、日本ではふんだんに手に入る魚に置き換え、塩と酢とオイルで調味し、野菜を添えるようになりました。食材の鮮度を重視して軽く仕上げる新しいフランス料理

＝ヌーヴェル・キュイジーヌでも定番化し、国境を超えて影響を及ぼし合ったといわれています。魚を酢とオイルでコーティングして鮮度を守り、おいしくするという、とても理にかなった調理法です。

一例として「あじのカルパッチョ、ルッコラ添え」の作り方を示します。

あじのカルパッチョ、ルッコラ添え

一、あじのさくを用意する。

二、オイルとヴィネガーとしょうゆの混合液を作る。オリーヴオイル：ヴィネガー：しょうゆ＝9：3：1。作りやすい分量は、＝大さじ3：大さじ1：小さじ1。魚にもよりますが、しょうゆのマスキング効果は捨てがたいので、このように和洋折衷にしています。塩に置き換えるならば、塩1g。ここにさらに微量のすりおろしたにんにくを加える。あればディルを刻んだものも。以上をすべて密封容器に入れてシェイク。乳化させます。これは私がおいしく感じる比率です。各自お好みで調整してください。

三、あじを切って皿の上に並べ、二で作った混合液をかけてください。

四、ルッコラを洗って水気をよく切り、あじの上にふわりと盛り付ける。

この例では、前もって混合液を作り、上からかけていますが、より淡白な白身魚などの場合は、塩とヴィネガーとオイルを別々に、この順番でかけてもよいです。魚の個性に合わせて微調整できます。浅いマリネに近い感覚ですね。酢でだんだんと身が変成していくプロセスを楽しめます。

レモンの果皮をグレイターで削ってかけてもおいしいです。にんにくの風味を加えたいときは（魚の生臭みが感じにくくなり、食欲をかきたてる効果があります）、半分に切った断面を皿になすりつけてからその上に魚を並べます。

この原型を踏まえて、生魚と野菜を、別のものに入れ替えてみましょう。これが今回の課題の一つです。

簡単です。その日に入手できる旬の魚を決めるところから始めます。**まだい**、**かつお**、**きんめだい**、なんでもいいです。**いか**かもしれないし、**たこ**かもしれない。つぎに、この魚介と組み合わせてみたい野菜を選び、皿の上で出会わせればよいだけです。ルッコラと同系列の葉物野菜ならまちがいないでしょう（なじみあるわさびに近い風味がするからです）。**ベビーリーフ**のパックも使いやすいです。**クレソン**でもいいです。小さめの**かぶ**をスライサーでごく薄くスライスして乗せてもいいです。皮だけが黒い、**黒かぶ**などを使うと見た目もきれいです。**菊いも**も同様にスライスすると、しゃくしゃくした食感がおいしく、また、ほんのりした土臭さが魚のくせと釣り合います。スライスした**きゅうり**、茹《ゆ》でた**いんげん**もいい。**菊**を湯がいてから軽く絞って冷やしたものを添えてもいいですね。意外性があると楽しいです。なにがしかおもしろい変化は生じるものです。盛り付けについては、まずはのびのびと、美大一年生になったぐらいの気持ちでやってみてください。

風味のモンタージュ

風味同士の組み合わせによって生じる変化について、ここでまた掘り下げて考えてみます。食材の風味を「1＋1」で出会わせる。そのとき何が起きているのでしょうか。

生魚を単体で食べるのと、ルッコラを添えて食べるのとでは、風味が同じではなくなっています。感じ方が変わります。ルッコラの鼻に抜ける香気、噛みしめると舌を刺すような辛みもあり、炒《い》ったごまのような香ばしさもあります。その印象が残っているうちに生魚を味わうと、ネガティヴなくさみのいくつかは消えて感じられ、同時に、生魚に潜《ひそ》んでいた仄《ほの》かな海の香りがせり上がってきます（ちょっと誇張していっていますが……）。単体のときとは、微妙ではあれ、確実に変化しているのです。この変化は、ルッコラのときと、クレソンのときと、きゅうりのときとでは、同じではない。「文脈効果」でしたね。そこが楽しいのです。

私はこのとき起きていることを、基本的に、映画における映像のモンタージュ（＝編集）と同列に考えてよいと思っています。ある映像は、文脈と組み合わせによって感じ方が変化します。風味が映像＝イメージであるという本書の主張は、この性質もふまえています。

映像のモンタージュについて、私が研究しているフランスの映画作家のロベール・ブレッソンが、こんなことをいっています。料理における風味の話として読むと、とてもおもしろいのではないかと思います。

一つの色が他の色との接触によって変化するように、映像は他の映像との接触によって変化しなければならない。緑の横に置いた青、黄の横に置いた青、赤の横に置いた青はそれぞれ違う青だ。変化のないところに芸術はない。

（ロベール・ブレッソン『シネマトグラフ覚書――映画監督のノート』、13～14頁）

同じ魚の風味も、となりに置く野菜の風味によって変化する……。さらに引用をつづけます。

諸関係が新鮮であればあるほど、美の効果は生き生きしたものとなる。（同前、106頁）

事物を習慣の外へと引きずり出すこと、事物を麻酔から醒めさせること。（同前、190頁）

どうして、ある映像が、その横に置いた別の映像によって、その価値を変化させるのでしょうか。しかも同じままで。私はつぎのように解釈しています。ある一つの映像は、写真であれ、風味であれ、ただちには汲《く》み尽くせないようなポテンシャルを多数、潜ませています。そこに影響を及ぼす別の映像によって、潜んでいた要素のうちの何かが浮き彫りになる。あるいは逆に、現れていたものが隠れたりもする。もともと潜んでいたものが現れることを、ちょっと硬い言葉ですが、現勢化《げんせいか》（actualization）といいます。モンタージュ＝編集は、現勢化を引き出そうとする操作です。映像作品の創造性はここに託されています。知覚されなかったことが、編集によって、同じ映像のままで、知覚されるようになる。これを料理の風味にも敷衍《ふえん》することができるのではないでしょうか。

ブレッソンはつぎのようにも述べています。

何も変えてはならない、すべてを変えるために。

（同前、193頁。訳文を変えさせていただいた）

どういうことでしょうか。何も変えてはならない、というのは、映像素材をあらかじめ不自然に加工したりすべきではない、ということです。ありのままを尊重し、ポテンシャルを潜ませたままの、いきいきした状態を慎重に保つからこそ、モンタージュによるさまざまな現勢化が起こりやすい、ということです。これも料理に通じる言葉に思われてなりません。

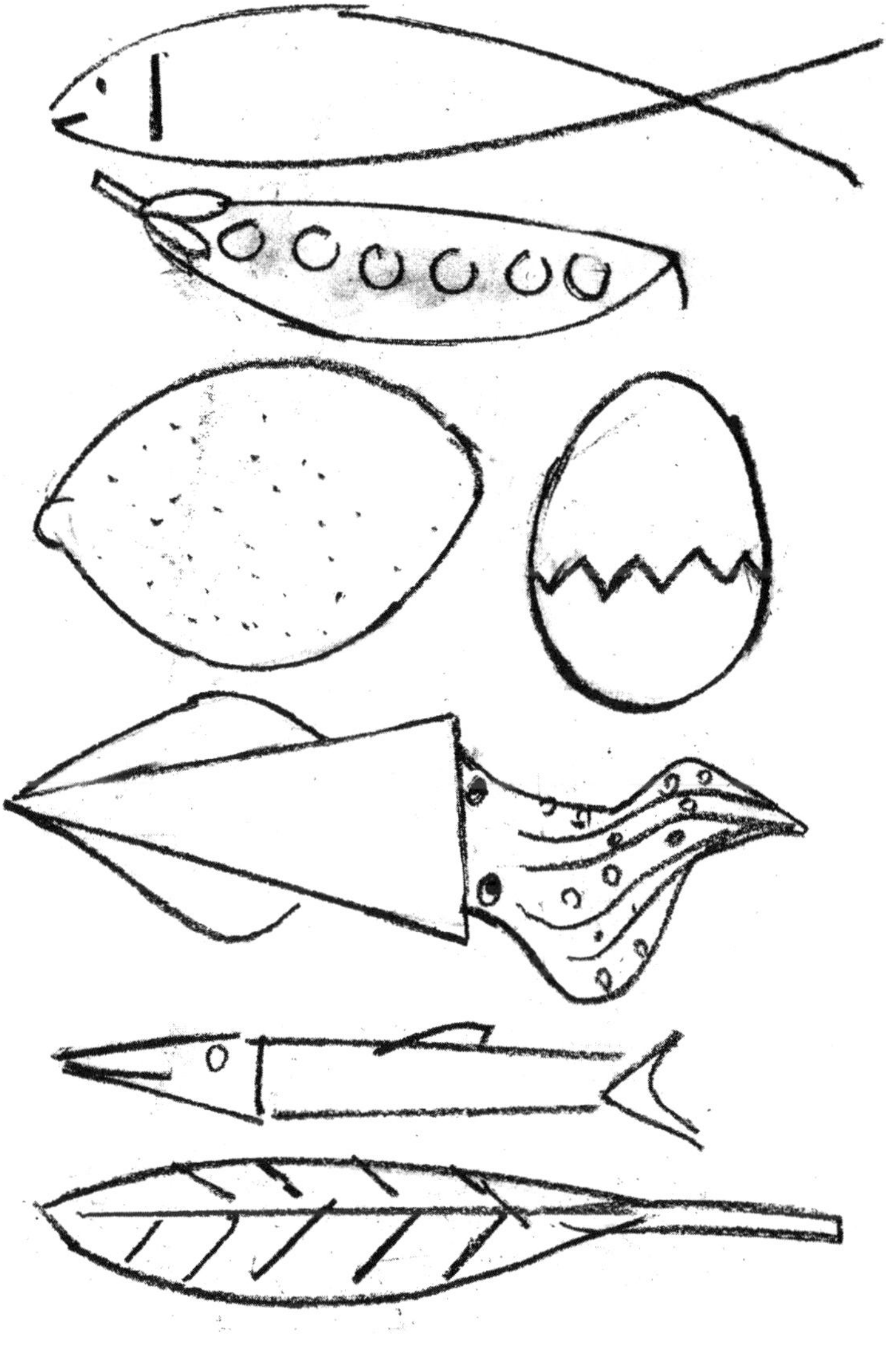

焼き魚＋野菜

つぎは焼きものについて見てゆきます。同様に魚一種と野菜一種です。わかりやすい原型として想定したいのは、**いわしの直火焼き、茹でたじゃがいも添え**です。いわしに塩してガスコンロなどで焼き（197頁参照）、スライスしたレモンを絞っていただきます。ポルトガルの港町の食べ方だそうです。この組み合わせで食べるとおいしいです。じゃがいもはとくに皮の下に土の風味が強くあります。これが、青魚のくせを軽くします。また、じゃがいものほくほくしたところを食べると口が乾いたかんじになりますが、そこでいわしの脂《あぶら》が一緒に入ると、ぱちんと焦点の合う味になります。レモンが清涼感を付け足します。

こんなふうに、魚一つに野菜一つの組み合わせを考えてみましょう。

まず、その日入手できる一番おいしそうでリーズナブルな値段の魚を探してください。つぎに、何の野菜を合わせるかを決めます。どんな野菜も使えますが、例を挙げておくと、オーブンにセットして放置するだけでできる**たまねぎ**のロースト（丸のままアルミホイルに包んで170℃で1時間ほど。**紫たまねぎ**でも。大きさによって加熱時間を調整してください）、**トマト**のロースト（半分に切って180℃で30分ほど）、茹でた**アスパラガス**、蒸した**かぶ**、**菊いも**を蒸して潰《つぶ》したもの、**菜**

の花をフライパンで焦《こ》げ目のつくよう焼いたもの、等々です。**じゃがいも**のローストやマッシュポテトでもまちがいありません。これらを用いて「1＋1」のひと皿にしてみてください。いかにも「1＋1」というかたちで横に併置する、あるいは、野菜の上に魚をオンすればいいと思います。ナイフとフォークで解体して混ぜながら食べるとおいしいです。塩、オリーヴオイル、酢、柑橘類など、調味料は最小限にとどめてもいいですし、時間があれば、先週取り上げたソースを用いてもいいです。

魚と野菜のスープ仕立て

つぎは魚と野菜のスープ仕立てです。ここでは「1＋1」をベースにしつつ補助的な野菜の使用は自由にしましょう。**たまねぎ**など、だしが出る補助的な具材ありのほうがおいしいので。この型は、丸元淑生《よしお》さんの『家庭の魚料理』で教わりました。この手順を踏まえれば、ほとんどどんな魚、野菜でも作ることができます。調理の大きな流れはこのとおりです。

フィッシュ・ベジタブル・スープ

一、魚をおろしたときに出るアラでスープを取る。

二、このスープ（少なめ）に野菜がひたひたになるぐらい入れ（たまねぎは前もって炒《いた》めたほうが甘やかになる）、やわらかくなるまで煮る。

三、そこに魚の身を乗せ、蓋をしておだやかな蒸し煮にする。ちょうど火が通ってふんわりしたところで完成。塩、オイル、あれば好みのフレッシュ・ハーブ（パセリやディルやチャイブなど）で調味。

丸元さんは地中海沿岸の魚料理の伝統を参照しながらいくつかの作例を示していますが、大事なのはこの手順です。魚をさくで買ってくるときは、スープ用のアラがありませんから、そのときは**あさり**や**はまぐり**でだしを取って作るとよいです。

私が最高においしいと思ったのは、**黒むつ**と**トマト**と**たまねぎ**で作ったときです。黒むつは、90℃ぐらいでしっとり火入れするとおいしい魚です。スープに浮かせて弱火で加熱すると、理想的な状態で食べることができます。

もう一つの例として、魚と野菜の組み合わせがすばらしい北鎌倉の名店、Akizukiで食べたひと皿を紹介します。「牡蠣《かき》とぎんなん」のスープです。参考までに。

牡蠣とぎんなんのスープ

一、あさりとこんぶでスープを取る。（あさりの殻《から》と身は取り除いて、別に食べる）

二、このスープに生の青のりを浮かせ、水で溶いた片栗粉でとろみをつける。

三、牡蠣に小麦粉をつけてバターで両面をこんがり焼く。

四、ぎんなんを炒《い》っておく。

五、小さめのスープ皿にスープを注ぎ、牡蠣とぎんなんを浮かせる。味見をして足りなければ塩を足す。オリーヴオイルをかける。

この場合は牡蠣からだしを取るわけではありませんが、牡蠣ならではの香気がスープ全体に移ります。

今週は以上の三つの原型をもとに、即興で「1＋1」のひと皿を作ってください。

18 混ぜる

百獣ごはん

今回は「混ぜる料理」です。多品目を組み合わせて混ぜてみましょう。

「混ぜる料理」には、どこかひとをうきうきさせる、特有の楽しさがあります。

どうして「混ぜる料理」はひとの心を浮き立たせるのでしょうか。混ぜたり捏《こ》ねたりという作業に、子どもの遊びに通じるところがあるから、だと思います。公園や水辺で、砂や木片や水などの自然と手指で触れ合うことに没頭していたあのころの気持ち、童心にひとを返らせるようなところがあります。


実際のところ、子どもは食べ物を混ぜたり潰《つぶ》したりするのを好みます。自分の子どももそうしていますし、私自身にもそういう思い出があります。小さいころ、食卓に載っているありとあらゆるおかずを少しずつ茶碗の白ごはんの上に乗せ、混ぜながら食べるのを好んだものです。「百獣ごはん」と呼んでいました。なんでしょう。想像の中のミニ・ジャングルのようなかんじだったのかもしれません。よくいえば、即席のちらし寿司ですね。私にとって、これが最初の料理だったと思います。すでにこのとき私はいろいろなことを考え、感じ、作っていたのだと思います。卵焼きのとなりにちょっと甘辛い肉料理を置いて、混ぜてから口に入れると、ふっくらやわらかいかんじがしておいしさが増すなあ、だとか。お肉のとなりに清涼感のある野菜料理を置いて一緒に食べると、なんだか口がさっぱりして具合がよいぞ、だとか。みんなが避けているらしいこれとこれの組み合わせ、たとえば魚と果物を一緒に口に入れてみたら、新しいおいしさになった、だとか（ちょっと誇張していますが）。

このとき直径10センチにも満たない茶碗の上は自由な遊び場であると同時に、極小のキッチンだったのではないでしょうか。

ワンプレート・ランチ

ごはん茶碗を広い平皿にすれば「ワンプレートごはん」になります。多かれ少なかれ、みなさんもこういう食べ方はすでにやっていらっしゃるかもしれませんね。昼ならば「ワンプレート・ランチ」です。

自宅で、ありあわせの材料で作る即席ワンプレート・ランチは、不思議とつねにおいしく成立してしまいます。混ぜることでどんな風味の変化が起きるのかを試す行為それ自体が楽しいからでしょう。よほどでないかぎり、たいがいは変化を楽しめると思います。

私の場合、自宅で仕事をする日のお昼時、即席のワンプレート・ランチを作ることがよくあります。基本的には、レンジで再加熱した熱いごはんの上に、冷蔵庫の残りものを適当に乗せ、何か一つフライパンで焼くか、蒸し器で蒸すかするだけです。できるだけ多種類あるとうれしさが増します。たとえば、青菜を茹《ゆ》でたもの、蒸しかぶ、かぶの葉のからしマヨネーズ和《あ》え、豆サラダ、ひじきの煮物などがあれば上々でしょう。ランチに使い回すことを見越して、ちょっと残しておく習慣があると、楽ですね。

卓上には、**塩**、**しょうゆ**、**ヴィネガー**、**オリーヴオイル**などを置いておき、適宜、用います。私は白米でなく、玄米にすることも多いです。玄米だと食後に眠くならない気がします。

即席ワンプレート・ランチの料理時間はものの5～10分。コンビニに行って弁当を買って帰ってくる時間と比べてもほぼ絶対にこちらのほうが短いです。でも心から満足できます。

冷蔵庫にしまってある残りものがたまたま充実していれば、ひとに出せるようなワンプレート・ランチにもなります。ワンプレートという枠があるので、ぐずぐずの「型くずれ」になることを回避できるからです。

たとえば**ラタトゥイユ**の作り置き（次週にレシピを見ます）が冷蔵庫にあり、**塩豚**が熟成中（豚塊肉に塩をしたもの。263頁）で、葉物野菜も野菜室に一束あるとしましょう。冷凍玄米をレンジで加熱しているあいだに、塩豚のかたまりからスライスを切り出し、フライパンで焼きます。プレートに玄米、塩豚のソテー、ラタトゥイユ、葉物野菜をヴィネガーとオイルとごく少量のにんにくで和えたサラダ、が乗ります。

混ぜる料理の伝統的な型

こうしたひと皿多品目タイプの料理は、各国に伝統的な型があります。即興的に入れ替えられる部分も残しつつ、基本的な組み合わせのパターンがある。たとえば韓国料理のビビンバです。余談ですが、東海林さだおさんは韓国式のしっかり混ぜる食べ方に開眼されたとき、日本のうな重をあえて韓国式で混ぜて食べてみた、とそのエッセイの中で述べています。逆立てたステンレススプーンでうなぎを徹底的に潰してゆき、ごはんと渾然一体になるまで混ぜてから食べる。えもいわれぬ背徳感を覚えつつ、痛快でおいしかったのだそうです。混ぜる料理には、うつくしいかたちを壊す快楽もあります。そこも子どもの遊びに通じる要素でしょう。

ここ数年でまた広く人口に膾炙《かいしゃ》した南インド料理のミールスも、ワンプレート・ランチの最高峰の一つでしょう。一皿完結の小宇宙になっていて、混ぜ合わせるのが楽しくておいしい。

和食の伝統的な型といえば、ちらし寿司です。さまざまな基本型がありますが、各自アレンジできる自由度もあります。自炊初心者がゲストを家に迎えるときの心強い味方です。すし酢の配合をきっちり守ると、失敗の可能性はかぎりなくゼロに近づきます。

ちらし寿司

一、好みの魚のさくを用意する。

二、すし飯を作る。米2合に対して、酢48g、砂糖18g、塩6g（重量比9：3：1）の混合液＝すし酢を、炊いたごはんと混ぜる。

三、大きな平皿の上にすし飯を広げ（ごはんは浅くして、具材をたっぷりめにしたほうがいいと思います）、その上に、切った魚、好きな香味野菜を散らす。

魚は一種類でも多種類でもよいです。**大葉**、**みょうが**、**しょうが**等、日本の伝統的な香味野菜をたっぷり乗せます。炒《い》ったごまもぜひ。

これら日本の香味野菜を、西洋のハーブセット（ディル、イタリアンパセリ、コリアンダー、クレソン、たまねぎスライスを水にさらしたもの等）に置き換えることもできます。白米は玄米に置き換えられます。玄米は西洋のハーブとよくあいます。参照点がライスサラダ寄りになるからでしょう。ワインと一緒に楽しむときも、白米より玄米のほうが断然いいと思います。

そのときはお米をごく少なめに。

サラダうどんとそばは格別においしい

サラダうどん、サラダそばは、地味なわりに、驚くほどおいしい食べ方だと思います。外食の場合は、冷やしたぬきそばぐらいのミニマムなひと品を食べたい気もしますが、家では多品目を混ぜる楽しみを躊躇《ちゅうちょ》なく味わいたいです。

好きな葉物野菜各種＋あればトマトなど＋肉などのたんぱく質、を麺の上に乗せます。**蒸し鶏**、**チャーシュー**、**ハム**、**ちくわ**、**さば缶**、**ツナ缶**、どれでも結構です。複数でもおいしいです。もし何もなければ、**ひき肉ソース**（89頁）を作るのが簡単でおすすめです。濃い調味だし＝めんつゆ（だし：しょうゆ：みりん＝10：1：1が目安）で食べますが、私はさらに上から**マヨネーズ**をかけたいです。

大根おろしとめんつゆをベースにするのもおいしいです。**豚しゃぶの大根おろし和えうどん**は完璧な組み合わせです。豚しゃぶは、**さば**、焼いた**あじの干物**をほぐしたもの、**じゃこ**などに置き換えられます。好きな生野菜を加えてください。鍋に水を張ってガスコンロにかけて麺を茹でているあいだにすべての調理過程をこなすことができます。

今週は以上のどれかを試してください。

19

春夏の定番レシピ

歌い継がれ愛されてきた民謡のような名レシピ

普遍的な魅力を持ち、とても役立つと私が考える家庭料理の定番レシピを、ここから取り上げます。

自炊に慣れてきたら、素材から出発して考える料理と、レシピから出発する料理とを、バランスよく作るとよいと思います。完全にレシピから出発してばかりでは、応用力がつかなく、窮屈です。かといって、完成されたレシピを覚えなければ、料理のレパートリーは広がりません。

伝統的なレシピは、よくいわれるように、名曲の楽譜のようなものです。それを演奏することで、音楽文化の大事な部分に触れることができる。楽譜に書かれて古典化するような名曲を、私たちアマチュアが一朝一夕で考案するということはありえません。

名曲にもいろいろあります。大作曲家が天才を発揮して作った、壮大で緻密をきわめたもの。民謡のように、歌い継がれ、愛されてきたもの。料理でいえば、レストランの偉大なシェフが作る料理と、家庭で作られてきた郷土料理とがあります。私たちがまず学ぶべきは、もちろん後者。民謡にも似た、愛すべき郷土料理のほうです。すでにさまざまなレシピ集があるので、巻末のブックガイドで良書を紹介させていただきます。ここでは、とても簡単かつおいしいものを厳選しつつ、名曲たるゆえんがどこにあるかを示したいと思います。

セレクトのポイントは、風味の組み合わせのおもしろさです。結局、その点については、これまでと述べていることは変わりません。素材を単体で食べるのでは生じなかったおいしさが生まれていること。伝統的なレシピは、そのような意味における、組み合わせの大発明なのです。だから食べるたびに、はっとさせられます。組み合わせの基本的な考え方も身につきます。よくできた定番的な日常のレシピを、しみじみと感嘆しながら味わえるようになれば、もはや自炊は軌道に乗ったも同然です。

春

さて、それではここから春夏秋冬の順で、定番のレシピを述べてゆきます。季節を問わず作れるものも追加します。バランスを考慮して、二週に分けて紹介します。みなさんは、この頁を開いているいまの季節の食材を用いて、二週間であわせて二つ、どれでも好きなものを選んで作ってみてください。

あさりと豚肉のアレンテージョ風

　春に旬を迎えるものに、あさりなどの貝類があります。海辺で潮干狩りをするのも春から初夏にかけてですよね。あさりは、単品で食べて完璧な味わいのまとまりがある素材ですが、自分以外のものにうまみを与える点でも重宝します。「あさり＋〇〇」という組み合わせによって、なんでもご馳走になってしまうほどです。「あさり＋魚」。「あさり＋ごはん」。「あさり＋パスタ」。どれも気持ちが高揚するおいしさですが、では、「あさり＋」の最高傑作は何でしょうか。「あさり＋豚肉」だと私は思います。もともとはスペインの郷土料理だったものが世界中に広まった、「あさりと豚肉のアレンテージョ風」のことです。

　まだ自作したことがないという方はぜひすぐやってみてください。あまりのおいしさ、簡単さにびっくりすると思います。私が最初に知ったのは、たしか玉村豊男《とよお》さんの本によってだったと思います。世界を食べ歩いたすばらしいエッセイの書き手が玉村さんです。アレンテージョはスペインの港町ですが、イベリア半島では「貝」と「肉」を組み合わせる伝統があるそうです。日本の料理にはおそらくほとんどなかった組み合わせなので（なにしろ百数十年前まで公式には肉食を禁じていたのが日本ですから）、死角を気持ちよく突かれて、うう、うまい、という気持ちになります。以下、二人前の分量です。

一、豚の肩ロース肉――厚めのしょうが焼き用として切り分けられているやつなどを、４枚から６枚、用意する。少量の塩をふり、刻んだにんにく、オリーヴオイル、オレガノやイタリアンパセリなど好みのハーブと一緒にバットに入れてマリネする。小一時間以上できると理想的ですが、直前でもじゅうぶんおいしくできます。

二、あさり200gほどを砂抜きして、洗っておく。

三、フライパンにオリーヴオイルをひいて豚肉を焼き、両面においしそうな焼き色がついたらフライパンの脇に寄せてスペースを作り、そこにあさりを投入。白ワインを50mlほど注ぎ入れ（なければ日本酒や水でも大丈夫。風味は変わりますが）蓋をして強火で加熱する。あさりの殻《から》がいっせいに開きます。

四、あさりの殻から出たおいしいジュースを豚肉にからめるようにフライパンを揺すり、ちょうどいい粘度になったところで火を止めて皿に盛る。注意点は、あさりにすでに塩分があるので、最初にマリネするとき豚肉に塩をかけすぎないこと。ぜひパンを添えて、皿の上のおいしいソースにひたして食べてください。

生わかめとたけのこ

春になると魚屋さんには生わかめが出回ります。素通りしていませんか？　そういう私もかつてはずっと素通りしていましたが、いまはしていません。とても安価ですが、清冽な春の風味に誰もが感動すると思います。わかめは乾物もおいしいですが、海から採れたそのままをパック詰めしたものには、たまらない香気があります。調理も簡単で、さっと沸騰したお湯に通すだけ。いかにも海の底から出てきたというような、鮮やかな青緑色になります。

　生わかめも、あさり同様、「生わかめ＋○○」というしかたで、あらゆるものを魅力的にしてくれます。湯がいた生わかめにさっと酢じょうゆをかけてごはんにのっける「**生わかめ＋白ごはん**」もぜひ試していただきたいです。海苔《のり》の佃煮《つくだに》をごはんにのっける定番がありますが、そのスーパー・フレッシュ・ヴァージョンというかんじがします。さて、「生わかめ＋」の伝統的な完成形は何か。「＋たけのこ」です。酒飲みは、春にこれと出会うと、また会えたね、と感涙します。日本酒はたけのこのほのかなえぐみと合って完璧ですが、私はこういうときにこそ「自然な造り」の、さまざまな風味を排除せず瓶に丸ごと詰めたワインのいいやつを合わせたい気もいたします。

一、たけのこを買ってくる。休日に時間があれば、掘りたてを探して大鍋で茹《ゆ》でて、たけのこに特有のえぐみを抜くところからやってみてください。切り込みを入れて、米ぬか（たいてい一緒に売っています）と一緒に茹でます。ただし、えぐみは抜きすぎないほうがおいしいです。さすがに面倒という場合、次善は、信頼できる八百屋の自家製茹でたけのこを買ってくること。次次善は、スーパーに売っている新物の水煮。

二、下茹でのすんだたけのこを一口サイズに切り、調味だしで煮含める。最後に、これも一口サイズに切った生わかめを入れ、ぱっと鮮やかな青になったら火を止めて完成。

ふきのとうみそ

春の「ふきのとうみそ」を作りましょう。いかにもという春のさわやかな香りとほろ苦さがたまらなく、内臓の奥のほうがよろこぶかんじさえします。ごはんにもお酒にも合います。私は祖母が作ってくれたのをよく覚えています。ふきみそには二通りの作り方があります。油で炒《いた》めるとふきの苦味が緩和され、香り高く仕上がります。茹でるほうは、噛みしめたときに清涼感が口中に広がります。比べてみてください。

炒めるふきのとうみそ。

一、ふきのとう（6個ほど）を刻んで、油を多めに引いたフライパンで、しっかり香りが出るよう炒める。

二、みそ100g、日本酒30ml、みりん30mlを入れて（好みで砂糖を足しても）、ねっとりするまで混ぜる。冷蔵庫で二週間ほど保存可能。

茹でるふきのとうみそ。

一、ふきのとう（6個ほど）を小鍋で茹でたら取り出し、しばらく水にひたしてアク抜きをする。絞ってから（絞りすぎないこと）、細かく刻む。

二、玉みそ（＝みそと卵黄と調味料を炒め合わせたもの）を作る。フッ素樹脂加工のフライパンに、味噌100g、卵黄1個分、みりん30ml、日本酒30ml、砂糖大さじ1を入れて、ヘラかスパチュラで混ぜながら3分ほど炒める。火を止めて冷ます。

三、玉みそにふきのとうを混ぜ込む。

夏

ラタトゥイユ

料理入門のための最良のレシピがラタトゥイユだと思います。まさに名曲。私は初めて作ったとき、「水なしで蒸し煮にする」という調理法のたまらないおいしさを知って呆然となりました。野菜の水分だけでこうなるのがなんともすばらしいというほかありません。これを作って「蒸し煮」のコツがつかめれば、材料を置き換えて別の蒸し煮もできます。ただ、ラタトゥイユの組み合わせはまさに黄金比というかんじがします。

失敗の可能性はほとんどありません。鍋底が焦《こ》げるほど火を強めないこと。それから、うまみを増強するための余計なもの、たとえば、コンソメキューブだとかベーコンだとかを足さないこと。足すと、まったくの別物になります。夏の旬の野菜がじっくり自分の水分だけで加熱されると、こんなにも甘やかで香り豊かになるなんて！という驚きをもたらすのがこの料理の真骨頂だからです。

一、材料が多いのですべてを作業台に揃《そろ》え、鍋に入れる順番に並べておく。にんにく（一かけ）→たまねぎ（半分）→パプリカ（2個）→ズッキーニ（2本）→なす（2本）→トマト（3〜4個）、バジル（葉が5枚ほど）です。以上は作りやすい分量の目安。

二、鍋にオリーヴオイルをたっぷり入れて弱火にかけ、これらの野菜を順番に、食べやすいサイズに切っては炒め、切っては炒め、してゆく。野菜のよい香りを鍋肌で引き出してゆくつもりで。その香りがすべてスープに加算されます。にんにくはみじん切り、たまねぎはくし切り。ズッキーニとなすは厚めの輪切りで、最終的に口に入れたときにスープがじゅわーと出るように。トマトの皮が気になる方は、並行して、別の小鍋で湯むきしてください。気にならなければ、ざく切りしてヘタを取るだけで入れます。ここで少なめに塩をします。

三、すべての野菜が鍋に入ったら蓋をして加熱する。5分ほどでトマトが煮崩れるので、マッシャーで潰《つぶ》す（中央に寄せておくと簡単）。潰すとトマトのジュースによって、鍋全体にひたひたのスープが行き渡る。ふたたび蓋をして弱火で40分ほど加熱する。長すぎるぐらい加熱するのもコツです。パプリカがねっとりと甘くなります。

四、最後に蓋を取り、塩で調味しながら、焦げない範囲で火を強め、野菜から出たジュースが好みの粘度になるまで煮詰めて完成。最後にバジルを刻んでフレッシュなまま入れてもよい。いわば、追いバジルですね。二段階にすることで、穏やかに全体へ行き渡るのと、フレッシュな清涼感が際立つのとで、香りが立体的になります。余ったら冷蔵庫で冷やして、翌日以降も食べられます。ズッキーニとなすは、冷えてから、もう一段階おいしさが増します。

ガスパチョ

ラタトゥイユも同様ですが、夏以外の季節に作ろうと思うと大変な値段になり、まあまあの味にしかなりません。トマトが安くておいしい夏にこそ、心置きなく作りたいです。トマトは品種や栽培方法によって風味に差があります。春から秋にかけて、畑の状態が変わるごとに、味わいも変化してゆきます。ガスパチョもまたその変化を反映させる料理です。

ガラスのうつわをお持ちでしたら、ガスパチョを食べるときこそ出番です。冷蔵庫でよく冷やしておいたガスパチョを出し、注ぎ入れます。うつわも前もって冷やしておくとベター。水滴がつくのが夏の夜の照明に映えます。

一、以下の材料をすべて混ぜて、ミキサーで攪拌《かくはん》します。湯むきしたトマト（5個ほど）、赤パプリカ（1個）、きゅうり（1本）、ズッキーニ（半分）、食パン（半分）、にんにく（ごく少量）、バジル5枚ほど。塩は重量比0・6％。オリーヴオイル15ml。好みでヴィネガー5〜15ml。

山形のだし

これは山形県の郷土料理で、最近、人口に膾炙《かいしゃ》してきたでしょうか。夏野菜を切って和《あ》えるだけでほぼできてしまう簡単料理ですが、盛夏でも喉をするすると通ってゆき、まったく食べ飽きません。私はもう日々、だし、だし、だしというかんじになります。家庭ごとにそれぞれの作り方があるといわれていますが、外せないのは、きゅうりとなすの組み合わせでしょうか。そうめんを食べるときにもぜひ添えたいです。

一、以下の材料を作業台に揃えておく。きゅうり（2本）、なす（1本）、長いも（5センチ）、大葉（2枚）、みょうが（1本）、しょうが（刻んで小さじ1ぐらい）。

二、野菜は5ミリ角のサイコロサイズに刻む（粗みじんでも）。なすからは褐色のアクが出るので、いちど、ボウルで水に数分間、ひたし、ザルに空けます。香味野菜は細かく刻む。

三、すべてをボウルに入れ、塩を少し入れて混ぜる。夏野菜の香りが立ちのぼる。水が出たら、野菜を押さえて捨てる。濃い調味だし（だし：しょうゆ：みりん＝10：1：1）をひたひたになるまで注ぎます。

ピコデガヨ

メキシコの定番的な夏野菜のサラダです。肉や魚の付け合わせにもなります。以下のすべての材料をサイコロ大に切ります。トマト、きゅうり、紫たまねぎ。これらを、刻んだコリアンダーの葉、お好きな量の青とうがらし、ライム果汁とともに混ぜて、塩をします。これもまったく飽きない味。

ノー・シーズンの定番

季節を問わずに作ることのできる、サンドイッチとごはん料理の定番を一つずつご紹介します。

生ハムとバターのバゲットサンド

脂《あぶら》と脂をあえて重ねると、おいしさが口いっぱいに広がるだけでなく、全般にふわっと軽く感じられる不思議が味わえます。

一、バゲットを購入します。包丁で、具材を挟み込むための切り込みを入れます。

二、たっぷり生ハムをしきつめます。きちんとした発酵臭のあるものがおすすめです。バターを2～3ミリの厚みでスライスし、何枚も、全面に行き渡るよう、生ハムの上に横並べにします。

干ししいたけとちりめんじゃこの炊き込みごはん

ごはんの進む味付けといえば、しょうゆ＋糖類をたっぷり使った甘辛味が人気です。私も大好きですし、それでまちがいありません。けれど、ときには、お米それ自体の風味を引き立てるのはほかのどんな風味か、という視点を持ちたいです。お米は乾物です。乾物特有のほのかでひなびた香気を際立たせるのは何でしょう。別の香ばしい乾物は合います。ほのかさを揃えるということです。丸元淑生《よしお》さんの本で、ごはん料理の傑作として取り上げられていた干ししいたけとちりめんじゃこの炊き込みごはんも好例です。

一、干ししいたけを中サイズなら6個、小サイズなら9個ほど前もって水につけておく。ゆとりをもって、5～6時間以上。

二、米3合を洗米してザルに上げておく。30分以上。

三、干ししいたけが戻ったら、取り出してできるだけ薄くスライスする。小鍋を用意し、しいたけのスライス、塩6g、酒60ml、（しいたけの）戻し汁を入れてやわらかくなるまで煮る。

四、炊飯器または炊飯用の鍋に、洗った米、小鍋のしいたけを煮汁ごと、ちりめんじゃこ100gを入れる。足りなかったら水を足し、合わせてちょうど米を炊く適量にする（合計約540ml）。炊く。

20

秋冬の定番レシピ

今週は、秋冬の定番レシピを取り上げてゆきます。

秋

きのこの当座煮

きのこは年中手に入りますが、秋は種類も豊富です。数種類混ぜると複雑な風味になっておいしいです。日々の家庭の常備菜としては、きのこの当座煮が大定番で、ごはんにも酒肴《しゅこう》にも。

一、複数のきのこを買ってきて、食べやすいサイズに切る、あるいはほぐす。水洗いしないこと。汚れはペーパーなどで拭き取る。鍋に入れて、上からしょうゆとみりんを適量注ぐ。

二、弱火にかけてじっくり待つ。きのこ自身から水が出てきて、20分ほどで完成する。

きのこにまとわりつくエキスがとても滋味ぶかくておいしいです。

きのこのにんにく炒め

洋風のきのこ料理の定番が、きのこのにんにく炒《いた》め。

一、フライパンにたっぷりのオリーヴオイルをひき、にんにくのみじん切りを入れて甘い香りが立つまで弱火で加熱。きのこを複数種類入れ、油をまわし、蓋をせずに、じっくり香ばしく焼きます。塩と黒こしょうで調味し、最後にパセリのみじん切りを入れて完成。

ほうとう鍋

山梨県に住んでいたときに覚えました。山梨では各家にレシピがあるそうですが、共通するのは、かぼちゃを入れて半ば溶けるまで煮込んでとろみをつけること。このかぼちゃの甘みが、肌寒くなってきた日にとてもおいしく感じられます。たっぷりのきのこと豚肉が入ります。

一、鍋に水とこんぶを入れて加熱する。沸騰したらこんぶを取り出す。

二、つぎの野菜を食べやすいサイズに切ってどんどん入れてゆく。かぼちゃ、にんじん、ごぼう、きのこ、ねぎ。豚バラ肉の薄切りを適量、入れる。みそを溶き入れて調味。

三、弱火にして、ほうとうを打ち粉がついたまま入れ、やわらかくなるところまで煮る。最後に味見をして、必要ならばみそを、甘みが足りないようならばみりんを足してもうひと煮立ちさせる。麺がとろけるぐらいやわらかくなってもおいしい、と山梨ではよく聞きました。

バジルペースト

庭やプランターでバジルを育てるのは、節約のためにもおすすめしたいですが（ほんのちょっと使いたいとき、わざわざパックで買うのがもったいないですよね）、そうすると秋には、収穫しきれなかった葉っぱでわさわさになるものです。そうなったらバジルペーストを作りましょう。これも伝統的な組み合わせがあります。バジル、松の実、パルミジャーノ・レッジャーノ、オリーヴオイル。私が初めて口にしたとき、ザ・異文化体験、というかんじもしつつ、すぐにその強烈で魅惑的な香りの響きに魅了されました。まあまあ材料費はかかりますが、年にいちど、自作するのを恒例行事にしたいです。パスタにも、魚や肉のソースにも。

一、以下の材料をミキサーに適量入れて攪拌《かくはん》する。バジル、松の実、オリーヴオイル、パルミジャーノ・レッジャーノ。

バジル以外にも、晩夏から秋にかけて、庭やプランターで大量の葉っぱを繁らせるハーブがあれば、サルサヴェルデをたっぷり作りましょう（211頁）。秋鮭《あきさけ》や、秋の落ち鮎《あゆ》もこれで食べたいです。

さんまのわたソース

さんまはシンプルな塩焼きにするだけでごちそうですが、ひと手間加える価値があるのが、わたソースがけです。高山なおみさんのレシピを参考にしています。二尾の分量です（『今日のおかず』32頁）。

一、さんまの頭を落とし、わた（内蔵）を取り出してわきによけておく。さんまは血と汚れを洗い、前後半分に切り、塩をしておく。水が滲《にじ》んでくるのでキッチンペーパーで拭《ぬぐ》う。

二、さんまに小麦粉をまぶして、フライパンにごま油を15mlひき、両面を焼く。皿に乗せる。

三、そのままのフライパンの脂《あぶら》を半分キッチンペーパーで拭《ふ》き（脂が少なければ拭かなくてよい）、わたを入れて炒《い》りつける。しょうゆ15ml（大さじ1）、酒30ml（大さじ2）を入れてフライパンを揺すりながら煮詰め、皿の上のさんまにかける。

冬

ヤンソンの誘惑

生クリームを使った、心も体も温まるグラタン料理の名作です。いわしとじゃがいもの組み合わせは永遠の定番ですが、アンチョビ＝塩漬けいわしの濃厚な風味とほろ苦さがクリームを介してほくほくしたじゃがいもと溶け合います。有名な禁欲主義者だったヤンソンさんさえも思わず誘惑されたほどの抗《あらが》いがたさ、という意味です。

一、フライパンに油をひいて、薄切りにしたたまねぎ（1個）、細めの拍子木《ひょうしぎ》切りにしたじゃがいも（3～4個）を炒める。表面に火が通ったら、生クリームをひたひたになるぐらいまで注ぎ、沸騰させ、蓋して5分ほど加熱する。

二、オーブン皿を用意し、フライパンの中身の半量をまず入れる。その上にアンチョビをたっぷり12～16枚ほど並べる。さらにその上にフライパンの残りを移す。

三、200℃のオーブンで20～30分加熱。表面が黄金色になったら完成。

かぶと牡蠣のグラタン

ベシャメルソースを使ったグラタンです。これは近年、定番化しつつある組み合わせのようです。かぶ＋牡蠣《かき》。ベシャメルソースのグラタンは、まあ、何を入れてもおいしく、小えびとマカロニなどが本当は日本の洋風惣菜の大定番ではありますが、組み合わせの妙をより楽しめるのは、かぶと牡蠣だと思います。

一、ベシャメルソースを作る。フライパンにオリーヴオイルを30mlほど入れ、薄切りにしたたまねぎ半個を入れて焦《こ》げ付かないよう炒める。小麦粉を30ml（オイルと小麦粉を容積比で等量にするのが、ベシャメルソースづくりで失敗しないための目安）入れて、全体がねっとりして粉っぽさがなくなるまで炒める。牛乳を少しずつ入れては混ぜ、入れては混ぜ、を繰り返す。全部で200ml入れる。これでベシャメルソースが完成。

二、かぶを六等分に切り（2、3個分）、ベシャメルソースの中に入れる。洗っておいた牡蠣1パック（200g）をさらに入れ、さっくりと混ぜていちど沸騰させる。塩で調味。
三、グラタン皿に、フライパンの中身を移し、好みのチーズで覆《おお》って、200℃で10分ほど加熱。かぶはすぐに火が通ります。

焼きかぶのサラダ、かぶのソース

冬のかぶは、食感も、穏やかな甘みも最高で、安価なのに満足感があります。いろいろな食べ方がありますが、生のかぶに乗せて加熱したかぶを食べる、というのが青山の名店ラ・ブランシュのシェフ、田代和久さんによる目からウロコの提案。ただでさえ好きなかぶがますます好きになります。『シェフが好きな野菜の食べ方』（53頁）から。

一、かぶのソースを作る。かぶ（1個）を皮付きのまますりおろす。オリーヴオイル30ml、塩、黒こしょう、ピンクペッパー適量と混ぜる。
二、焼くほうのかぶの準備。かぶを葉が上になるよう立てて、そのまま上から縦四つ平行に切る。真ん中の二つには葉が残るように。身に葉を付けたまま焼くため。
三、かぶの両面に、塩、グラニュー糖（きれいな焼色をつけるため）、黒こしょうをまぶしつける。
四、フライパンにオリーヴオイルをひき、強火にし、かぶの両面を香ばしく焼く。身のふちのところがキャラメル化し、葉がパリッとするまで。
五、皿にかぶのソースをしき、焼いたかぶを乗せる。

筑前煮

「冬は根のもの」といいますが、冬においしくなる根菜類をたっぷり食べる知恵が、筑前煮《ちくぜんに》です。鶏肉の脂で根菜をさらにいっそうおいしくするという発想です。
一、下準備として、干ししいたけを5～6時間以上前に水にひたしておきます（時間がなければ生しいたけで代用可）。
二、同じく下準備として、里いも（中サイズ6個）を皮剝《む》きし、小鍋でやわらかくなるまで茹でておく。
三、大きめの鍋あるいはフッ素樹脂加工のフライパンにごま油をひいて熱し、一口大に切った鶏もも肉（300g）を、皮目がなるべく下になるよう並べる。弱火でじっくり脂を引き出すように加熱する。
四、ここに具材を加えてゆく。それぞれ一口サイズの乱切り（角度を変えながらかたちを不揃《ふぞろ》いに切ること）にしたごぼう（1本）、れんこん（大1個）、にんじん（1本）を加える。下茹でした里いも、干ししいたけを加える。油が全体に回ったら、干ししいたけの戻し汁を加え、しょうゆ、みりん適量（50ml＋50mlが目安）も加えて煮詰めてゆく。メープルシロップを加えてもおいしい。煮汁がほとんどなくなり、全体に艶が出たら火を止める。

ノー・シーズンの定番

最後に、季節を問わずにいつでも作れる定番レシピをもう二つ取り上げます。

じゃがいもセロリ

イタリアの家庭料理。これも丸元淑生《よしお》さんの料理本で知って作るようになり、それ以来、いちども飽きていません。じゃがいもとセロリ。二つが出会うだけで、こんなにもおいしくなるとは、驚きというほかありません（『続　新家庭料理――家族の健康を守るヘルシー・クッキング12章』14頁）。

一、セロリ2茎分を大きめの一口サイズに切って、小鍋に入れる（葉は使わない）。オリーヴオイル30mlを加え、水もひたひたになるぐらいまで注ぎ、蓋をして弱火で加熱する。

二、じゃがいも（3、4個）は、煮崩れしにくいメイクイーン種がマスト。その皮を剥いて、二つまたは三つに切って、セロリの上に乗せる。塩を適量加え、ふたたび蓋をして、じゃがいもがやわらかくなるまで加熱。水気が飛んで焦げ付きそうならば、水を足す。

三、じゃがいもがやわらかくなり、かつ、とろりとしたスープが少しだけ残るぐらいで火を止めて完成。

鶏肉とパプリカ

ニキ・セグニット『風味の事典』を参考にしています。この本の中で「もっとも簡単で、失敗の少ない組み合わせのひとつ」とのことです（『風味の事典』37頁）。

一、大きめのフッ素樹脂加工の鍋かフライパンに、鶏《とり》もも肉とパプリカを入れる。一人分が、鶏1枚に対してパプリカ大1個の割合。鶏はできれば皮付き、骨付きがよい。関節から二つに切り分ける。パプリカは大きめに切り、種を除く。

二、肉が焦げないよう揺すりながら弱〜中火で10分間加熱する。途中でパプリカから水分が出てくる。

三、蓋をして弱めの中火にし、甘いジュースが鶏とパプリカから染み出してくるまでさらに30分間、加熱をつづける。塩コショウで調味して完成。焼きなすをもっと甘くしたようなとろとろ状になっているパプリカを、ほろほろになって骨から外れそうな鶏肉に添わせて、一人前ずつ皿に盛り付けましょう。

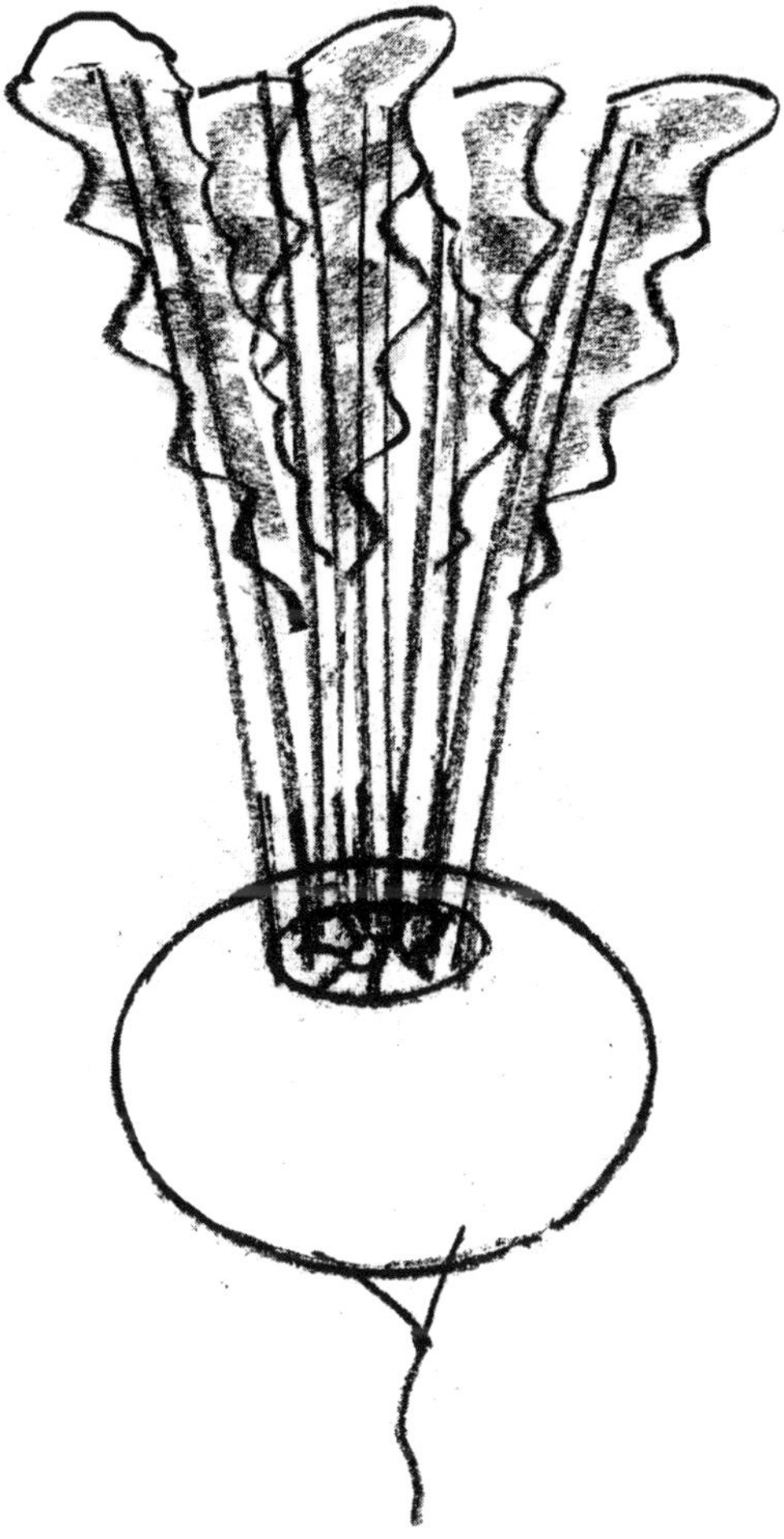

21

乾物

乾物の魅力

今週は、基本装備としての乾物、粉などについて述べます。

これまで本書では、なるべく新鮮で風味豊かな素材を用いることがポイントであると述べてきました。それに加え、日々のごはんを支える基本装備が揃《そろ》っていると、毎日の献立てづくりがぐっと楽になります。安価で、飽きが来ず、穏やかなおいしさの乾物などのことです。

伝統保存食には、香ばしくておいしい、お酒にもごはんにも合う、栄養価にすぐれている、ということ以上の価値があります。むかしの暮らしの記憶までも保存されている点です。別のジャンルでたとえましょう。音楽をアナログレコードで聴くと、デジタル配信にはない感動があって、はっとしたりするものです。音質のちがいだけではなく、レコードというモノをかつてリスナーたちがどう手に取っていたのか、このモノに音楽愛がどう託され、どんなふうに手から手へ受け渡されていたのか。そうした時間の厚みのようなものまで伝わってくるからでしょう。伝統保存食にもそういうよさがあります。

家に常備するものリスト

カテゴリー別に、備蓄しておくべき保存食をリストアップしてゆきたいと思います。

［乾物］

海産物の乾物から見ます。**こんぶ**、**かつお節**、**にぼし**、**いりこ**。これらはだしに使います。

こんぶには種別があり、値段にも開きがあります。財布事情と相談しながら決めてください。約10センチ幅のものを、5センチずつ（幅によっては8×6でも7×7でもOK）切っておきます（水500mlにつき一枚が目安）。大きさがまちまちになっても、水の量にあわせて調整できるようになるのでかえって便利です。真こんぶや利尻《りしり》こんぶは清澄なだしが取れます。羅臼《らうす》こんぶは濃厚でうまみの強いだしに。日高こんぶは、食用兼だし用。安価で使い勝手がよいです。**にぼし**は、長く保存すると酸化しますので、日々使って、循環させましょう。同じいわしの稚魚も関西ではいりこといいます。瀬戸内海産の小ぶりなものからは、とてもクリアで香り高いだしが取れます。いりこだしで作ったうどんの麺をすすり、んはーと息を吐き出すとき、風味のよさに感動します。かつお節は「本枯れ」のものを小分けパックした製品が使いやすいです。削り器を買って自分で削ればすばらしい風味を楽しめます。

乾燥わかめ。みそ汁に使います。**お麩**《ふ》も、みそ汁の種用に手軽で便利。
するめいか。そのまま炙《あぶ》れば日本酒のアテになります。いかにんじんにも（40頁）。
ひじき。甘辛く煮る定番だけでなく、水で戻して酢をかけただけで食べてもおいしいです。海草、という感じ。
ソフトにしん。脂《あぶら》に独特の風味があり、いちど好きになると、飽きが来ず、くせになります。小骨が気にならないよう弱火でじっくり焼き上げます。焼いたあと、しょうゆだれ（しょうゆ：みりん：酒＝2：1：1）にひたせばそのまま冷蔵庫で保存できます。
切り干し大根。にんじん、ねぎ、油揚げなどと一緒に、濃い調味だしで煮て、汁がなくなるところで止めます。
割干し大根。切り干しよりも太い、大根の乾物。水で戻して酢をかけるだけで食べられます。
豆。大人になると好きになるのが豆です。まず揃えたいのは、**大豆**。一晩浸水させたうえで、40分前後（豆が新しいか古いかで前後します）茹《ゆ》でます。茹でたてのつるんとしたところに塩しただけのものを食べてみてください。なめらかで、豆乳の香りがして、おいしいです。調味だしをひたひたになるまで張る、あるいは、オリーヴオイルと香味野菜を刻んだものと和《あ》えてサラダにできます。冷蔵庫で数日保存が可。大豆は安価なのも重宝します。**ひよこ豆**。茹でてつぶして、練りごま、塩、レモンとともにペーストにすれば、中東の日常食のフムスになります。バゲットに添えるのもよいです。**キドニービーンズ**。スープによく用いる豆です。これをあらかじめ水で戻しておいて野菜スープに加えて煮ると、ボリューム感がでます（やわらかくなるのに40分ほどかかるので、場合によっては下煮しておく）。私が個人的に好きな豆に、かつて長野で出会った**鞍掛豆**《くらかけ》があります。青大豆の仲間で、馬の背中に鞍を掛けたような模様があることからこの名前になったそうです。ポリポリという食感が絶妙に心地よく、あとを引きます。豆は種類によって、ポリポリ、ホクホク、ボソボソ等々とどれも食感がちがうのが楽しいですよね。鞍掛豆のサラダのレシピを示します。

鞍掛豆のサラダ

一、鞍掛豆1カップほどを三倍量の水につけて冷蔵庫に入れておく。翌日、鍋で湯を沸かし、適度に塩を入れたうえで、鞍掛豆を10分ほど茹でる。食べてみてよい食感になっていたらＯＫ。

二、茹でているあいだに紫たまねぎ（なければたまねぎ）を¼個分、細かく刻み、水でいちどさらす。

三、茹で上がった鞍掛豆と紫たまねぎをボウルに入れて、塩、好みのヴィネガー、オリーヴオイルを振りかけてよく混ぜる。ディルなどのハーブを加えてもおいしい。

［粉類］

つぎに、家に常備する粉類のリストです。小麦の**薄力粉**、**強力粉**。小麦粉料理の名著に『ウー・ウェンの北京小麦粉料理』があります。時間のある日に餃子《ぎょうざ》の皮を自作自食すると、目から鱗《うろこ》のもちもちつるつる食感を味わえます。

片栗粉。スープや、中華料理の炒《いた》めもので最後にとろみをつけるのに使います。スープに対し4％の重量が目安。同量の水で溶きます。これもぱっと取れるプライムスペースに置いておく必要があります。野菜の天ぷら衣を即席で作ることもできます。卵なしで、片栗粉と小麦粉を1：1で混ぜ、粉と同量の水で適度なとろみをつけると、食材にまぶして揚げたときにカリッとした食感の衣に。春の山菜の天ぷらをぱっと作りたいときなどによいです。

ロールド・オーツ。開拓時代のアメリカで普及したものだそうです。短時間の加熱ですぐできます。ミルキーで、嫌な要素が皆無。朝食によく、メープルシロップと合います。

マサ粉。粉から作る価値があるのは、マサ粉のトルティーヤです。これは中米および南米の基本食。日本人にとっての米のような主食です。マサ粉は、とうもろこしをアルカリ処理したうえで挽《ひ》いたもの。古代からある伝統食で、栄養価にも優れています。日本人好みだと思います。ただし、トルティーヤを薄く平らに伸ばすトルティーヤプレスがないと、なんだかんだと面倒になるので、プレスの購入をおすすめしたいです。

一、マサ粉1カップに約⅔カップのお湯（60℃程度）を加えて、こねる。まず棒状に伸ばし、つぎに、端から、ゴルフボール程度の大きさになるよう包丁で切ってゆく。

二、トルティーヤプレスでそれらをつぎつぎと平らにプレスする（ジップロックのビニール袋をハサミで切り開いたもの、またはクッキングシート2枚をかませると、くっつきません）。

三、強火のフライパンで焼く（3つか4つずつ）。二度裏返すと、風船のように膨《ふく》らむ。それが火の通った証拠（膨らまないときは上からヘラなどで押さえつけると膨らみ始める。膨らまなくとも、3分ほどで火が通る）。

四、好きな具材を乗せ、紫たまねぎ、コリアンダーをかけ、最後にライムをじゅーっと絞っていただく。定番具材の豚バラ肉を乗せれば「カルニータス・タコス」になる。肉をラードで低温からじっくり揚げるのが本式だが、長時間煮てから仕上げ焼きするのでもよい。塩をしてほろほろになるまで煮て（圧力鍋を用いると短時間でできる）からいちど冷ます（このとき固まった脂を取り除く）。ほろほろのところを包丁で叩き、最後にフライパンでかりっと仕上げ焼きをして、トルティーヤに乗せる。

［ほかの常備食材］

ほかに常備しておきたいものを挙げます。無添加の**さば水煮缶**。製造プロセスの動画をいちど見てみることをおすすめします。合理的な優良食品だということがわかります。青魚は栄養価も高くおいしい食材ですが、加熱すると身がボソボソになりがちです。さば缶の場合は、脂の乗ったものがまず選ばれ、その身がほろほろになるまで加熱され、そこにリッチなさば自身の脂が半ば溶け合いつつ同居します。大根おろしなどとうつわに盛り付ければよい酒肴になりますし、さまざまな即席料理に使えます。

マロニー。鍋料理に重宝します。春雨よりも扱うのが簡単です。鶏のぶつ切りとたっぷりのマロニーで鍋を作り、大根おろしとポン酢で食べるのもおすすめです。**マルちゃん正麺**。初めて食べたとき、インスタント・ラーメンの麺の噛み心地はここまで進化したのか、と思い「えっ……」と思った正麺。食べるたびにこの「えっ……」をちょっと思い出します。鉄のフライパンをカンカンに熱してもやし炒めを作り、オンすると、香ばしいもやしラーメンになります。

塩して熟成する

自分で作る漬物などの保存食についても述べます。

塩だけでできるおいしい漬物が多くあります。**きゅうりの塩もみ**、**かぶの塩もみ**、**きゃべつときゅうりとしその浅漬け**、などはぜひレパートリーに加えたいです。一口サイズに切ったあと2%前後の塩をまぶし、水が出てきたら捨てるだけです。きゅうりは、上から手のひらの付け根でぐっと押さえて体重をかけると縦に割れるので、それを一口サイズにぽきっと折って、塩しても、食感に変化が生まれておいしいです。かぶの塩もみに酢をかけると**かぶ酢**です。野菜に塩して、スプリング式の簡易つけもの容器に入れて上から圧力をかけると、野菜自身の水分が上がってきて、しっかり漬かりますし、冷蔵庫の中でそのまま何日も保存できます。夏野菜で作ると、心地よい夏の香りでキッチンが充たされます。

肉の場合、自炊で覚えたいのはなんといっても**塩豚**です。作り方はとても簡単。肩ロース肉のブロックを300〜500gほど買ってきます。重量比3％の塩を全面にまぶし、ラップでぴっちり包んで冷蔵庫に入れます。ゆるやかに熟成が進んでゆき、5日目ぐらいまで味の変化を楽しみながら少しずつ使うことができます。私は高山なおみさんの本で教わりました。

半日ほど経つと、肉は塩の効果で赤みを増し、ハムのようなしっとりした身質に変化していきます。これを焼くだけでとてもおいしいので、高価な牛ステーキなどより、私はこちらを登場させる頻度がはるかに多いです。塩豚からはよい風味のだしが出るので、スープやパスタに使えます。野菜と一緒にことこと煮るとポトフになります。ほうとう鍋に使ってもおいしい。

5日目ぐらいにしっかり熟成感が出たところで**蒸し豚**にするのもおすすめです。蒸し器で蒸して、適度な厚みでスライスするだけですが、深い味わいに驚かされます。刻みねぎとごま油と塩で作った**ねぎソース**などが合います。

今週は以上のどれかを作ってください。

22

発酵

発酵保存食品を自作する意味

今週は、菌の力を借りて作る発酵保存食を取り上げます。というと、それはさすがに面倒、と思われるかもしれません。とりわけ、腐敗しそうで不安、とお感じの方もいらっしゃるでしょう。ですが、この点にこそ発酵食品を作る意味はあります。

発酵と腐敗のちがいは何でしょうか。よく、両者の境目はあいまいで、人間にとって都合のよいもの（害になる物質ができないほう）を恣意的に発酵と呼んでいるだけ、という通説が語られたりします。なるほど、といってしまいたくなりますが、ちょっと曖昧です。両者を区分するポイントは、ある特定の狙《ねら》った菌を繁殖させて、「優勢」になる環境を作るのが、伝統的な発酵ということです。たとえば乳酸菌が優勢になると、ほかの菌は繁殖できなくなり、そうすると菌床は人間にとって安全に保たれます。つまり食物を急速に分解してしまう別の菌（いわゆる腐敗菌）をシャットアウトできる。だから食品保存が可能になるというわけです。フレッシュさが保たれ、発酵由来の好ましい風味が加わります。

家で発酵食品を作る意味は、安全な状態と腐敗している状態とのちがいを、五感を用いて把握できるようになるための、楽しいレッスンであることです。

現代人の多くは、もはや食べていいものとそうでないものを直感的に区別できなくなった、といわれています。生鮮食品のパックに表示されている消費期限が切れた途端――極端な話、その期限を一秒でも過ぎた瞬間からもう食べる気が失せたりするほど現代人は感覚を喪失していると揶揄《やゆ》されたりもします。発酵食品を自作することで、食べ物の状態を五感で判別する能力が、確実にいくぶんかは取り戻されます（もちろん腐敗の徴候が出たらすぐに捨てること）。

発酵食の作り方についても巻末で専門書を紹介していますのでぜひ読んでいただきたいです。ここでは最もベーシックな、乳酸発酵、麹菌《こうじ》を用いた発酵、最後に、その両方を用いた保存食づくりの例について述べます。

乳酸発酵――白菜漬け

白菜自身が持っている乳酸菌を繁殖させることで、酸味とうまみを持った発酵白菜になります。鍋料理にも、炒《いた》めものにも使い勝手がよく、すこぶるおいしくなります。

一、寒くなり白菜が甘みを増してきたら、一株か半株、購入する。

二、根本へ十字に包丁を入れてから、手で割いてゆく。重量比3～4％の塩を、全体に、葉と葉のあいだにも、よくまぶす。

三、密封できる袋に入れて、できるだけ空気を抜く。常温で放置すると、1〜2週間ほどで酸味とうまみがでてくる。使う分だけ取り出し、さっと水洗いし、ぎゅっと絞《しぼ》る。

麹菌を用いた発酵——甘酒

麹菌は古来日本で用いられてきました。米などで繁殖させると、多種の酵素《こうそ》を生成させます。この酵素が、たんぱく質、脂質を分解し、甘みとともにさまざまなにおい分子が生成されます。酵素が活動する最適な温度は60℃。このためにも低温度帯に設定できるオーブンなどを装備したいです。ヨーグルトメーカー、炊飯器（保温モードでふたを開け、ふきんなどをかぶせる）でもできます。

一、米を炊く。炊き上がったら、それと重量比で3倍の水を加える。

二、（炊いたあとの）米と同重量の生麹を加える。約60℃に保つと8時間で完成。

独特の甘やかなにおいがたちこめてきたらうまくできたしるしです。たしかにくせはあるのですが、日本の食卓を彩る伝統的風味です。小さいころから慣れていれば、郷愁をそそる好ましいにおいになります。慣れる機会がなかった方は、大人になってからでも遅くはありません。

甘酒を作りましょう。日本食の古層に触れてゆくための、心の通行手形だと思ってください。

乳酸菌と麹菌を用いた発酵——かぶら寿司

乳酸発酵と麹菌の両方を用いた伝統保存食の名作が、かぶら寿司です。私はかつて富山県に住む先輩の結婚式にお呼ばれしたとき初めて口にして、虜《とりこ》になりました。北陸の冬の正月料理です。正直、かなり作るのに手間を要するのですが、腰を上げて作ってみれば、年末年始はとても幸福になるでしょう。樽から数切れ出して極上の肴《さかな》で一献という状態にいつでも入れるようになるからです。来客のもてなしにも重宝します。

完成までに2週間かかります。かぶら、ぶり、麹米、それぞれ三つを並行して仕込んでゆきます。作りやすい分量は、かぶら3kg、ぶり600g、麹米（米2合+生麹400g）。もっと少なく、または多く作る場合は、この比を守って増減してください。

一、聖護院かぶらを3kg用意し、厚めに皮を剝《む》く。魚の切り身を挟めるよう、真ん中に切込みを入れながらかぶらを輪切りにしてゆく（切り離さないギリギリのところで包丁を止める）。容器の中に、塩して並べ、層状に積み重ねてゆき、上から重しを乗せて3日以上置く。そうすると水が上がってくる。塩は、かぶらに対して重量比で3%。

二、ぶりのさくを600g用意する（年末は高騰するので早めに買うこと。脂《あぶら》の乗った**寒さ**

わらでも非常においしく作れる)。バットに置いてまっ白になる量の塩をかけて30分待つ。洗い流し、吸水。脱水シートで包み、できれば、これをさらに真空パックする(酸化を防ぐため)。冷蔵庫へ入れる。3日ほどすると水が抜けて生ハムのような身質になる。

三、米を2合炊き、炊き上がったら、米の半量(1合)の水を混ぜて少し冷ます。生麹400gを混ぜる。60℃前後の温度で5時間ほどキープすると、甘やかな香ばしいにおいが漂《ただよ》う「麹米」になる。

以上の三つの行程がだいたい同時に終わるよう進めます。たとえば、一をとある週の月曜に、二を水曜に、三を土曜に開始し、日曜日にすべてをドッキングさせる、などです。つぎに、このドッキング作業について述べます。作業スペースに材料を整然と並べて進めること。

四、塩しておいたぶりを取り出し、5ミリほどにスライスする。

五、ぶりのスライスをかぶらに挟んでゆく。スライスが小さければ複数あわせて、1枚のかぶらにちょうどぴったり収まるようにすれば簡単。

六、にんじんを1本、千切りにして、これを麹米に混ぜる。紅白の色彩にするため。

七、漬け込み用の容器を準備し、そこに漬け込んでゆく。容器の一番底に、にんじん入り麹米を薄く敷き詰める。この層の上に、ぶりを挟んだかぶらを隙間なく並べる。その層の上にまた麹米を薄く敷き詰め、さらにかぶらを並べ……というように、多層に重ねてゆく。最後にラップで覆《おお》い、上からぎゅっと押して空気を抜き、さらに軽く重しをして作業終了（二重にしたビニール袋に水を入れて重しにすると簡単）。10℃以下の場所に安置する（ワインセラー内も理想的）。1週間ぐらいしたら味がなじんで食べられる。

自作かぶら寿司の味をぜひ家で味わってみてほしいと思います。かぶは乳酸発酵によって爽《さわ》やかな酸味を帯《お》び、そのかぶにサンドされることで、ねっとり濃醇なぶりの味わいが際立ちます。最初は全般にフレッシュですがだんだんと熟成が進んでこなれてゆきます。その変化を自宅で長く楽しむのが最高の贅沢です。私は昨年、一ヶ月以上食べつづけました。生魚を一ヶ月。何という先人の知恵でしょう。いまがちょうど季節でなければ、つぎに来る十二月の上旬か中旬にまたこの頁に戻り、作ってください。真空パックや、発酵温度をキープできる現代の機器によって、失敗のリスクはすごく減りました。現代人だからこそ作りたい名品です。

日々の献立ての基本

先週と今週とで、自炊におけるさまざまな常備品、保存食について見てきました。ここであらためて、毎日の献立てをどのように決めるか、まとめておきたいと思います。

まずは和食の献立から。ベースは**ごはん**と**みそ汁**です。さらに、その日の**魚か肉を用いた一品**（旬の素材から出発してシンプルに調理するか、定番レシピに従います）。**乾物や保存食を用いた一品**。あれば冷蔵庫の残りものも。これが基本です。一例を示します。ごはん、豆腐と乾燥わかめとお麩《ふ》のみそ汁、焼き魚に大根おろし、かぶ酢、鞍掛豆のサラダ、というようなかたちですね。所要時間は30分（米とこんぶの浸水時間はのぞく。調理開始に先立ってやるとベター）。魚・肉料理がもう少し時間の要するものだったとしても、40分を目指します。この献立なら、作る順番はこのようになります。時間の最もかかるものから着手します。この場合はごはんです（冷凍ごはんを再加熱するときは、これがないのでもっと早くできます）。点火してから蒸らしも合わせて約30分。ここから逆算し、米の炊けるあいだにすべてを並行して作るというイメージです。つぎにみそ汁の鍋に点火。だしが取れたら、豆腐を切って入れ、乾燥わかめ、お麩《ふ》も入れ、マドラーでみそを取って鍋に入れて蓋をし、溶けるのを待ちます。さらに並行して、魚焼き用のグリルで魚を焼きます。焼いているあいだに、大根をおろします。かぶ酢を作ります。冷蔵庫から、すでにできている鞍掛豆のサラダを取り出します（あれば）。これで完成。調理の合い間にシンクの調理器具をつぎつぎと洗い、溜《た》めないようにするとなおよいです。慣れれば、それもパズルを楽しむように、できるようになってゆきます。

西洋風の場合。**パン**、**スープ**、**魚か肉のひと皿**、**野菜のひと皿**。これで上々ですね。最も時間のかかるのはスープですので、点火して30分ほどで完成させるそのあいだに、ほかのすべてを並行してやってゆきます。魚か肉を調理。つぎに野菜料理を調理。食べる直前にパンをオーブントースターで再加熱、という段取りですね。飲んでいいタイミングでしたらぜひワインも。

軽めのパスタ・ランチの場合。大鍋に水をたっぷり張り、点火します。沸騰し、パスタを入れ、茹《ゆ》で上がるまで、だいたい総計で15～20分でしょうか。このあいだに、フライパンでのソースづくり、副菜づくりを並行して終わらせます。

以上は、平日の、時間の限られた状況での料理を想定しています。買い物先の「おすすめ」によって、魚と野菜の種類が変動します。素材の風味から出発して調理法を考えればよいわけです。これも再確認しておきますが、毎日かならず作るのが義務ではありません。忙しいときは外食もテイクアウトも併用します。自分では作れない専門料理を食べにも行きたいものです。

週末にみなで食卓を囲むようなときは、買い物から調理までゆっくり時間を使い、レシピも参照しつつ、好きな数の料理を作ってください。

23

うつわとスタイル

なぜスタイリングによって料理はよりおいしくなるのか

今回は、うつわとスタイリングがテーマです。料理をどんな皿に、どう盛り付けると料理が楽しくなるか、考えてみましょう。これで配膳にいたるまで、自炊に関わるすべてのプロセスを通覧したことになります。

料理は「見た目が大事」とよくいわれます。とりわけ日本では伝統的に料理の視覚的なうつくしさを重視してきました。現代ではいわゆる「インスタ映え」といって、スタイリッシュできれいな料理がますます好まれています。行きすぎると、食事の本質を見誤っている、と批判されたりもしますが、行きすぎないかぎりは、視覚的な配慮で食事の楽しみが増えるのは事実です。

では、行きすぎとは、どういう場合のことでしょう。風味が実質的に乏《とぼ》しいにもかかわらず、華美な見た目でごまかせると考えるのであれば、それは行きすぎですね。そういう飲食店には注意したいところです。自炊においては、見た目がよくなければ恥ずかしい、という思いがプレッシャーになって、料理に自信が持てなくなってしまったら、それも行きすぎです。

だからあらためて「見た目」について再考したいと思います。

料理において「見た目」の役割は何でしょうか。なにしろ口に入れるものですから、視覚的にうつくしいというだけでなく、おいしく見せる、ということがその役割です。さらに進んで、おいしくする、ということさえできるのではないかと思います。適切なスタイリングがなされるならば、実際、料理はよりおいしくなるのではないでしょうか。そのポイントは、本書で繰り返し取り上げてきた「風味」にあります。風味は何かを映します。料理を作るひとは、何を映すかを狙《ねら》います。専門的な料理であれば、はっきりとした参照点があるでしょう。この料理はあの風土、あの季節を映そうとしている、というように。うつわの役割は、風味の狙いを視覚的に予告することで、食べる側をより能動的なチューニングの姿勢へと導く点にあります。

例を挙げます。本書の第一週では、トーストの三つの食べ方を取り上げ、それぞれ別のおいしさがあると述べました。日本人好みの、割いたときにふわっと湯気《ゆげ》が立ちのぼるトーストの焼き方があり、フランスの日常的な温め方があり、アメリカ西海岸の直火焼きがあったのでした。それぞれが異なる地域の食習慣を前提にしています。そのどこを「狙い」とするか。これをまちがえようもなく示すことがスタイリングの領分です。

アメリカ西海岸で私が教わった食べ方は、酸味の強いサワードゥを直火焼きにし、くせとくせとを相殺させるというものでした。さらに、やぎのチーズとはちみつを乗せて重層的にバランスを取る、ということもします。これを食べれば、誰しもここに組み合わせの必然性があることは伝わると思います。でたらめではありえない何かがあります。

ただそれでも、予備知識なしで初めて口に入れた方は、そもそもなんでこんな酸っぱいパンを食べているんだ？という疑問を禁じえないかもしれません。正体不明のかんじがしてしまうと、ひとはそこに躊躇《ちゅうちょ》と警戒心を抱き、心からおいしいとは思えません。どこに由来するものかが腑に落ちたときに、ひとは安心してそれを咀嚼《そしゃく》することができます。

そこで第一に、言葉を尽くして、その由来を説明することがありえます（くどくど説明しすぎて無粋にならない程度に）。第二に、うつわによって適切な装いを与え、この料理がどんな文脈に置かれていたものかを視覚的に示すことができます。視覚的な説得力は、しばしば言葉を上回ります。

この場合、具体的にどんなうつわに盛ればよいでしょうか。開拓時代のアメリカのブリキ製の平皿をアンティークショップで調達し、そこに乗せ、大きなマグカップに酸度の高いアメリカンコーヒーを注いで添える、というところまでやると、コスプレめいていてやりすぎかもしれません。必要なポイントは、カリフォルニア・サワードゥはこのように存在してきた、という歴史を尊重し、それを裏切らないよう配慮することです。歴史的由来を踏まえつつ、凛《りん》とした居ずまいのひと皿にすれば、それでよいのです。「これでよし」という確信が、見た目に感じられるということですね。そうすれば、この酸っぱさが、たまたま生じた欠点などではなく、ほかでもないあの時代のあの地域で必然的に生じた個性である、ということが（たとえ漠然とではあれ）伝わるものです。

歴史的由来を尊重するならば、サワードゥに和食器ではやはり変化球すぎるし、華美な洋食器でもちぐはぐなかんじになります。ふさわしいのは、堅牢《けんろう》でシンプルな平皿、あるいは簡素な木の皿といったところでしょう。アメリカ的なもので揃《そろ》える、というのでも筋が通ります。

練習問題

スタイリングにおいては、ただ全体を華美にし、高級感を演出しさえすればおいしく見えるというわけではありません。由来を尊重し、それにふさわしい装いを与えることが大事です。

素朴なものはその素朴さをリスペクトする。安価で気の置けない料理には、屈託ないうつわを。繊細な料理には、緊張感のある可憐《かれん》なうつわを。ハレの日の料理には、華やかな装いを与えればいいでしょう。ともあれ、ポイントはやはり風味にあります。

それがどんな料理なのか。どういう由来を持ち、どんな文脈で、どんなふうに存在してきたのか。「狙い」＝「参照点」に即して、しかるべき配慮が視覚的になされていれば、あらゆる料理はその料理なりの風味の魅力をはっきりと帯《お》びますし、しっくり来ている、という調和の雰囲気が生まれるものです。

では練習問題をやってみましょう。

あるとき、食べたい衝動に駆られて、スパゲッティ・ナポリタンを家で作ったとします。どんなうつわに盛り付けたら、よりおいしくなるでしょうか。考えてみてください。

正解は一つではありません。いろいろな可能性が考えられます。「昭和の喫茶店」というゾーンを狙う線がまずありうるでしょう。そういう店が好むたぐいの、昭和四〇、五〇年代に流行したような洋食器です。ただ、これもコスプレ感が強い気がします。私ならば、バドワイザーのロゴがあしらわれた皿にします。まず、日本で好んで食べられた時代と傾向性をおおまかにマッチさせています。また、ナポリタンの起源の一つは、アメリカのミートボール・スパゲッティであり、それゆえ、風味の主成分は、ケチャップという、アメリカの万能調味料です。この風味の由来に、あらためて意識を向けたいという趣向です。色彩的には赤と赤のグラデーションが成り立ちます。ドリンクにイタリア・ワインを選んではなりません。ナポリとはほぼ無関係のフェイク料理であるところにおもしろさがあるからです。バーボンのソーダ割り、ノンアルならドクターペッパーなどがよいでしょう。バドワイザーはたぶん味的に合いません。

「ねばならぬ」ではなく

料理の装いについて考えるうえでは、服飾におけるスタイリングも参考になります。衣服選びは、色やかたちがきれいで整っているかどうかだけが決め手ではありません。さらに、ある様式の衣服がどんな由来を持つのか、いつどんなひとが作り、着用していたのか、どんなブレイクスルーをもたらした衣服だったのか。その歴史意識が研ぎ澄まされたスタイリストの選択には、凛とした必然性、奥行きが感じられます。たとえ、鑑賞する側がそのスタイリストと同程度の歴史意識を共有していなかったとしても（そのような場合のほうがはるかに多いでしょう）、その奥行きが、アウラ（遠くの存在の雰囲気）となって立ちのぼるからです。

さて、由来を意識することが問題ならば、料理のスタイリングにおいても、多種多様なうつわを揃えて、さまざまな料理に対応できるようするべきでしょうか。プロフェッショナルの世界であれば、ある程度はそうなのかもしれません。地域ごとのちがいにも、時代にも、階級にも意識を届かせる、というふうになるでしょうか。ただ、私たちはそこまですることはできないですし、目指す必要もありません。

ＴＰＯに合わせた規則を数え上げてゆけばきりがありません。「ねばならぬ」では消極的な気持ちになってしまいます。そうではなく、由来を尊重する気持ちを忘れない範囲で、うつわが風味の感じ方にどんな変化をもたらすかを、試して楽しむ遊び心のほうが大事です。多くの料理は、由来が一つに特定できず、複数、潜《ひそ》んでいるものです。たとえば和洋折衷料理の、魚のカルパッチョだとか。たくさんの由来が絡《から》まり合っている。選択するうつわによって、その何かが強調され、何かが背景に沈みます。また、衣服のスタイリングの場合と同様なのは、しかるべき文脈を承知したうえであえてそこから少しずらしてみることによって、リフレッシュ効果が生まれることです。ゆらぎが与えられるからです。

うつわの質感

つぎに、うつわ選びのポイントとして、触り心地＝質感についても述べておきます。簡素でうつくしい木のうつわづくりで知られる三谷龍二さんが、「質感」の魅惑について書かれた文章がとても印象的ですので、引用します。

（…）ものは、見るだけではなく、手に持ち、唇に触れるもの。（…）工芸の美しさは、少し離れて見る時には、フォルムやラインが重要です。でも、身体に引き寄せて、時にはほとんど舐めるようにしてものに触れたい、という衝動のことを愛玩とよびますが、そこでは形よりも質感のほうへ、心が溺れていくことになるのです。（…）「やきもの好き」というのは、その肌、釉の掛かり具合や色つや、土味、高台の削り跡、手取り感などに魅了されるとメロメロになってしまう人たちのことを言うのです。

（三谷龍二『すぐそばの工芸』54頁）

「溺れる」、「メロメロ」という言葉が胸に響きますね。かつてこの文章を読んで、うつわ愛好

の何たるかが一挙に腑に落ちたような気がしたものです。もう居ても立ってもいられないほど

誘惑されてしまうのがうつわなのでしょう。三谷さんの文章には、うつわコレクターたちの言

葉についてまわるスノビズムのにおいがしないのも素敵です。本当に「メロメロ」になってい

るひとには、我執のようなものがなくなるからでしょうか。

質感がこれほど人の心を捉えるわけですから、逆に作家の側から見れば魅力的なテクスチャーを発見することは、それがそのまま大きな目標にもなるでしょう。その作家、あるいは産地独特の、他にはない質感を生み出すことができれば、もう七割方作品ができたも同然なのです。あとはそれを形で展開するだけですから、このことからも器にとって「質感」は、極めて重要であることが判ります。(同前、55頁)

料理にうつわを合わせるときは、ビジュアルだけでなく、この「質感」が大きなポイントになります。うつわそれ自体の中に、接触したらどう感じるか——接触感覚がすでに備わっている。作家ないし職人が質感を探求した先で完成したのが、ほかならぬそのうつわだからです。うつわに独特の質感を、食べ物の質感(舌触りや噛み心地)と掛け合わせるのもスタイリングの楽しみです。これもまた、一つの正解にたどり着くなどと考える必要はまったくなく、変化

を楽しむ姿勢こそが望ましいと思います。

三谷さんは、「生活工芸」と呼ばれるうつわづくりの潮流を牽引してきた存在でもあります。バブル経済の躁状態が一段落したあとに広まった潮流です。すばらしい「質感」を持っているけれども、プレーンで、気取らない、日々の暮らしに用いることを想定して作られるのが「生活工芸」だといわれています。ランダムなゆらぎを許容し、うつりゆくはかない美を見出そうとするところもいいです。料理のゆらぎも許容されている気になるからです。

素材をプレーンに調理するだけの（伝統料理の特定の型を強く参照しているわけではない）料理の場合、匿名性を帯びた、主張が強すぎず、ただし愛すべき独特の「質感」を備えたうつわが合わせやすいと思います。「生活工芸」、とあえて括《くく》る必要さえ、本当はないのかもしれません。ともあれ、そのように、自分の生活と無理なく馴染むシンプルなうつわをまずある程度揃え、そのうえで、さまざまな文化圏の伝統的なうつわを買い足してゆく、という方針でいればまちがいないでしょう。

雑多を許容する

うつわの数は、暮らしの中で、だんだんと増えてゆくものです。ひとにセンスを褒められそうな一級品ばかりである必要はありません。だいたい、私も含め、ほとんどの生活者は、日々のやりくりの中でなんとか金銭的余裕をみつけては新しいものを買い求め、またしばらく節約をつづける、ということを繰り返すのが実情でしょう。それが生活というものです。でも、そんなふうに集めたうつわだからこそ、美的センスだけではない、暮らしの現実というか、有限性というか、慎ましさのようなものまでもが反映するのではないでしょうか。

ひょんなことから戸棚に加わってしまううつわもあるでしょう。私は、うつわコレクションが雑多になってゆくのはよいことだと思います。美的統一感を最優先して、全体にそぐわないものはどんどん切り捨てる、だとか、一つの基準で完璧に揃えるというような方針もありうるでしょうが、私にはおもしろく感じられません。いろいろな時期に愛好したうつわがいくつも混在する。大切なひとからのもらいものだとか、旅行先で食べた美味の記憶と結びついたものだとかも、収納スペースが許すかぎり取っておきたいです。こうして自ずからできてゆくコレクションは、その雑多性によって、人生の記憶をありありと映すことがあるからです。

24

ファーム・トゥ・テーブルとギアチェンジ

ひとはいつから「素材を活かすべき」といい始めたのか

本書も残すところあと三回になりました。

ここで全体のメッセージをよりはっきりとさせておきたいと思います。

現在、あえて自炊する理由は何でしょうか。どうすればそれを前向きにできるようになるでしょうか。本書の提示してきた回答は以下のようなものでした。風味について理解し、風味の感動をささやかでも自炊に取り入れてゆくこと。風味に導かれながら料理をすること。そのうえで自分なりのスタイルを作ること。これです。

ところで、風味――とりわけ自然の風味を尊重すべしという主張は、当然ながら、これまですでに何度も繰り返されてきました。本書はそれらを踏まえつつ、こんにちにふさわしいかたちへの更新を試みようとしています。なぜ更新を目指すのか。風味を尊重する態度が、しばしば、排他的な純粋主義に陥ることがあるからです。ひとを窮屈にしてしまう場合がある。どういうことでしょうか。

歴史を振り返ります。

自然の風味を活かすことがあえて強く推奨され、一つの価値だとみなされるようになったのは、そもそも、いつごろからのことでしょうか。食卓から豊かな風味が失われてしまうのではないかという危機感が抱かれるようになったときからです。このような危機は、近代化が始まって以来、多かれ少なかれ、たえず意識されてきたといってよいでしょうが、決定的な分水嶺となったのが、第二次世界大戦後のいわゆる「豊かな社会」の誕生だと考えられます。

戦争を経て、技術革新にともなう効率化と画一化が飛躍的に進み、人類史に新しい局面がもたらされました。この「豊かな社会」のプロトタイプは一九五〇年代のアメリカ社会です。流通網が発達してスーパーマーケットにはさまざまな商品が揃《そろ》い、各家庭ではそれらを収納する冷蔵庫があり、大量のモノが消費されます。食はまあたらしい規格品になりました。それらは国の隅々まで行き渡り、多くのひとびとの空腹を平等に充《み》たしましたが、同時に、家庭の伝統料理を空洞化させました。従来あった手触りと風味の多くが失われたのです。

一九六〇年代から七〇年代にかけて、大規模な対抗運動が生じます。行きすぎた画一化に反対し、自然の風味を回復させることが特別な意味を持つようになります。公害問題も強く意識されました。この潮流を牽引したのが、いわゆる「新カリフォルニア料理」です。環境に配慮し、小規模生産者が伝統的なやり方で作った食品を、新鮮なうちに食卓で味わうべしとする「ファーム・トゥ・テーブル」が標語となります。

私個人もここから、直接的、または間接的に大きな影響を受けてきました。自炊を本格的に始めたときの座右の書が、丸元淑生《よしお》さんの料理本だったのですが、その着想源の一つにも「新カリフォルニア料理」がありました。日本の高度成長期に食の画一化が大規模に進み、家庭料理の伝統の多くが失われたのだと丸元さんは書いています。最新のアメリカの栄養学や、環境学の知見を援用しながら、新しい家庭料理像を描こうとしました。その成果を私も本書で役立たせていただいています。

ただし、丸元さんの教えもまさにそうだったのですが、対抗運動として生まれたこの新しい潮流は、しばしば、行きすぎた純粋化にまで進みます。これは食べていいけれど、これは食べてはならない、という線引きがどんどん厳格になってゆく。実際、丸元さんの料理書には、「してはならぬ」という禁止項目が多く含まれます。数例を挙げるにとどめますが、白砂糖を使ってはならぬ、アルミの鍋を使ってはならぬ、電子レンジを使ってはならぬ。いわゆる健康志向が昂《こう》じて、これを食べればあの病気が治る、というような因果関係の誇張――フードファディズムと呼びます――に訴えることもしばしばでした。料理の道徳化が起きたのだといってもよいでしょう。

「ファーム・トゥ・テーブル」も、その後続の「スローフード」も重要な運動の標語であることは疑いありません。しかしそれがひとの罪悪感に訴える、偏狭な道徳に陥らないでいるようにするにはどうすればよいでしょうか。

スローとファストのギアチェンジ

少し余談めきますが、元プロ野球選手・長嶋一茂《かずしげ》さんがかつて語っておられた、ファスティングについての逸話を取り上げたいと思います。

一茂さんは、習慣的にファスティングをされるのだそうです。ある種の健康法としての断食のことですね。一定期間の断食によって、体調が整う。味覚が鋭敏になる効果もあるといわれています。

ただ、一茂さんのやり方は少し変わっていて、断食の前の晩に、たしか豚骨しょうゆラーメンの大盛りを数杯食べて、モチベーションを最大値にまで高めるのだそうです。

みなさんはこれをどう思われるでしょうか。

それでは意味がない、と考える方もいらっしゃるかもしれません。ラーメンなどなしでファスティングしてこそ本当で、それが繰り返されれば体調は真の意味で整っていく、とか。減量効果についても、ラーメンありではプラスマイナスゼロではないか、とか。

ただ、私は、一茂式のファスティングに、とても意義深い何かがあると考えます。どういうことでしょうか。私の解釈では、そこで焦点が置かれているのは、ファストとスローのギアチェンジです。スローを目指してひたすらに純化しようとするのではなく、複数の時間のあいだの

「行き来」に主眼が置かれているのです。

ラーメンを食べておいしいと思う状態がまずあります。つぎに、ファスティングしたあとに体調が整い、微細な味わいも感じ取れるようになる、そのような状態があるとします。この後者こそが清らかで正しく、それに近づいていくのが最善だと考える立場が純粋主義です。

それに対し、両者にさしあたりは絶対的な序列を設けない立場がありえます。「多元主義」です。ここでは、ラーメンをおいしいと感じる状態と、ファスティングしたあとの状態が、並行して認められています。二つは、敷衍《ふえん》するならば「ファストフード」と「スローフード」に対応します。両者は相容れないけれど、とりもなおさず、この世界に併存している。「ギアチェンジ」ができさえすれば、ファストとスローのあいだを行き来することも可能である。このように考えることができるのです。

そして、ここが重要なのですが、ファスティングによって、自分の味覚が清らかになったのだと感じるとして、それはこの「行き来」によって得られる効果です。そのことを「ギアチェンジ」の実践者は心得ています。ファスティングのあとの舌の状態が、人間本来のピュアな状態なのではありません。移行において、舌が鋭敏になったように感じられたということです。ファスティングによって、甘みなどに対する感受性が上がるのは生理学的事実ですが、だからといって、そのように感受性が亢進《こうしん》している状態を「本来の」ということはできません（ずっと飢えつづけるのでないかぎりは）。

このことは、「自然食品」一般とはどのようなカテゴリーかという問いと関わります。よくいわれることですが、前近代においてはあえて食品のことを「自然」と呼ぶことはありませんでした。あらゆる食品は自然で当然だったからです。大量生産される規格品が行き渡ったあとに生まれたカテゴリーです。これは皮肉ではなく、当然の事実として、何度も想起すべきことです。自然食品は、産業的な規格品を前提とし、その差異によって価値付けられている、そのような歴史的産物です。その清らかさの印象は、食品それ自体の風味の力もありますが、ギャップの効果でもある。

「群島としてある世界の肯定」

「新カリフォルニア料理」に話を戻します。よくそれは、自然の風味へ回帰すべしという極端な純粋主義であると理解されています。しかしそれはことの一面にすぎません。その真のおもしろさもまた、ギアチェンジと関わります。

「ファーム・トゥ・テーブル」の理念を世に広めたのは、シェ・パニースという名前の小さなレストランを創業したアリス・ウォーターズという女性です。彼女はカリフォルニア大学バークレー校在学中だった一九六〇年代の夏にフランスへ留学し、食文化の豊かさに驚きます。それにひきかえ、アメリカ西海岸の食は、なんと規格品的で味気ないものになっていたかに気づかされたのだそうです。そして、映画作家のマルセル・パニョルが南仏の古きよき暮らしを描いた映画の中のうつくしい食堂の名――「シェ・パニース」を借りたレストランを開店するにいたります。こんなふうに、何もない荒野にさえ思えた場所に、フランスへの憧憬《しょうけい》から作られた店が「新カリフォルニア料理」の起点だったことはとても興味深いことです。規格品的な食が習慣になりつつあるアメリカ西海岸の街のただ中に、フランス食文化の飛び地が作られたということです。

シェ・パニースで食べるのは、当然、フランスで本物のフランス料理を食べるのとはちがう経験です。ただし、フランス未満の偽物の味ではありません。シェ・パニース体験とは、アメリカとフランスというギャップを味わうことを意味していたからです。まあたらしい差異の経験が問題だったのです。

そういいつつ、私はシェ・パニースに行ったことはないのですが、カリフォルニア州のロサンゼルスに滞在したとき、「新カリフォルニア料理」の後続世代が作ったお店のいくつかで食事をすることができました。私にとって印象的だったのは、やはり、アメリカの超近代的な都市環境の真ん中で、あきらかに周囲と異質な食文化の伝道がなされているということ、その激しいギャップでした。ファストフードの海に浮かぶ孤島とでもいうような印象なのです。

ロサンゼルスには、「新カリフォルニア料理」のお店だけではなく、外国のさまざまな伝統料理のお店も同列に存在し、いわゆるスローフードの選択肢となっています。アスファルト製の超近代都市の中にいきなり出現する日本料理店、イタリア料理店、メキシコ料理店、韓国料理店、等々もまた、孤島のように浮かんでいるかんじがしました。でも、そこに特有のおもしろさがあります。アメリカのファストな食環境から「ギアチェンジ」して、スローな時間の流れる別の食環境の飛び地に入る。ロサンゼルスは、地球上の異なる地域にルーツを持つ移民たちが、それぞれのテリトリーを囲ってできたパッチワーク都市だといわれています。いわば、複数の小世界が一つの都市に折り畳まれている。

　私がカリフォルニアのスローフード店に魅力を感じるのは、ピュアであるからとか、ナチュラルで、栄養学的に理想的だからというだけではありません。世界の別な地域にルーツを持つ食文化（シェ・パニースであれば南仏的農村共同体）を映す点です。

「素材の風味を活かす」という理念は、何か清らかで正しいものへ漠然と向かってゆく、と理解するだけでは不十分で、おもしろくありません。風味は、いまここにはない、異質な世界の索引であり、紐づいた先の世界の映像をありありと喚起する点に価値があります。映すのは自然環境の変化だけではありません。シェ・パニースはマルセル・パニョルの南仏を映すものでもあります。外国映画のように。アメリカ的近代都市は、たとえるならばその多種多様な風味によって、さまざまな地域、さまざまな時代の食文化を映す、超巨大マルチプレックス・シアターなのだとさえいえます。私たちはその一つの映写室に閉じこもるだけではなく、互いに行き来し、そのちがいをおもしろがることができます。

パッチワーク状のアメリカ型都市空間に新しい理念を見出したのは、哲学者のジル・ドゥルーズでした。純粋な一つの伝統のもとに統合されているのではなく、断片的で、なおかつ、それぞれがランダムに接続しうること。この特質を肯定的に捉え、その人類史的な新しさを評価しました。ドゥルーズは、アメリカの小説家、ハーマン・メルヴィルのヴィジョンに託して、アメリカ型空間の特質をこのように要約しています。

> まず最初におこなわれるのは、過程にある世界、群島としてある世界の肯定だ。ピースどうしを合わせて全体ができあがるようなパズルでさえなく、むしろ、セメントで固められていない石の壁のようなものであり、その個々の要素はそれ自体で価値を持つが、それでいて他の要素との関係でも価値を持つ。(…)どこまでも続き、複数の接続が可能なパッチワークだ。これこそがすぐれてアメリカ的な発明である
>
> (ジル・ドゥルーズ『批評と臨床』174頁)

私はカリフォルニアから日本に戻ったとき、ああ、やはり、ここには伝統的な食文化が息づいているな、と実感する部分も多くありました。しかし同時に、日本もすでにアメリカ経由の近代化を受け入れ、半ば以上、カリフォルニア化していることにも気づかされました。ハンバーガーにフライドポテトを食べる習慣が根付いたことだけを指してこういうのではありません。

「豊かな社会」の型を受け入れる過程で、伝統からの断絶が起き、つぎに、輸入文化のパッチワーク空間ができた点においてです。日本の都市にも、地球上のさまざまな場所にルーツを持つ食文化が寄せ集められ、それらの風味が、いまここにない場所を映します。外国料理店だけでなく、輸入食品店にも、最近はごくふつうのスーパーにも、他文化の風味が届いています。

風味の楽しみを自炊に取り入れる、というとき前提にしているのは、私たちが生きる時代のこのような現実でもあります。

続・人間の鼻もじつは犬並みにすごい説

本書の冒頭では、人間のにおい知覚が、あの卓越した鼻を持つ犬にも劣らないという説を取り上げました。口に入れるものを咀嚼《そしゃく》しながら、レトロネイザル経路で嗅ぎ分ける「風味」を考え合わせるならば、犬並みの弁別能力を人間は持つ、というのです。このことは、生理的事実だけではなく、近代都市の成立という社会的事実を考え合わせることでじゅうぶんに理解することができるのではないでしょうか。

犬は、自分の周囲に広がる広範な領域のにおいを直接、嗅ぎ取ることができます。風向きによっては、驚くべき遠さで起きていることを知覚します。我が家の犬も、家族が帰宅してくると、数十メートル先ぐらいからもう吠え始めています。犬の嗅覚はいきいきとした感情と結びついています。自然の中を散歩中に、鼻先で地表のにおいをくまなく嗅ぎまわるとき、犬の体が生きるよろこびで充たされていることがはっきりと見て取れます。

人間の場合はどうでしょうか。人間が得意なレトロネイザル経路で嗅覚を働かせるためには、においを蓄えた物質を、調理して口に運び、嚙み砕き、風味を抽出しなければなりません。調理と食事に先立ち、遠隔地のにおいを蓄えた材料をさまざまに入手する必要があります。なにしろ私たちは、犬のように遠くのにおいを直接感知する能力を失っているのですから。多種多様な食材が市場に運ばれ流通する、近代的都市環境が必要ということです。自分の住む街の近くの農園からだけでなく、地球上の多種多様な生態系、および、それら生態系にもとづいてできた文化圏から食材が輸入され、キッチンで利用することができる。そのような状況が準備されてはじめて人間は、犬たちと同等の、嗅覚によって世界を認識する能力を獲得できるということです。「豊かな社会」以後の都市環境がその条件です（現在はインターネットによって、ほぼどこでも都市と同様に食材を入手することができます）。この条件が整ったことで、ようやく私たちは地表のにおいを（そして諸文化のにおいを）、動物たちに似た直接性において、嗅いで愛《いと》おしむことができるようになったということなのではないでしょうか。

ただし、厖大《ぼうだい》なエネルギー資源の消費を代償にしてです。いわゆる環境問題をどう捉えるかについては、最終章で触れたいと思います。

ハンバーガー

今週はハンバーガーを作ります。

ハンバーガーはアメリカ近代史とともにあります。もともとはドイツの港町ハンブルクで作られていた、ひき肉の郷土料理だったそうです。移民たちが新大陸にそれをもたらし、バンズでサンドするハンバーガーになりました。近代的道路交通網が発展すると、ロードサイドのダイナーで提供されるようになり、簡便なフィンガーフードとして国民的人気を博します。一九五〇年代にはマクドナルドなどがフランチャイズ化します。マクドナルド的ファストフードの行きすぎた普及への抵抗としてスローフード運動が起きます。いまは、牧草を食べて育った牛肉を用いる、自然環境に配慮した高級グルメ・ハンバーガーもありますし、プラントベースのハンバーガーもあります。

このすべてを試すことができれば、近代人が歩んできた生活史のダイナミックなうねりを感じ取ることができるでしょう。今回は、この中から一つ、フランチャイズ化する前の、ダイナー仕様のハンバーガーはいかがでしょうか。牛の赤身肉がぎゅっと詰まったパティを用いるタイプです。

ハンバーガー

一、牛肉を入手する。よいひき肉があればそれでよいが、なければ、牛赤身肉の薄切りスライスから作るのもおすすめ。なるべく色の鮮やかなものを選びます。これをまな板の上に広げて包丁で叩く。塩こしょうをして、つなぎなしで一人150gほどの平たい固まりにする。ぎゅっと固める。

二、好みの加減で表裏を焼く。魚焼きグリルで直火焼きするのがおすすめ。チーズバーガーにするときは、最後にパティの上に乗せて溶かす。

三、並行してバンズをトースターで焼く。からしとマヨネーズを混ぜたものを片面に塗る。好みの野菜（トマトやレタスやアボカド）をトッピングする。挟んで食べる。

ドリンクに、手作りのコーラはいかがでしょうか。クラフト・コーラは不思議な飲み物だと思います。アメリカの薬剤師が調合して広まった近代的な規格品を、あえて、手作りのスパイス飲料として作り直す試みです。

クラフト・コーラ

一、スパイスの香りの溶け込んだシロップを作る。水と砂糖をそれぞれ200g小鍋に入れ、シナモン・スティックを1本、クローブを10本、コリアンダー10粒（あればさらにオールスパイスを5個)、しょうがをピンポン玉の半分ぐらいの大きさだけ輪切りにしたもの、レモン1個を皮ごと太めの輪切りにしたものを加えて15分ほど弱火で煮出す。以上のスパイスの配合は各自がカスタマイズできます。

二、並行してカラメルソースを作る。小鍋に砂糖30mlと水15mlを入れて煮詰めて褐変したら、一の鍋に加える。鍋が冷めたら濾《こ》して清潔なびんに入れる。こうしてできた原液は、冷蔵庫で一週間ほど保存できる。

三、グラスにこの原液と氷を入れ、炭酸水を注ぎ、軽くかきまぜながら飲む。

既成品とのギャップに思いを馳せてください。

25

索引と徴候

別の時空につながるにおい

今回は、精神科医・中井久夫さんのきわめて興味深いテクスト「世界における索引と徴候《ちょうこう》」を取り上げて、風味とは何かという考察の締め括《くく》りにしたいと思います。

中井さんは、においに長年、深い関心を抱き、においを経験するとき私たちの精神に何が起きているかを深く掘り下げて考えました。このテクストは、「においの記号論」を素描する試みであるとも書かれています。中井さんのにおい論を読みながら、においや風味についていわれる「解像度」が何を意味するかについても考えてみたいと思います。こまやかににおいを嗅ぎ分けるとは、人間にとってどういうことなのか。

さて、中井さんは、あるにおいが、いまだここにない別の世界の「徴候」、または、すでにここにはない世界の「索引（=インデックス）」であると書きます。

「一枝のサンザシが、（…）紅茶にひたしたマドレーヌ菓子が、それぞれひとつの世界をひらく。「索引」とはいささか殺風景なことばだが、一見なにほどのこともないひとつの事象がひとつの世界に等しいものをひらくわけだ。」
「そう、たとえばアカシアの並木は私にはひとつの世界をひらく鍵だ。おさない時、私は宝塚市小林の聖心女学院の下にいた。その通学路のニセアカシアのかおりは、私の幼年時代をひらく魔法なのだ。」

（中井久夫「世界における索引と徴候」『徴候・記憶・外傷』5頁）

一つの空間に含まれるにおいが、徴候ないし索引となり、別の空間をそれぞれ「ひらく」。ひらかれる世界は、別の時空にあります（いまここにはありません）。さまざまな草花のにおう場所は、位相の異なる「メタ世界」（別の世界）へのいくつもの通路を持っている。いくつものにおいの通路を持つ場所は、一つの「記号体系」で記述しつくすことができないと中井さんは書きます。体系は世界ごとに異なります。季節が変わればまた別の通路がひらかれるし、そこで何がひらかれるかは、そのときになってみなければわからない（思い出せない）のです。
先週に取り上げた、ロサンゼルスなどの国際都市における異文化の風味の経験も（こちらは人工的な環境ですが）、同様だといえると思います。さまざまな移民街の食堂にただようにおいは、「索引＝インデックス」であり、別の時空を「ひらく」。ここにはない別の風土、別の体系を持った世界をそれぞれに映すのです。

索引がひらく過去、徴候が予感させる近未来

「索引」と「徴候」とを中井さんは分けます。

索引は、過去に関わります。さきの引用文には「マドレーヌ菓子」の例が挙げられていますが、これはプルースト『失われた時を求めて』の引用です。この小説の主人公は、お茶にひたしたマドレーヌ菓子の風味をきっかけに、かつて暮らしたコンブレーの街——そこに広がっていた世界全体をありありと思い出します。ちなみにコンブレーの中心部には菩提樹《ぼだいじゅ》が植えられ、その葉叢《はむら》を繁らせていたと小説では書かれています。菩提樹の花はハーブティーに用いられます。花のにおいの記憶が現在と過去を媒介しているというわけです。この小説以来、あるにおいによる過去の想起のことを、「プルースト効果」と呼ぶようになりました。お茶にひたされたマドレーヌ菓子は、「索引」としてのにおいの特権的な例です。

つぎは「徴候」について。索引が過去に関わるのに対して、徴候は未来に関わります。徴候は、まだ現れていない何かを予感させる、感覚的なサインです。

中井さんが典型的な例としてあげるのは、いま咲きつつある花のにおいです。「ふたたび私はそのかおりのなかにいた。かすかに腐敗臭のまじる甘く重たく崩れた香り——、それと気づけばにわかにきつい匂いである。(…)二週間後には、このあたりは、この多年生蔓草の花の、

すれちがう少女が残す腋臭のほのかさに通じる、さわやかな酸味をまじえたかおりがたちこめて、ひとは、おのれをつつむこの香の出どころはどこかととまどうはずだ」(同前、2頁)。

ほんの小さな兆《きざ》しが、やがて一面にひらけるだろう光景を予告します。このかすかさが、「徴候」の性質でもあります。「ここにおいては、もっともとおく、もっともかすかなもの、存在の地平線に明滅しているものほど、重大な価値と意味とを有するものでないだろうか。それは遠景が明るく手もとの暗い月明下の世界である」(同前、4頁)。

さて、今週はここで課題です。お茶を淹れて飲むことにいたしましょう。懐《なつ》かしいにおいのお茶があれば、それを淹れてください。飲みつつ、つづきを読んでください。

微分回路(徴候)と積分回路(索引)

徴候の経験において、かすかなものが重大な価値を有するとはどういうことでしょうか。中井さんは、徴候の経験は「微分回路《びぶんかいろ》」によると述べます。「微分」とは、ある微妙な変化から、傾きを抽出する操作です。曲線、カーブの一点において、その変化がどこに向いて、どこにまでいたるのかを予測する。高校の数学では、曲線上の一点における直線を求める、という練習をします。あれです。曲がり道のその先を、拡大して予測するのが目的です。予測の態勢が取られ、感覚が鋭敏化します。

徴候が「微分回路」と関わるのに対して、索引は「積分回路」と関わります。こちらは過去へ向かい、過去になされた経験の蓄積が参照されます。お茶に漬けたマドレーヌの風味によって参照されるのは、コンブレーという街で営まれた生活の総体です。

においは、過去に紐づいているときは索引であり、近未来を指し示すときには徴候です。索引に関わるのは「積分回路」であり、徴候に関わるのは「微分回路」です。いずれの場合も、ごく小さなにおいをきっかけに、私たちの精神は、つぎつぎと別世界の遠景に想いを届かせることがありえます。そのような喚起的価値があるのです。

一つ注意点があります。少しわかりづらいところですが、中井さんは、徴候と索引がそれぞれ未来と過去に関わると述べつつ、両者がクロスすることもあると述べています。過去の記憶の徴候を探し、たとえば資料室のような場所でアンテナを鋭敏にする、というような場合です。そのことも念頭に置いてください。また、本書の第三週では、風味インデックスという表現を導入しました。これも、過去の記憶だけを問題にするわけではなく、中井さんの用語における「索引」より幅をもたせています。

もう一つ補足です。中井さんは、「微分回路」と「積分回路」のほかに「比例定数回路」があると述べてもいます。微分も、積分も、行きすぎると、あまりに小さいサインに反応して、精神を消耗させ、場合によっては正気を保てなくなる危険性があると中井さんは述べます。この二つだけでは安定しないのです。それゆえ、変化量を「対数化」して（変化の幅をぎゅっと圧縮して）、安定的に捉えられるようにする。それが「比例定数回路」です。これならば風味の感覚は均《なら》され、誰もが客観的に共有できるところに収まる。いまここにあるものだけを問題にすればよく、数え上げることもできる。

一般的な料理の教本が対象とするのは、主に「比例定数回路」における風味知覚でしょう。万人が共有できる客観的な風味に限定するからこそ、誰にでも教えられる。それに対し、個性的な食エッセイストが重視するのは、「微分回路」「積分回路」における風味知覚でしょう。主観的でしかありえない人生経験ありきの風味、あるいは、きわめて微妙な、微妙であるがゆえに感情を揺さぶる風味について語られます。レシピ本でありながら、微妙な風味までも対象とする著述家もいます。たとえば高山なおみさんがそうです。本書もそれにならっています。風味経験を全体的に理解しようとしているからです。

風味の解像度とは

自然の産物を味わうときに、私たちの精神が遠大な眺望を得たように感じるのは、においの喚起的価値のためです。

初夏のトマトのかすかな風味のちがいだとか、旬を迎えつつある魚の微小な風味のちがいだとかに一喜一憂するのは、それらが自然のマクロな変化の「徴候」として感じられるからです。

あるいは、街の中華料理屋さんの炒《いた》めものの微妙なちがいに、中国料理の伝播《でんぱん》と変容の巨大な歴史ドラマを透かしみたりすることができるのは、それが「索引」として感じられるからです。食の世界では、日本だけでなく中国でも、古来「妙味必淡《みょうみひったん》」という言葉が用いられてきました。感動に値する食べものは、かならずといっていいほど淡《あわ》く、繊細な階梯《かいてい》を持っている、というのです。この言葉の意味は、中井さんが素描したにおい経験のモデルと考え合わせることで、じゅうぶんに理解できるのではないでしょうか。きわめて微細な風味がいまここにはない遠大な眺望をもたらす、その喚起的価値の大きさをもって妙味というのでしょう。

ですから、ただたんに淡ければいいというわけではもちろんありません。小さなちがいを感知する舌や鼻の物理的な性能を問題にしているわけでもありません。微分する、あるいは、積分する、私たちの精神のダイナミックな活動がポイントです。

いわゆる美食が語られる文脈で、舌や鼻の「解像度」という言葉が用いられることがあります。味覚や嗅覚が高性能だったり低性能だったりするひとがいて、高性能なひとには味がわかる、とでもいうかのような使われ方がなされる場合が多いように思います。そのような単純な話ではありません。

「解像」とは、言葉に即して理解するならば、像を解《ほど》く、ということです。風味の像に含まれる、徴候ないし索引に反応して、そこで予告されている未来ないし過去に紐づけられている別世界を一挙にひらき、ほどくこと。これが「解像」です。私たちは多かれ少なかれこのようなことをしています。

専門的能力としての解像能力に長《た》けた方がたがいます。農業や漁業の従事者は、徴候的な認知でことにあたります。気候の微細な変動を予測し、植物の生育をたえず調整する必要があるからです。ぶどうを栽培し、ワインを醸造する方ならば、ある年に育つぶどうを試食し、その微細な風味の要素から、厖大《ぼうだい》な予見をするでしょう。どんな方法で醸造し、熟成させれば、どんな風味になりうるか。前年や前々年とどんなふうにちがうのか、それは気候のどんなちがいによるものなのか。

漁師の方がたは、ある時期の魚の風味から、海の状態の巨視的な変化を感じ取ろうとするでしょう。翌月や翌々月はどうなってゆくのか。気候の変動とどうつながっているのか。舌と鼻に与えられる微小な感覚と、そこから得られる巨大な眺望。この両極を媒介する精神の働きを発達させた方がたこそ、「妙味必淡」の真の理解者ではないでしょうか。生産者のものの感じ方を、ときに教えていただくことが重要な所以《ゆえん》です。

索引をきっかけに、過去を精神が参照する積分回路を発達させているのは、経験豊かな料理人、食のジャーナリスト、料理史家たちでしょう。街の中華料理店の炒めものの例をさきに挙げましたが、あらゆることが索引となりえ、さまざまな過去を喚起します。

生活史を積分する

専門家ではない私たちにとっては、生活史、あるいは人生の履歴が、積分回路に関わります。私の場合について述べます。一九七〇年代の東北の地方都市に生まれました。この地域で食べられてきた郷土料理や伝統料理にはなじみがあります。たとえば、いかにんじんを口に入れれば、プルースト効果よろしく、かつてあった食文化の総体に想いを馳せることになります。また、私の父親はコカ・コーラの従業員だったので、コカ・コーラもよく飲み、一緒にファストフードもよろこんで食べていました。高度成長期に輝かしく登場して、地方の地味な料理を塗りつぶしてゆくファストフードの魅力と中毒性も、体になじませている。これも懐かしい味です。フランスの、酪農でよく知られるノルマンディーで一年ほど暮らしたこともあります。ロサンゼルスにも一年いました。ほかにも、ごく短期間ですが、さまざまな地方に身を置き、その土地に根ざした風味の体系に触れました。いろいろな料理本にはまりました。こうして、さまざまな場所で生活し、多様なジャンルの食に触れてきたことで、ひと皿のある微細な風味の要素を索引として、福島や、高度成長期のファストフード店や、ノルマンディー、等々といった場所のことが想起されます。

私がいいたいのは、たくさんの経験をすればするほどグルメになれる、というようなことではありません。経験と履歴は、そのひとにしかない布置を描き出し、取り替えられない個性になるということです。ものの感じ方の個性です。同じ風味に出会ったとして、そのどんな索引から何を検索するかは、そのひとの人生の履歴によります。風味の映像を解くしかたが、ひとによってちがう。そのことが貴重なのではないでしょうか。解ることもあるし、解らないこともある。それでよいのです。

索引によって紐付けられた過去の経験は、風味を感覚するうえでのベース＝地になります。たとえば、外国で久しぶりにしょうゆの風味に触れれば、懐かしい日本の食文化体系を思い出します。このとき同時に、「日本の食文化体系」の体験的記憶という地にもとづいて、しょうゆの添えられたひと皿を味わうことになります。だから親しく感じられる。これと同種の体験的記憶を持っていない方であれば、そこに何の親しみもわかないばかりか、異和感だけを覚えてスルーしてしまうこともあるでしょう。索引にともなう「積分回路」は、ただ過去へ向かうだけではなく、過去にもとづいて現在の風味感覚を価値付ける、そのような往復運動でもあると考えられます。

興味深いと思うのは、私たちが人生の履歴を増やすごとに、このような過去の記憶＝「地」が増えるだけでなく、複数化してゆくということです。先週は、パッチワーク状の、あるいは群島的な近代都市について述べましたが、私たちの過去の記憶も、群島化してゆきます。というより、私たち近代人の精神は、多かれ少なかれ、このようにかたちづくられているのだと思います。

おそらくそれがライフスタイルと呼ぶに値するものではないでしょうか。風味の感覚のベースとなる、群島状の記憶。その布置の個性がライフスタイルです。おおまかな方向づけはできるかもしれませんが、それ以上に偶然に左右され、だんだんと形成されてゆくものでしょう。だからこそ、取り替えがききません。あなたの料理の好みは、ライフスタイルによります。それが食卓にも反映するのです。

食の幸福

最後に強調しておきたいことがあります。風味の経験において過去を想起することが、ある特殊な幸福感をともなうということです。経験的によく知られていることでしょう。プルーストの書いた有名なくだりを引用します。

(…)お菓子のかけらの混じったそのひと口のお茶が口の裏にふれたとたんに、私は自分の内部で異常なことが進行しつつあるのに気づいて、びくっとした。素晴らしい快感、孤立した、原因不明の快感が、私のうちにはいりこんでいたのだ。おかげでたちまち私には人生で起こるさまざまな苦難などどうでもよく、その災厄は無害なもので、人生の短さも錯覚だと思われるようになった——ちょうど恋の作用が、なにか貴重な本質で私を満たすのと同じように——。

（マルセル・プルースト『失われた時を求めて1』108〜109頁）

においは残り香として、いまここにはないはずの存在、滅びてなくなったはずの存在をもありありと想起させます。プルーストの主人公にとっては、自分が過ごした街全体の記憶です。中井久夫さんは、プルーストを念頭に起きつつ、においがもたらすものは「不在の現前」であると表現します。いないものをありありと経験させること。そのときこの世界は、ただたんに目の前にあって数え上げられるものだけが存在するのではなく、もうすでにいなくなったものたちの属するべつの領域への通路をいくつも備えた、そのような場として感じられることになるでしょう。「人生の短さも錯覚だと思われるようになった」。におい、そして風味は、このように何かが吹き抜ける、ひらかれの雰囲気をもたらす感覚です。

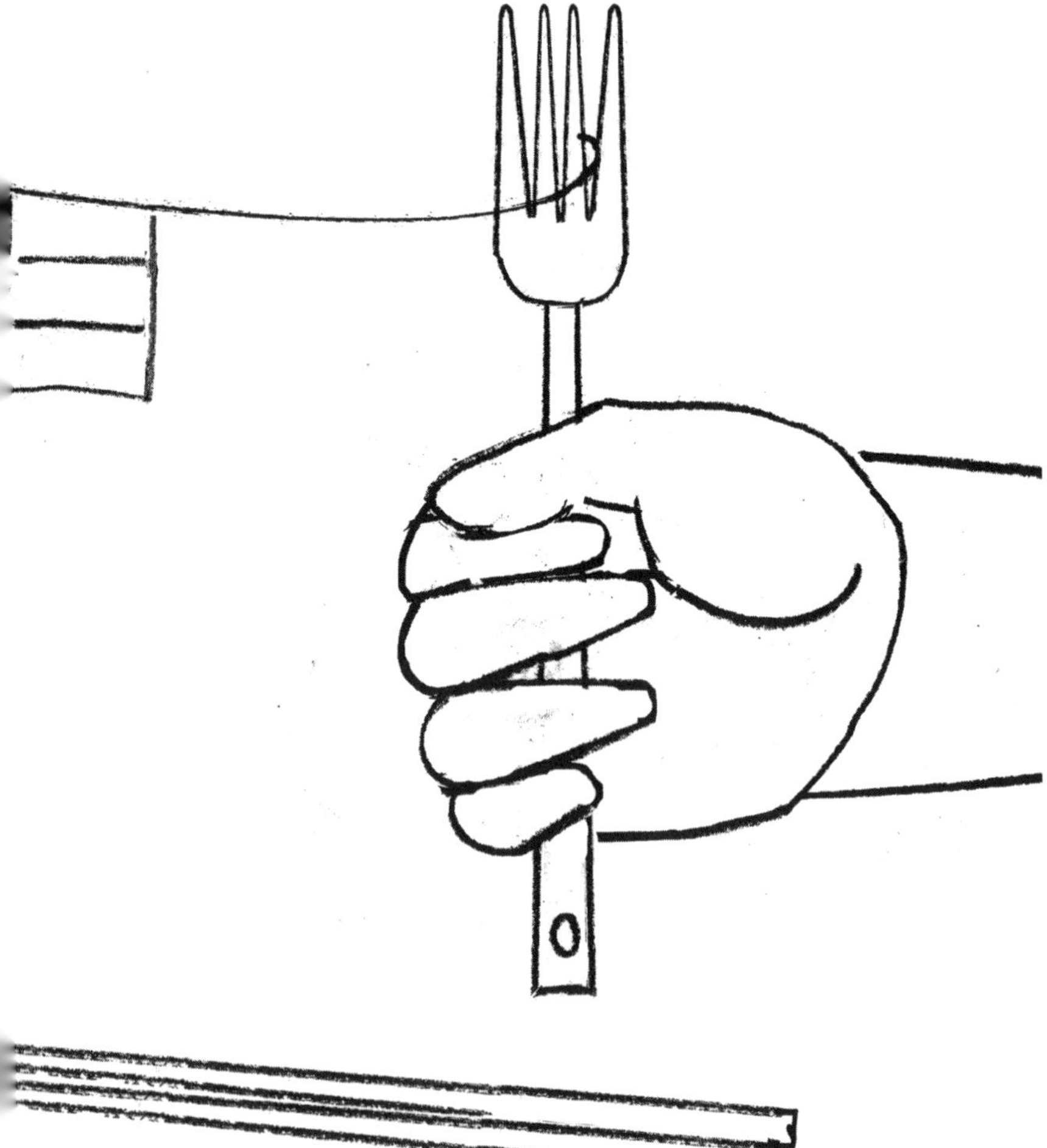

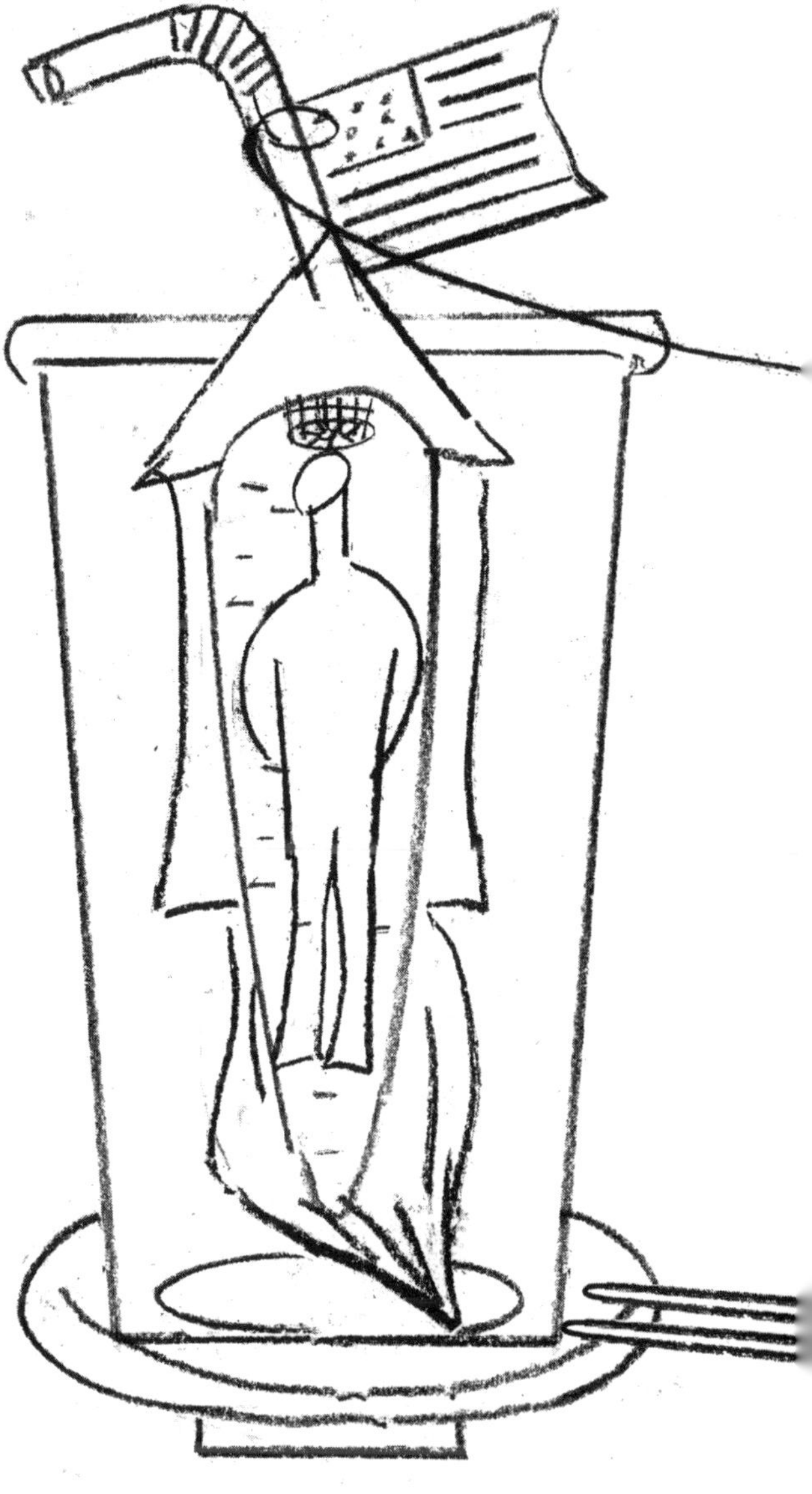

26

家事と環境

家事分担の不均衡

今週で最後です。自炊における家事分担、さらには、食と環境をテーマにしたいと思います。「感動＞面倒」をどうすればキープできるか、ということを本書ではさまざまな側面から考えてきましたが、ここまで触れることのできなかった大事な論点があります。家事分担です。これがうまくいかない場合、料理にはなにかしら「面倒」なところが残ってしまうのではないでしょうか。一人暮らしの方は、まだ直接関係ないと思われるかもしれませんが、一人暮らしをつづけるべきか、パートナーと暮らすか、という問題にも関わるのでぜひ一緒に考えてください。

ここ十数年ぐらい、料理の「苦痛」をテーマにした本がとてもよく読まれているようです。私も気になって手に取り、目を通すようにしています。そこで書かれる苦痛にはさまざまな要因がありますが、やはり一番は、夫婦間の家事分担の不均衡、さらには、もっと根深い、男女間のアンフェアな関係にあります。日本はジェンダーギャップ指数が世界１４６カ国中１２５位です。不均衡がこのように意識化されるようになった以上、もはや後戻りはできません。分担にはさまざまなかたちがありうるとはいえ、もしそこに我慢があるのだとすれば、また、その我慢が、伝統的に女性が負担すべきものだからという根拠のない精神論で押し込められているのだとしたら、そのままでいてはなりません。一番の解決策は、可能なかぎりフェアに家事分担することです。

分担の考え方について述べたいと思います。「キッチンの動線」の章で述べたとおり、料理も、ほかのあらゆる家事も、すべて一連の流れでできています。分割することのむずかしい、丸ごとの流れです。複数人で分担するとき、その丸ごとを一人ひとりが理解していないと、どこかでぎくしゃくしてきます。家へ、台所へ、何がどう入ってきて、何がゴミとして出てゆくのか。どこをどううまく通っているから、家は整頓されて清潔なのか。キッチンで素材のいい風味を引き出せる環境になっているのは、どんな配置ゆえなのか。その全体の動きを共有したいのです。共有すれば、つぎに何をすべきかも先取りして考えるようになります。

家事のいくつかの部分を任されるだけの場合、その部分だけをやればあとはお役御免と考えてしまう方が多いと思います。シェアすべきなのは、パーツではなくて、ホール（丸ごとの流れ）です。ともあれ、長い目で、粘《ねば》り強く、だんだんと家事労働の不均衡が解消されていくよう努めるほかありません。

私自身は、家事に時間を取ることができる状況にあり、ほぼ毎日なにかしら台所で作っています。妻も料理しますし、話し合いながら、互いが納得できるようシェアすべく努めたいです。

しかし、この国の状況として、家事分担したくともその時間がじゅうぶんに取れない、という方の多くいる現実があります。長い目で変革を待望しつつ、職場に働きかけ、さらには、国家に働きかける努力をしつづけるのは前提として、家事を任された側が「苦痛」をなるべく覚えなくてすむような配慮を、そのパートナーはできるかぎりするほかありません。まずは、感謝して食べること。とくに、おいしがって食べることが大事です。当たり前のことではあるのですが、この点をぜひ強調したいと思います。

料理の「苦痛」を主題にした本でとても頻繁に描かれるのは、「妻」の料理に心ない批判を加えたり、逆に、あきれるほどの無関心を示す「夫」の図です。多忙のため冷凍食品で晩ごはんを作ると、「また冷凍食品かあ」といってみたり、かといって、手間をかけ料理しても、ぼーっと食べている。これでは料理が楽しくなるはずはありません。

どうすればいいのでしょうか。長い目でみて、誰もが変わりうる、とまずは信じることが必要です。料理への関心を深め、料理するひとを尊重せずにいられなくなるような変化が起これぱいいですね。では、どうすれば、積極的にそのような変化を後押しすることができるでしょうか。僭越《せんえつ》ながら、本書を使っていただきたいと思うのです。これまであまり料理をしたことがなかったとしても、本書で料理入門し、自分で楽しんで料理をするようになれば、他人が作ったものへの関心が劇的に増加するからです。

本書は、同時に、料理の風味をかたよりなく楽しむ方法を示したつもりでもあります。おそらく、類書とのちがいがあるとすれば、本書が提示しているのが、なんでもおいしがる方法である点です。おいしがる、というのは、おいしがっている演技をするとか、おおげさに感情表現するという意味ではもちろんありません。そうではなく、風味の由来を能動的に探るということです。旬の青菜のはかない香りだけでなく、コカ・コーラにも、それぞれの由来があり、歴史的な役割があります。それらとのつながりを感得できるとき、ささやかであれ、なにがしかの感動が生じます。そのかぎりで楽しむことができる。この楽しみを、すべてでないとしても、共有できるとよいのです。

ですから、もしあなたがともに生活する相手の無感動を「苦痛」のもとだと感じているのだとしたら、厚かましいお願いで恐縮ですが、本書を通読させてください。

実際のところ、本書をここまで読み進めてくださった方ならば、夕食に冷凍食品が出てきたとしても、「また冷凍食品かあ」などといいはしないでしょう。代わりに、「文明ってすごいね」とつぶやくのではないでしょうか。皮肉ではなく、文字通りの意味においてです。また、本書を読めば、揚げものをする面倒は軽減されるはずなので、時間に余裕のあるときは手作りコロッケを一緒に作ることもあるでしょう。そして、ここがポイントですが、そのとき、冷凍コロッケと手作りコロッケのちがいが浮かび上がります。このちがいをともに楽しみたいのです。繰り返しますが、冷凍コロッケも存在し、手作りコロッケも存在する、それがこの世界の豊かさだというのが本書の主張です。さまざまなちがいが織り込まれているという点で豊かなのです。

こういうことも、自炊すれば感覚的にわかるようになります。つまり、自炊することで、世界の雑多な豊かさに気づくことができるのです。

もう一つ。まだ食べものの風味に関心を抱《いだ》けない相手に対して、「舌が鈍感だ」などと捉えるのは思いちがいです。自然の食材や本物の料理が与えられれば感動して当然、などという主張もありますが、それは漫画の中だけで起こる、粗雑な作り話です。ある風味に親しみを覚えるようになるには、やはり少しばかりの工夫と蓄積が必要です。とりわけ、自然の風味を親しく感じられるようになるためのベース＝「地」を育《はぐく》むことが大事です。すでに本書で詳述したとおりです。

ふつうのすばらしさを再発見する

なんでもおいしがる、を言い換えるならば、ふつうのすばらしさを再発見する、ということです。本書のメッセージも、煎《せん》じ詰めればそういうことです。風味への解像度を高められれば、たいがいのふつうのものは、興味深いし、そのかぎりで、おいしい。解像度が何を意味するかは、先週にお話ししたとおりです。

ただし、ふつうはすばらしい、ということと、なんでもよい、ということはちがいます。その点についても、誤解がないよう述べておきたいと思います。風味が映す先にあるはずものを、意図的に偽装し、食べ手を欺《あざむ》こうとする食品は、問題を含んでいます。なぜならば、風味が映す力そのものへの信用を失わせるからです。いわゆる着香にも、問題含みの使い方が多いと思います。

最近はどうなっているのかわかりませんが、十数年ほど前には、漁港のショッピングセンターで、解凍された身元不明の魚が、ローカルな旬の天然魚と区別なく――というより、買い手が混同してしまうよう故意に――並べて売られているのをしばしば見ました。あるいは、規格品として作られた、画一的な風味（くせのなさ）こそが長所であるようなかまぼこや塩辛が、いかにも産地ならではの希少価値を備えているという体裁で値付けされていたりしました。法外としか思われませんが、それでも観光客は買ってゆきます。あるいは、解凍した輸入品の刺身を盛り付けただけの海鮮丼を、いかにも「ご当地名物」という体《てい》で売る、というようなこともありました。

冷凍魚も、規格品のかまぼこにも、その役割と価値があります。それらを作る食品加工業が、港街の経済を支えてもいます。長期間の保存に耐え、それゆえ遠方への流通が可能で、安価に、いつも同じ味が提供できる点にその価値はあります。したがって、規格品を解凍して天然の獲れたてと偽《いつわ》るなどということは論外です。観光地のショッピングセンターでは、規格品を規格品として、むしろ地元の食品加工産業の優秀さへの誇りとともに、あるがままに提示してほしい。もちろん、量産品だからこそ実現できる安価で出していただきたい。それなら私はぜひ買いに行きたいですし、旬の天然の風味ではないにせよ、食品加工業が息づくその街の味だと思えます。

ふつうはすばらしい、というのはつまり、風味があるがままに肯定されている、ということです。世界を映す、その伝達の力が恣意的に曇《くも》らされたり、偽装されたりしないときに、天然食品であれ、規格品であれ、外国料理であれ、風味は貴重で興味深い何かでありえます。リアルなのだといってもよいでしょう。

環境問題について

最後に環境問題について。有限な自然環境が危機にさらされつつある現在の状況で、自炊をどのようにしてゆけばよいか。私の考え、というより願望といったほうがいいかもしれませんが、二点述べたいと思います。

一点目は、極端な純粋化に陥らないこと。一つの厳格な道徳的基準を立てて、それを目的化しないことです。

極端な純粋化とは、どのようなものでしょうか。たとえば、有機農業は環境に優しい、ゆえに、すべての農業を有機にするべきである、と考える場合です。ある種の有機農業は、自然と人間の調和のかたちを示し、循環型社会のうつくしいモデルを表現しています。私はこの取り組みをしている方がたに感謝の念を抱かずにいられませんし、教えを受けたいと願います。ただし、増大の一途をたどる地球人口を有機農業だけで養うことができないことも明白です。遺伝子組み換えや化学肥料を用いて飛躍的に生産性を高めた近代農業も必要不可欠です。したがって、有機を採り、遺伝子組み換えなどの技術を撲滅すべき敵だと考えるのは、行きすぎです。

超長期的に、地球人口をじょじょに減らしてゆき、持続可能な農法で養える範囲にまで収まるときが来れば、そのとき初めて真の循環型社会は実現される、それを目標とすべきだ、と考えることはありうるでしょう。しかしそれでも、その道行きの途中において、人間を飢えさせないために(過酷なハードランディングになったとき、真っ先に被害を受けるのは貧困国の方がたです)、近代農業との役割分担が必要であることに変わりはありません。

逆に、近代農業をさらに徹底させ、フードテック革命によって極限の合理化がなされればすべて解決するだろうと考えるのも行きすぎです。オートメーション化が行きすぎれば、私たちと自然とのつながりをもたらす風味までも失われるからです。風味は、かぎりある自然の運行に紐づいているかぎりで感動的です。だから、合理的ではなくとも(たとえばCO_2排出量を減らそうという観点からは無駄でも)、伝統的な農業の担い手たちがこのつながりを維持し、表現しつづける必要があります。

二点目も、これまでの週で述べたことの繰り返しです。何を残すべきか、と考えるときは、風味の多様性を最優先の基準にしたいということです。

自然環境の危機をどのように見積もるかについては諸説がありますが、いずれにせよ、かつてなく厳しい制限が求められる可能性がありえます。そこで何を捨て、何を残すべきか。多様な質の風味を残すことが望ましいと考えます。ニッチでマイナーなものほど、保存されるべきです。その理由は、それらが私たちの文明の豊かさ、複雑さの素材だからです。また、過去の文明を想起するすべだからです。

逆に、捨てざるをえないものがあるとすれば何か。質ではなく量を価値とするものでしょう。牛肉の風味も食文化の貴重な一部ですが、食べすぎる必要はありません。体に見合った量以上を過食することで得られる快感を、多様な風味の質で得られる満足に置き換えることがやはり望ましいのです。たんぱく質は、牛肉ではなく、豆でもとれます。

現在は、食肉生産による二酸化炭素排出量を抑えるために、プラントベースの疑似食肉に置き換える取り組みがなされていますが、私はそのように置き換える必要さえないと思えてなりません。豆の風味を楽しめばよい。食肉の着香をして、量の快感を提供しつづけようとする点で、倒錯に思えるのです。これまで述べたとおり、ファストフードを私は否定しません。伝統のしがらみから一時的に解放されることが必要なときも私たちにはあるからです。しかし、それが過剰になり、私たちの食文化全体を塗りつぶす事態はあきらかに望ましくありません。牛肉食の行きすぎに代表される、量の快感、量を優先させる単純な効率主義を、風味＝質の快楽へと転換させることが望ましい。私たちの精神を満足させ、心を動かすのは風味です。風味の主成分はにおいです。際立つにおいのよろこびをもっと重要視すればよいのではないでしょうか。もちろん、体を使った分はしっかり食べて栄養補給をする、その充実を前提としての話です。必要以上の量を求めず、必要以上に環境負荷もかけない。

魚は主に、有限の風土に紐づいた近海魚で満足したい。毎日でなくとも問題ありません。脂《あぶら》の量の多寡《たか》ばかりをおいしさの目安にしない。魚をきちんと手当てして丁寧に扱う漁師さんや魚屋さんにしかるべく対価を支払い、適量の旬の魚を獲ってきてくださることを感謝したい。街の経済と自然環境の保全が、ともによいバランスを維持できる方向を模索したい。

同時に、近代的食品産業がまっとうな意味で機能し、私たちの生活を下支えすることを正当に評価したい。便利で安全な規格品を有効活用したい。

以上です。ごくシンプルなことですね。なるべく地元の野菜と旬の地魚で食事を作り、残りの日はローコストの便利な食品をいただく。ゆとりがあるときは、異文化の食の風味を少しずつ取り入れる。ごくふつうの食生活です。でもこれでじゅうぶんに幸福だと思います。

特別にすごいものを作らなければ感動に値しないということはありません。おいしがる姿勢と、風味を際立たせるためのささやかな工夫ができれば、ふつうの中にあるすばらしさを再発見することができるからです。ここまで読んでくださったあなたは、すでにそれを身に着けています。世界の消息を伝える貴重なにおい、風味は、すでに近くまで届いて、私たちを取り囲んでいます。

最終週は、祝いの膳です。赤飯を炊き、自炊入門の達成をお祝いしてください。おめでとうございます。

一、三合炊きます。もち米を三合、小豆（または、ささげ）を60g用意します。もち米は洗米してから、30分以上置いて浸水させます。

二、小豆を茹《ゆ》でます。沸騰したら、いちど煮汁を切って捨てます。そのあと、５４０mlの水を加えて、やわらかくなるまで茹でます（さらに加熱するので、ある程度固さを残す）。

三、もち米を炊きます。炊飯器でも、鍋でも。浸水していた米をザルにあけてから、釜または鍋に入れ、そこへ小豆を茹でたときの煮汁を注ぎ入れます。足りなければ水を足し、合わせて５４０mlになるように（炊飯器の目盛りまで）。その上に小豆を乗せます。炊きます。炊き上がったら10分蒸らしてください。

参考文献

1 『日本語源大辞典』前田富祺監修、小学館、２００５年。

『時代別国語大辞典・上代編』上代語辞典編修委員会編、三省堂、１９６７年。

新村芳人『嗅覚はどう進化してきたか――生き物たちの匂い世界』岩波科学ライブラリー、２０１８年。

伊藤比呂美『ウマし』中央公論新社、２０１８年〔＝中公文庫、２０２１年。本文では文庫版を参照〕。

2 ゴードン・Ｍ・シェファード『美味しさの脳科学――においが味わいを決めている』小松淳子訳、インターシフト、２０１４年。

新村芳人、前掲書。

Gordon M. Shepherd, *Neuroenology: How the brain creates the taste of wine*, New York: Columbia University Press, 2016.

ドナルド・A・ウィルソン、リチャード・J・スティーブンソン『「においオブジェクト」を学ぶ――神経生物学から行動科学が示すにおいの知覚』鈴木まや、柾木隆寿監訳、フレグランスジャーナル社、２０１２年。

3 斉藤幸子、小早川達編『味嗅覚の科学――人の受容体遺伝子から製品設計まで』朝倉書店、２０１８年。

中井英夫『香りへの旅』平凡社カラー新書、１９７５年。

マイケル・ポーラン『人間は料理をする・上――火と水』野中香方子訳、ＮＴＴ出版、２０１４年。

チャールズ・サンダース・パース『パース著作集２　記号学』内田種臣編訳、勁草書房、１９８６年。

アンドレ・バザン『映画とは何か・上』野崎歓、大原宣久、谷本道昭訳、岩波文庫、２０１５年。

4 稲田俊輔『人気飲食チェーンの本当のスゴさがわかる本』扶桑社新書、２０１９年。

ゴードン・Ｍ・シェファード、前掲書。

5 小泉武夫『醤油・味噌・酢はすごい――三大発酵調味料と日本人』中公新書、２０１６年。

日本味と匂学会編『味のなんでも小事典――甘いものはなぜ別腹？』講談社ブルーバックス、２００４年。

土井善晴『一汁一菜でよいという提案』グラフィック社、２０１６年〔＝新潮文庫、２０２１年〕。

7 佐藤秀美『おいしさをつくる「熱」の科学――料理

の加熱の「なぜ?」に答えるQ&A』柴田書店、2007年。

有元葉子『有元葉子ソース・たれ・ドレッシング』ヴィレッジブックス、2007年。

8 Harold McGee『マギー キッチンサイエンス——食材から食卓まで』香西みどり監訳、北山薫、北山雅彦訳、共立出版、2008年。
マイケル・ポーラン、前掲書。

谷昇『「ル・マンジュ・トゥー」谷昇のおいしい理由。フレンチのきほん、完全レシピ』世界文化社、2016年。

石井好子『巴里の空の下オムレツのにおいは流れる』暮しの手帖社、1963年〔=河出文庫、2011年〕。

近田春夫「ひとり料理の喜び」『Ku:nel』43号、マガジンハウス、2010年所収。

9 辰巳芳子『あなたのために——いのちを支えるスープ』文化出版局、2002年。
猪本典子『修道院のレシピ』朝日出版社、2002年。

稲田俊輔『ミニマル料理——最小限の材料で最大のおいしさを手に入れる現代のレシピ85』柴田書店、2023年。

10 有元葉子『有元葉子の揚げもの——家でつくってこそ、まっとうでおいしい』東京書籍、2014年。
依田隆『スゴイ魚料理——漁港の目の前にあるレストランのおいしい魚レシピ』秀和システム、2019年。

12 松井健二、高林純示、東原和成編著『生きものたちをつなぐ「かおり」——エコロジカルボラタイルズ』フレグランスジャーナル社、2016年。
井上重治『微生物と香り——ミクロ世界のアロマの力』フレグランスジャーナル社、2002年。

真木悠介『自我の起原——愛とエゴイズムの動物社会学』岩波書店、1993年〔=岩波現代文庫、2008年。本文では文庫版を参照〕。

源河亨『「美味《おい》しい」とは何か——食からひもとく美学入門』中公新書、2022年。

13 奥田政行『田舎町のリストランテ、頑張る。——山形・庄内』マガジンハウス、2019年。
上原浩『純米酒を極める』光文社新書、2002年〔=知恵の森文庫、2011年〕。

尾瀬あきら『酒の戦記——ほんものの酒と農に挑

み続けた人々の証言』ゆい書房、１９９１年。
14 君島佐和子「鎌倉「祖餐《そさん》」店主　石井英史さん」、「石井英史さんが語る造り手の肖像」『料理通信』ウェブサイト、２０１８年１月22日。
https://r-tsushin.com/people/pioneer/ishii_hidefumi1/、https://r-tsushin.com/people/pioneer/ishii_hidefumi2/
大岡弘武『大岡弘武のワインづくり——自然派ワインと風土と農業と』エクスナレッジ、２０２１年。
Jules Chauvet, *Le vin en question*, Les éditions de l'épure, 2018.
15
16 丸元淑生『家庭の魚料理——丸元淑生のからだにやさしい料理ブック』講談社、１９９９年。
関谷文吉『魚味礼讃』中央公論社、１９９０年〔＝中公文庫、１９９３年＝中公文庫、２００２年〕。

関谷文吉『魚は香りだ』中央公論新社、１９９９年〔＝『魚味求心——魚は香りだ』ちくま文庫、２０１９年〕。

上田勝彦『ウエカツの目からウロコの魚《うお》料理』東京書籍、２０１４年。
17 奥田政行、前掲書。
ロベール・ブレッソン『シネマトグラフ覚書——映画監督のノート』松浦寿輝訳、筑摩書房、１９８７年。

丸元淑生、前掲書。
19 玉村豊男『健全なる美食』中央公論社、１９９６年〔＝中公文庫、２００２年〕。
丸元淑生『丸元淑生のクック・ブック　完全版』文藝春秋、１９８７年〔＝文春文庫、１９９４年〕。
20 高山なおみ『今日のおかず』アノニマ・スタジオ、２００９年。
田代和久『シェフが好きな野菜の食べ方』柴田書店、２０１８年。

丸元淑生『続　新家庭料理——家族の健康を守るヘルシー・クッキング12章』中央公論社、１９８９年。

ニキ・セグニット『風味の事典』曽我佐保子、小松伸子訳、楽工社、２０１６年。
21 ウー・ウェン『ウー・ウェンの北京小麦粉料理』高橋書店、２００１年。
高山なおみ、前掲書。
22 小泉武夫『発酵——ミクロの巨人たちの神秘』中公新書、１９８９年。
23 三谷龍二『すぐそばの工芸』講談社、２０１８年。

24
見田宗介『現代社会の理論――情報化・消費化社会の現在と未来』岩波新書、1996年。

トーマス・マクナミー『美味しい革命――アリス・ウォータースと〈シェ・パニース〉の人びと』萩原治子訳、早川書房、2013年。

ジル・ドゥルーズ『批評と臨床』守中高明、谷昌親、鈴木雅大訳、河出書房新社、2002年［＝守中高明、谷昌親訳、河出文庫、2010年］。

千葉雅也『アメリカ紀行』文藝春秋、2019年［＝文春文庫、2022年］。

三浦哲哉『LAフード・ダイアリー』講談社、2021年。

25
中井久夫『徴候・記憶・外傷』みすず書房、2004年。
マルセル・プルースト『失われた時を求めて1　第一篇スワン家の方へI』鈴木道彦訳、集英社文庫、2006年。

26
山尾美香『きょうも料理――お料理番組と主婦　葛藤の歴史』原書房、2004年。

ブックガイド

自炊入門したあなたの台所生活を今後さらに豊かにしてくれるだろう料理書を、分野ごとに紹介します。ポイントは風味です。さまざまな地域、さまざまな過去から届く風味について、書物を通して知るのはとても楽しく、有益です。本に学ぶことで、自炊のよろこびはよりいっそう大きくなることでしょう。

[歴史]

- **マイケル・ポーラン『人間は料理をする・上——火と水』(野中香方子訳、NTT出版、2014年)**。
- **同『人間は料理をする・下——空気と土』(野中香方子訳、NTT出版、2014年)**。
  人類が料理を始めたときの「太古の風味」を、火・水・空気・土のテーマごとに探求し、著者自身が体験しなおそうとする。これを読むと、BBQのような単純な料理がぐっと奥行きを増して感じられるようになる。
- **四方田犬彦『ラブレーの子供たち』(新潮社、2005年)**。
  博覧強記の著者が、古典から現代にいたる文学作品の中に書かれた美味を紹介しつつ、実際に再現して味わう。こういうコンセプトのお店があったら通いたい。
- **奥村彪生『日本料理とは何か——和食文化の源流と展開』(農山漁村文化協会、2016年)**。

縄文から現代にかけて、「日本料理」がどのようにかたちづくられたかを示す専門書。「清らかな水」がごく当然にある環境でこそ日本料理はできた。

・**池波正太郎『むかしの味』(新潮社、1984年)〔=新潮文庫、1988年〕。**

明治から大正、昭和にかけて、都市のそのときどきの在りようと結びついた、心揺さぶる風味とは。「〔たいめいけん〕の扉《とびら》を開けて中へ踏みこんだとき、調理場の方からぷうんとただよってくる芳香が、すべてを語っているようなおもいがする。この香りは、まぎれもなく牛脂《ヘット》の香りである」。

・**畑中三応子『ファッションフード、あります。——はやりの食べ物クロニクル1970-2010』(紀伊國屋書店、2013年)〔=ちくま文庫、2018年〕。**

消費社会において流行現象となった食=ファッション・フードの栄枯盛衰をグルーヴ感たっぷりに叙述する。この本を読んで改めて確認できるのは、たとえばポップ音楽ファンが音を通して過去のバイブスに触れられるのとほぼ同じことが、フードでも起こりうるということ。

〔調理科学〕

・**Harold McGee『マギー キッチンサイエンス——食材から食卓まで』(香西みどり監訳、北山薫、北山雅彦訳、共立出版、2008年)。**

とても分厚くとても重いが、持っていて損はない一生物の料理科学百科辞典。調理のなぜ、なに、に何でも答えてくれる。風味の解説も充実。

〔日本料理〕

・**辻嘉一『味覚三昧』（中央公論社、1976年）〔＝中公文庫、1979年＝中公文庫、2002年〕**。
近代日本料理の第一人者が、古来の詩歌を引きながら、四季折々の風味の魅惑と、その食卓での活かし方を説く。食材の名の多くは季語でもあり、季節の生活情緒を表現する欠かせない手段である。私たちの心の基層にある風味の語彙《ごい》を、読んで知ることができる。

・**湯木貞一『吉兆味ばなし』（新版、暮しの手帖社、2013年）**。
吉兆主人の湯木貞一が「暮しの手帖」読者に向けてやさしく語った、四季折々の料理の作り方。名編集長・花森安治が聞き手を務め、関西弁の名調子を再現する。

・**高山なおみ『料理＝高山なおみ』（リトルモア、2014年）**。
自分自身の感覚（著者のいう「鼻べロ感覚」）を頼りに探りあてられる料理の生々しい、唯一無二の輝き。嗅覚・接触感覚と言葉選びが完璧に溶け合ったレシピ解説の文章に、おもわず読者の体も反応してしまう。

・**小林カツ代『小林カツ代の永久不滅レシピ101――残したい、伝えたい、簡単おいしいレシピ決定版！』（主婦の友社、2016年）**。
「C感覚」の（しっかり旨《うま》い味のほっと落ち着く）家庭料理は、小林カツ代さんによってすでに完成形が示されている。戻ってしまう味、ともいえる。本書は「F感覚」の（風味の際立つ）料理を標榜《ひょうぼう》しているが、著者も（とくに子どものために）家でカツ代的料理を作る。

・**樋口直哉『新しい料理の教科書――定番の〝当たり前〟を見直す』（マガジンハウス、2019年）。**

・**有賀薫『スープ・レッスン』（プレジデント社、2018年）。**

・**稲田俊輔『ミニマル料理――最小限の材料で最大のおいしさを手に入れる現代のレシピ85』（柴田書店、2023年）。**

日々の料理に役立つレシピ集というだけでなく、「おいしい」とは何かを問い直しつつ、現代日本にふさわしい家庭料理の姿を独自に提示する、優れた現役著述家の本がこれら。ほかに、「本」ではないけれど、基本料理の作り方の確認はウェブサイトの「白ごはん.com」（動画つき）が非常に便利である。

［フランス料理］

・**猪本典子『修道院のレシピ』（朝日出版社、2002年）。**

自然豊かなフランスの、ふつうの田舎料理を自炊には取り入れていきたい。これは、ブルターニュ地方で出版され、一家に一冊常備されていたといわれる良書。装幀も美しい。

・**ポール・ボキューズ『リヨンの料理人――ポール・ボキューズ自伝』（須山泰秀訳、晶文社、2000年）。**

フランス人の健やかな食いしん坊ぶりがいきいきと伝わる名著。

・**谷昇『フレンチのきほん、完全レシピ――「ル・マンジュ・トゥー」谷昇のおいしい理由。』**

（世界文化社、２０１６年）。

フレンチの調理技法一つひとつを懇切丁寧に解説。なぜ、どうしてそれをするのか。徹底的に考え抜くその姿勢に学ぶところが大きい（そのまま家で真似できるかどうかはまた別だが）。

・**田代和久『シェフが好きな野菜の食べ方――まるごと、シンプルに。』（柴田書店、２０１８年）**。

福島の田舎で育ったフレンチの名匠が、きゃべつやきゅうりやトマトといったごくふつうの野菜を絶妙なひと皿に変身させる。生のかぶと加熱したかぶ、その両方を一皿で合わせるとはっとするおいしさに、といったアイデアに心が高揚する。

［イタリア家庭料理］

・**有元葉子『有元葉子　イタリア日和――私のイタリアン　四季が育む日々の味』（女子栄養大学出版部、２００６年）**。

日本とイタリアを往復して暮らし、オリーヴオイルのおいしさを日本人に啓蒙した著者が、イタリア的家庭料理の楽しみ方を四季ごとに指南。

・**柴田書店編『イタリアの地方料理――北から南まで20州２８０品の料理』（柴田書店、２０１１年）**。

各州の気候風土や歴史について解説したうえで、代表的な料理の作り方が網羅される。誰もが信頼を寄せる老舗《しにせ》・柴田書店によるこれら専門書類は、金銭とスペースの余裕があれば、できるだけたくさん家に置いて損はない。

［中国料理］

・**ウー・ウェン『ウー・ウェンの北京小麦粉料理』**（高橋書店、2001年）。

粉から作る麺や餃子は非常においしい。アジア小麦粉文化圏の暮らしがぐっと身近に感じられるようになる。

・**ウー・ウェン『ウー・ウェンの素材ひとつで作る料理』**（角川SSコミュニケーションズ、2010年）。

ウー・ウェンさんの本はどれもおすすめだが、これは単一素材で作られる、最もシンプルで最も凛《りん》とした料理のレシピ集。スタイリングは高橋みどり。

・**酒徒『手軽　あっさり　毎日食べたい　あたらしい家中華』**（マガジンハウス、2023年）。

オーセンティックな中国家庭料理のレシピ集。日本人向けにローカライズされてしまっていないがゆえに、どれを食べてもはっとさせられ、死角を気持ちよく突かれる思い。旬の野菜をたっぷり山盛りで食べたくなるレシピの数々がとくに役立つ。

［即興料理、風味の組み合わせ］

・**有元葉子『レシピを見ないで作れるようになりましょう。』**（SBクリエイティブ、2017年）。

レシピ依存を一度やめてみることで、素材の風味への研ぎ澄まされた感受性が回復すると著者は説く。情報過多の今日、いっそう切実な提言だ。コツや加減を解説する言葉はこまやかで、学ぶところが多い。

・**奥田政行『地方再生のレシピ――食から始まる日本の豊かさ再発見』（共同通信社、2015年）**。

商品開発を手がけるプロ向けの本ではあるが、「土地の空気を感じて料理に表す」ための実践的なアイデアの数々は、私たちアマチュアにとってもおもしろく、家で即興の組み合わせを試すとき、おおいに役立つ。

・**ニキ・セグニット『風味の事典』（曽我佐保子、小松伸子訳、楽工社、2016年）**。

どの風味が別のどの風味と合うか。世界の郷土料理の傑作を網羅する事典。いわゆる「法則」的なことよりも、驚きのある創発的な事例を好む編纂姿勢がよい。

・**松本栄文『1＋1の和の料理――単純こそがおいしい理由』（NHK出版、2015年）**。

日本食材についての深い見識をもとに「1＋1」の組み合わせの名作が紹介される。

〔魚〕

・**関谷文吉『魚味礼讃』（中央公論社、1990年）〔＝中公文庫、1993年＝中公文庫、2002年〕**。

・**同『魚は香りだ』（中央公論新社、1999年）〔＝『魚味求心―魚は香りだ』ちくま文庫、2019年〕**。

浅草の名店・紀文《きぶん》寿司の四代目主人が、ワインの奥深い風味とまったく同等の、多種多様な魚の風味について書く。「やわらかく濃厚で〈ミルキー〉なブーケのさらにその奥に、貴腐によってもたされる過熟したぶどうからのみできる、大貴族を思わせるような偉大なワインにまれに見られる蜂蜜香がひそんでいるのです。その芳香こそ、まさに本物の蒸しアワビの精髄に違いありません」（『魚味礼讃』99頁）。

・**丸元淑生『家庭の魚料理——丸元淑生のからだにやさしい料理ブック』（講談社、1999年）**。丸魚を、刺し身、干物、スープなどに多面展開するやり方をシステマティックに示した画期的な家庭料理書。

・**上田勝彦『ウエカツの目からウロコの魚料理』（東京書籍、2014年）**。魚食文化の伝道師ウエカツさんによる魚料理の解説。下処理・保存・調理の最も理にかなったやり方がレクチャーされる。役に立つコツやティップスも満載。

・**ぼうずコンニャク・藤原昌高『美味しいマイナー魚図鑑ミニ』（マイナビ文庫、2020年）**。マイナーな魚が網羅され、いつが旬で、どんな風味で、どんな調理方法がよいかなど有益なデータが示される。ぼうずコンニャク氏の運営するウェブサイトも便利。

［日本酒とワイン］

・**上原浩『純米酒を極める』（光文社新書、2002年）［＝知恵の森文庫、2011年］**。絶対的なベーシックの一冊。もしまだ未読なら、読んでください。読んだあと、日本酒の景色が一変するだろう。これなしで日本酒を選ぶのは、辞書も文法書も持たずに語学学習をするのに等しい。

・**大岡弘武『大岡弘武のワインづくり——自然派ワインと風土と農業と』（エクスナレッジ、**

2021年)。

世界的醸造家がフランスのロワールから岡山に移住。新しい土地で一からワイナリーを立ち上げるまでの記録を綴りつつ、「自然派ワイン」の魅力を語る。

・**内藤和雄『土着品種でめぐるイタリアワインの愛し方』(講談社、2022年)**。

まだ若くして亡くなった伝説的ソムリエによる、品種別のイタリアワイン案内。「すべてのワインに居場所がある」。

[発酵]

・**金内誠監修『理由がわかればもっとおいしい！ 発酵食品を楽しむ教科書』(ナツメ社、2023年)**。

発酵の歴史と科学を、明快なイラストとともにわかりやすく示す、まさに良質な教科書。発酵の楽しさと奥深さについてさらに掘り進めたい向きには、何といっても発酵学者・小泉武夫さんの本がおもしろくためになる。

[節約]

・**魚柄仁之助『うおつか流台所リストラ術　ひとりひとつき9000円』(農山漁村文化協会、1994年)[=飛鳥新社、2019年=講談社+α文庫、2001年]**。

ただ消極的なだけの「守りの節約」は精神的にも消耗してくるが、本書が教えるのはいわば「攻めの節約」。さまざまな無駄を省き、清貧の美味へ到達する方法が説かれる。

［うつわ、スタイリング］

・**高橋みどり『おいしい時間』**（アノニマ・スタジオ、2019年）。

暮らしのさまざまな時間の中で著者が用いるうつわや道具が、美しい写真とともに紹介される。こんなふうに、ものと伸び伸び付き合いたいものだ。

・**坂田和實『ひとりよがりのものさし』**（新潮社、2003年）。

古今東西の名もなき日常品に宿る美を、何ものにもとらわれることのない目で探り当てた稀代の古物商・坂田和實《かずみ》。ランキングだとか世間体だとか、スタイリングにまつわる些末な悩みが吹き飛んで、解放された気分になる。

三浦哲哉《みうら・てつや》

青山学院大学文学部比較芸術学科教授。映画批評・研究、表象文化論。食についての執筆もおこなう。1976年福島県郡山市生まれ。東京大学大学院総合文化研究科超域文化科学専攻博士課程修了。著書に『サスペンス映画史』（みすず書房、2012年）『映画とは何か——フランス映画思想史』（筑摩選書、2014年）『『ハッピーアワー』論』（羽鳥書店、2018年）『食べたくなる本』（みすず書房、2019年）『LAフード・ダイアリー』（講談社、2021年）。共編著に『オーバー・ザ・シネマ——映画「超」討議』（フィルムアート社、2018年）。訳書に『ジム・ジャームッシュ・インタビューズ——映画監督ジム・ジャームッシュの歴史』（東邦出版、2006年）。

自炊者になるための26週

2023年12月13日　初版第1刷発行
2024年3月25日　初版第3刷発行

著者　三浦哲哉
装画　ワタナベケンイチ
装丁　有山達也＋山本祐衣（アリヤマデザインストア）
編集　大槻美和（朝日出版社第二編集部）

発行者　小川洋一郎
発行所　株式会社朝日出版社
〒一〇一－〇〇六五
東京都千代田区西神田三－三－五
TEL　〇三－三二六三－三三二一
FAX　〇三－五二二六－九五九九
http://www.asahipress.com

印刷・製本　TOPPAN株式会社

ISBN978-4-255-01360-2 C0077